AF745064

Guide pratique de la saisie immobilière en droit OHADA

Préface du Docteur Armel Ibono Ulrich

Collection « Études africaines »
dirigée par Denis Pryen et son équipe

Forte de plus de mille titres publiés à ce jour, la collection « Études africaines » fait peau neuve. Elle présentera toujours les essais généraux qui ont fait son succès, mais se déclinera désormais également par séries thématiques : droit, économie, politique, sociologie, etc.

Dernières parutions

Ben Aymar BINASSOUA YEHOUESSI, *L'impôt en Afrique de l'Ouest francophone. L'exemple du Bénin,* 2022.
Fatoumata KABA, *Le droit minier et le droit au développement des communautés autochtones. L'exemple de la Guinée*, 2022.
Nico Shambouy MUAMBI, *L'impact de la décentralisation sur les municipalités en Afrique. Stratégies de développement local à Klouékanmè (Bénin)*, 2022.
Joseph ZIDI, *Histoire et usages du nom Kongo, Essai d'interprétation onomastique*, 2022.
Mohamed Ousmane KEITA, *Le Mali : l'État inachevé*, 2022.
Dominique OBA et Hilaire Kevin NZOUSSI, *Histoire de la République du Congo de 1958 à 2017*, 2022.
Saliou dit Baba DIALLO, *Vieillir en migration. Le cas des Soninké,* 2022.
Jean-Luc MOUTHOU, Hilarion Bagel MIZHAIRE, *Pointe-Noire, Dynamique spatiale et équipements urbains au Congo*, 2022.
Benjamin N. LAWRANCE, *Les Éwé sous le joug français. Le colonialisme périurbain au Togo (1900-1960)*, 2022.
Justo BOLEKIA BOLEKA, *Repenser la francophonie en Afrique*, 2022.
Zacharie BAENDA FIMBO, *Diplomaties africaines et crises politiques congolaises, De Nelson Mandela au Clergé catholique national*, 2022.
Yves-Junior Manzanza Lumingu, Bill Augustin Mikambu Lutondo et Placide Ponzo B. Kabamba (dir.), *Intellectuels et responsabilité sociale, Mélanges en l'honneur du Professeur Ignace Matensi Takikangu*, 2022
Jacques EVOUNA et Tony Onguene Mete, *L'état verbal. De la grammaire du verbe à la conjugaison en contexte camerounais plurilingue*, 2022.

Guy Saturnin Tsétsa

Guide pratique de la saisie immobilière en droit Ohada

Préface du Docteur Armel Ibono Ulrich

L'Harmattan

Du même auteur

Pratique des saisies mobilières en droit Ohada, L'Harmattan, 2021.

Articles

"Le formalisme de la saisie immobilière en droit Ohada", *Revue de l'Ersuma n° 6*, janvier 2016, pp.51-87, http:// revue. ersuma.org.

"La problématique de la nature juridique de l'acte d'adjudication en droit OHADA", *Revue de l'Erusma*, n° 7, décembre 2017, pp 106-119 http:// revue. ersuma.org.

"Le domaine public peut-il faire l'objet d'un bail à usage professionnel (commentaire du jugement du Tribunal de commerce de Brazzaville n° 043 du 28 mai 2013", aff. Société Duty Free Alima SA c/Société Aéroports de la République du Congo), *Revue Juridique et Politique des États francophones*, juillet-septembre 2018, éd. Juris Africa, pp.414-429.

© L'Harmattan, 2022
5-7, rue de l'Ecole-Polytechnique, 75005 Paris
http://www.editions-harmattan.fr
ISBN : 978-2-14-028702-2
EAN : 9782140287022

Ma profonde gratitude au Docteur Ulrich Armel Ibono, Président du Tribunal de grande instance d'Owando pour ses observations pertinentes.

Je remercie particulièrement Brevel Mahoundi, pour la relecture fastidieuse de ce livre.

PRÉFACE

Voie de droit par laquelle le créancier poursuit la vente par expropriation forcée d'un immeuble appartenant à son débiteur pour se faire payer sur le prix, la saisie immobilière est l'une des voies d'exécution qui s'apparente à une eau trouble où le risque de compromettre la procédure s'héberge en permanence dans le détail des règles de forme.

Le praticien, même nanti d'une expérience judiciaire avérée, peut être désagréablement surpris s'il ne fait pas preuve de vigilance ou ne saisit pas avec mesure la complexité de cette procédure.

C'est au vu de cette évidente complexité de la matière que Guy Saturnin TSETSA s'est résolu de mettre au service des praticiens du droit une béquille de secours sans toutefois réduire son utilité à cette catégorie de destinataires puisque universitaires et étudiants trouveront, à travers ce livre de près de 250 pages, un excellent instrument d'appui à la recherche, notamment par la diversité et l'abondance des sources d'information mobilisées et surtout par la clarté rendue du langage quasi ésotérique de la saisie immobilière.

Le présent guide pratique de la saisie immobilière OHADA porte l'empreinte d'une rencontre réussie du discours juridique avec le discours judiciaire. Il s'ouvre par un exposé théorique sur les conditions d'ouverture de la saisie immobilière où l'auteur aborde les différentes étapes de cette voie d'exécution en mêlant à l'analyse ce, avec pertinence, les spécificités du droit interne qui, sans avoir une identité matérielle avec l'objet saisi par l'Acte Uniforme portant organisation des procédures simplifiées de recouvrement et voies d'exécution, nourrissent la procédure en renforçant la sécurité de ceux dont les droits peuvent, directement ou indirectement, être affectés.

L'auteur s'est montré attentif à tout ce qui irrigue cette procédure et qui peut en compromettre le cours ou la réussite. Le cheminement intellectuel emprunté fait bien le départ entre le droit de la saisie immobilière et la pratique de cette voie d'exécution devant les juridictions nationales dont l'œuvre est constamment soumise au nivellement de la Cour Commune de Justice et d'Arbitrage, organe judiciaire placé au sommet de la pyramide juridictionnelle par le Traité de Port Louis. L'auteur ne fait donc pas l'impasse sur ces différentes questions techniques, mais au contraire les met en exergue en soulignant la complexité et en montrant, dans une certaine mesure, les limites entretenues par le silence de l'AUPSRVE sur quelques-unes des questions procédurales.

Les analyses menées sur les formalités préalables à la saisie, les diligences à accomplir, le rôle et les obligations des acteurs intervenant au nom et pour le compte du créancier poursuivant, les sanctions civiles applicables aux actes de procédure selon qu'elles visent l'inobservation des délais ou des mentions requises par la loi, les droits et devoirs du débiteur saisi, le rôle du greffe et l'office de la juridiction compétente, l'adjudication et la distribution du prix de la vente, les incidents de la saisie immobilière et enfin sur les voies de recours, traduisent ici toute la rigueur de cette plume alerte de Guy Saturnin TSETSA qui y a su faire la somme des préoccupations fondamentales que pose cette expropriation forcée de la propriété immobilière. Cela se lit davantage à travers les discussions enchainées soit pour appuyer une interprétation retenue par la CCJA soit encore pour s'en dissocier.

En plus de ces fructueuses analyses, la particularité de l'ouvrage repose aussi sur les formules et modèles d'actes ou de décisions correspondants à la phase procédurale abordée. On y trouve plus d'une vingtaine des échantillons construits qui renseignent le praticien sur les règles de rédaction à suivre selon qu'il s'agit d'un acte de procédure (exploit d'huissier, acte d'avocat, acte notarié, acte de greffe), d'une ordonnance ou d'un jugement. Ce volet pratique a l'avantage de prévenir le praticien contre les risques d'omission des formalités ou mentions prescrites à peine de nullité.

Le présent ouvrage est donc un véritable creuset d'informations sur la saisie immobilière OHADA, il mérite de recevoir un bel accueil auprès du public plus large des juristes praticiens et universitaires.

Docteur Armel Ibono Ulrich
Président du Tribunal de grande instance d'Owando

SOMMAIRE

LISTE DES PRINCIPALES ABRÉVIATIONS

Aff. : affaire
al. : Alinéa
art. : article
AUPCAP : Acte Uniforme portant Organisation des procédures collectives d'apurement du passif.
AUPSRVE : Acte uniforme portant organisation des procédures simplifiées de recouvrement et
des voies d'exécution
AUS : Acte Uniforme portant organisation des sûretés
Ass. Plén : Assemblée plénière
c/ : contre
CA : Cour d'appel
C : Cour
Cass. : Cour de Cassation
CCJA : Cour commune de justice et d'arbitrage
C. Fam : Code congolais de la famille
C.G.I : Code général des impôts congolais
CPCCAF : Code congolais de procédure civile, commerciale, administrative et financière
Ch. : chambre
Ch. civ.&com : chambre civile et commerciale
C.S : Cour suprême
dir. Sous la direction
éd. : édition
ERSUMA : École Régionale Supérieure de la Magistrature
N° : numéro
Obs : Observations
OHADA : Organisation pour l'harmonisation en Afrique du droit des affaires
Op.cit : opus Citat Um (ouvrage cité)
Ord. référé : ordonnance de référé
Ord : ordonnance
P : page
PP : pages
TGI : Tribunal de Grande Instance
TPI : Tribunal de première instance
TRHCDK : Tribunal régional hors classe de Dakar
Rép. : Répertoire
RCCM : Registre du Commerce et du Crédit Mobilier

INTRODUCTION

1. La saisie immobilière est une mesure d'exécution par laquelle le créancier poursuit la vente par expropriation forcée d'un immeuble appartenant à son débiteur pour se faire payer sur le prix. Cette procédure constitue l'ultime recours[1] du créancier confronté à un débiteur retors et/ou défaillant pour obtenir, enfin, le paiement de sa créance.

Pour autant, la mise en œuvre de la saisie immobilière n'est pas toujours aisée. La saisie immobilière est une procédure très formaliste, complexe, onéreuse et longue. Elle comporte une part d'incertitude susceptible de faire vaciller les certitudes du créancier dans le recouvrement de son dû. L'aboutissement heureux de cette procédure étant tributaire de la maîtrise des arcanes de la procédure par les divers acteurs intervenant dans la procédure.

2. Prétendre satisfaire aux exigences du formalisme rigide de la saisie immobilière implique pour le créancier d'établir un calendrier des diligences à accomplir. Chaque formalité devant être accomplie dans un délai précis, dont l'inobservation sera sanctionnée par la déchéance. Le poursuivant se livre à *« une course contre la montre »* pour tenir les délais. Le non-respect de ceux-ci dans l'accomplissement d'un seul acte aura des conséquences désastreuses pour l'ensemble de la procédure[2]. Le respect des délais participe du renforcement du formalisme de la saisie immobilière. D'ailleurs, l'on ne peut dissocier le respect des délais du formalisme de la procédure, les deux concepts étant des concepts limitrophes aux frontières mouvantes, se confondant par moment, et donnant à la saisie immobilière *in fine*, le visage bicéphale de *Janus*.

---

[1] S'agissant du créancier chirographaire, l'art.28 AUPSRVE lui fait obligation de procéder d'abord à la saisie des biens meubles du débiteur ; et ce n'est qu'en cas d'insuffisance de ceux-ci qu'il est autorisé à pratiquer une saisie immobilière.

[2] Ce que résume le professeur Anne LEBORGNE en ces termes : un des inconvénients de cette procédure (saisie immobilière) résulte de ces délais en cascade : l'inobservation de l'un d'eux emporte déchéance de l'acte et l'irrégularité se reporte sur les actes suivants et affecte de nullité toute la procédure S. GUINCHARD, T. MOUSSA (dir), *Droit et pratique des voies d'exécution*, Paris, Dalloz Action, 2010-2011, p. 2030

3. Mesure d'exécution judiciaire par excellence, la saisie immobilière requiert l'intervention du juge, et ce, même en l'absence de contestation. Peu importe que l'adjudication soit poursuivie devant le tribunal ou par-devant notaire. L'immeuble constitue souvent le bien le plus essentiel du patrimoine d'un individu[3], la mise en œuvre d'une exécution forcée immobilière requiert des règles particulières qu'il incombe au juge d'en assurer le respect.

Du reste, la saisie immobilière engendre un contentieux souvent complexe dont le juge seul a vocation à connaître. Ces contestations sont réglementées essentiellement par l'AUPSRVE qui leur a consacré des dispositions générales et des dispositions spéciales[4].

La complexité de la saisie immobilière fait d'elle une procédure redoutable et redoutée par les praticiens : magistrat, avocat, huissiers de justice, notaire, chacun a des raisons d'aborder cette procédure avec une délicatesse inouïe doublée d'une appréhension insoupçonnée.

Plus que les parties au procès, le juge, garant de la sécurité judiciaire des investissements se doit de cerner les méandres de la saisie immobilière et le contentieux y relatif. En cette matière, l'erreur commise par le premier juge dans l'application ou l'interprétation de la règle de droit, est difficilement réparable, même par le juge d'appel. Cette erreur peut avoir des conséquences dramatiques pour les investisseurs, faisant naître un terrifiant sentiment d'insécurité judiciaire.

La complexité de la saisie immobilière ne garantit pas souvent une application limpide des textes mêmes pour des magistrats pétris d'expériences. Des difficultés d'application de textes peuvent engendrer des difficultés techniques et procédurales pour le juge. Ces difficultés sont liées à l'enchevêtrement du droit substantiel au droit processuel notamment, au droit des sûretés, aux règles de la publicité foncière, au droit des obligations, et aux voies d'exécution. À ce tableau déjà complexe viennent se greffer des questions de droit de succession, des régimes matrimoniaux et des procédures collectives.

---

[3] P-G. POUGOUÉ, F. TEPPI KOLLOKO, *La saisie immobilière dans l'espace OHADA*, éd. PUA, Coll. Vade-mecum, 2005, p.155

[4] S. I. SOW, *Le traitement judiciaire des incidents de la saisie immobilière*, Dakar, Crédila, 2017, p. 523 ; préface de Ndiaw DIOUF

4. Ce guide est un instrument pratique, un document de travail qui aborde le cheminement de la procédure à chaque phase. Il propose des réponses pratiques aux questions parfois délicates rencontrées par les praticiens dans la mise en œuvre de la saisie immobilière. Il se propose d'éclairer le praticien à se promener à travers les arcanes de la saisie immobilière en lui apportant des instruments procéduraux indispensables dans la mise en œuvre de cette mesure. Il présente les règles à suivre dans la mise en œuvre de cette procédure, à chaque étape, inventorie les verrous qui bloquent la procédure afin de rendre la tâche de l'utilisateur moins ardue.

La pratique de la saisie immobilière devant les juridictions ne peut inciter à se borner à une description sommaire des règles applicables en la matière, sans aborder, à certains endroits, la connaissance du droit telle qu'interprétée par les différentes juridictions.

5. Puisant dans la jurisprudence tant de la CCJA que celle des juges de fond de l'espace OHADA, le guide expose des écueils à éviter dans la conduire de la procédure de saisie immobilière, présente des fiches pratiques servant de référentiel pour la rédaction des actes de procédure (*à adapter aux spécificités de chaque espèce*).

Une présentation de la saisie immobilière est faite au travers ses conditions d'ouverture (première partie) avant d'aborder les incidents y afférents (deuxième partie).

PREMIÈRE PARTIE

Les conditions d'ouverture de la saisie immobilière

6. Cette première partie nous conduira à aborder les conditions de la saisie immobilière (Chapitre 1). Ensuite, seront abordés les divers aspects procéduraux indispensables à la mise sous-main de justice de l'immeuble (chapitre 2), puis les différentes phases préparatoires de la vente (chapitre 3). Enfin, un examen liminaire de l'audience d'adjudication (chapitre 4) permettra de cerner les subtilités pratiques de celle-ci dont le charme réside dans son rituel singulier.

Chapitre 1. Les conditions de la saisie immobilière

7. Recourir à la saisie immobilière implique de remplir les conditions requises. Celles-ci se rapportent aux parties à la procédure (section 1), à la nature des biens objet de la saisie (section 2) et au titre fondant les poursuites (section 3).

Section 1 : Les parties à la procédure

8. La saisie immobilière est initiée par le créancier (§1) à l'encontre du débiteur saisi (§2) afin de le contraindre à exécuter ses obligations. Dans certains cas, la procédure peut être poursuivie contre le tiers détenteur de l'immeuble (§3). Il est important de souligner que lorsqu'une décision des liquidations des biens est intervenue à l'encontre du débiteur, la réalisation des biens fait l'objet d'une procédure particulière (§4).

§1. Le créancier poursuivant

La saisie immobilière est ouverte à tout créancier : créancier hypothécaire ou privilégié (A) et créancier chirographaire (B).

A. Le créancier hypothécaire

9. Généralement, la saisie immobilière est initiée par le créancier hypothécaire. Pour garantir le recouvrement d'une créance, le créancier prend une garantie par l'inscription d'une hypothèque sur les biens immobiliers du débiteur ou d'une caution hypothécaire qui fournit une hypothèque sur son bien immobilier pour garantir le paiement la dette d'autrui[5]. Par cette hypothèque, le créancier est assuré d'obtenir le paiement de sa créance, par la réalisation de la garantie, en cas de défaillance du débiteur.

L'accès au financement et le développement du crédit sont déterminés par la capacité du débiteur, à offrir sans contrainte, une

[5] M. BROU KOUAKOU, « Le droit OHADA et le cautionnement hypothécaire », Penant n°856. P. 73 www.ohada.com/Doctrine/Ohadata D-06-53.

garantie fiable aux prêteurs[6]. A ce titre, l'adoption de l'Acte uniforme portant organisation des sûretés (AUS) constitue un progrès considérable sur la voie du développement du crédit dans les États membres de l'OHADA[7].

10. L'hypothèque porte sur une propriété immobilière, bâtie ou non, appartenant au débiteur ou à une caution dont la valeur vénale est généralement supérieure à la créance garantie. Lors de sa constitution, le créancier s'assure que son affectation hypothécaire comprendra outre la propriété, les dépendances de l'immeuble sans aucune réserve, et notamment les immeubles par destination et toutes les nouvelles constructions et améliorations que le propriétaire et tout tiers pourraient y faire ultérieurement. Le créancier s'assure également de pouvoir exercer son droit, le cas échéant, sur l'indemnité d'expropriation en cas de survenance d'une expropriation pour cause d'utilité publique ou encore d'un sinistre dont la survenance est couverte par une assurance.

11. Les règles régissant l'hypothèque sont organisées par les dispositions de l'Acte uniforme portant organisation des sûretés révisé le 15 décembre 2010 notamment au titre III. L'hypothèque peut être conventionnelle ou judiciaire. Tout acte conventionnel ou judiciaire constitutif d'hypothèque est inscrit conformément aux règles de publicité foncière prévues à cet effet. Régulièrement publiée, l'hypothèque prend rang au jour de l'inscription.

12. Précisons que conformément à l'article 198 dudit Acte uniforme, à moins qu'il ne poursuive la vente du bien hypothéqué selon les modalités prévues par les règles de la saisie immobilière, auxquelles la convention d'hypothèque ne peut déroger, le créancier hypothécaire impayé peut demander en justice que l'immeuble lui demeure en paiement. Cette faculté ne lui est toutefois pas reconnue si l'immeuble constitue la résidence principale du constituant.

La possibilité d'un pacte commissoire introduite par l'article 199 AUS permet également aux parties de convenir lors de la constitution

---

6 M. BROU KOUAKOU, « Le nouvel Acte Uniforme portant organisation des sûretés et l'accès au crédit dans l'espace OHADA », www.ohada.com

7 P. CROCQ (dir.), Le nouvel acte uniforme portant organisation des sûretés, la réforme du droit des sûretés de l'OHADA, 2012, éd. Lamy, coll. Lamy Axe Droit,406p.

de l'hypothèque, qu'en cas de défaillance du débiteur, le bien sera attribué au créancier hypothécaire. Sauf si l'immeuble constitue la résidence principale du constituant[8]. Le pacte commissoire peut se définir comme une convention conclue entre le constituant et le créancier lors de la constitution de l'hypothèque, ou postérieurement par voie d'avenant, aux termes de laquelle le créancier, en cas de défaillance du débiteur, deviendra automatiquement propriétaire de l'immeuble hypothéqué[9].

Le créancier hypothécaire ne peut poursuivre la vente des immeubles qui ne lui sont pas hypothéqués qu'en cas d'insuffisance des immeubles qui lui sont hypothéqués, sauf si l'ensemble de ces biens constitue une seule et même exploitation et si le débiteur le requiert (art. 251 AUPSRVE).

La saisie immobilière n'est pas réservée au seul créancier nanti de sûreté. Elle est ouverte à tout créancier, même chirographaire.

B. Le créancier chirographaire

13. La saisie immobilière peut être diligentée par un créancier dont la dette n'est garantie par aucune sûreté. Conformément à l'article 28 AUPSRVE, pour actionner le débiteur, le créancier chirographaire est tenu de procéder au recouvrement contentieux de sa dette en premier lieu, sur les biens meubles et, en cas d'insuffisance de ceux-ci, sur les immeubles. Les tribunaux font une application rigoureuse de cette disposition en annulant systématiquement les poursuites initiées par le créancier chirographaire en violation de cette formalité préalable.

Les tribunaux rappellent que la vente forcée de l'immeuble ne peut être initiée, lorsque la créance n'est ni hypothécaire ni privilégiée, qu'après la saisie des biens meubles et si le produit de la vente est

---

[8] Y. R. KALIEU ELONGO, Droit et pratique des sûretés réelles OHADA, coll. droit uniforme éd. PUA Yaoundé 2010, p.236. Selon l'auteur Le pacte commissoire peut être mis en relief avec la clause de la voie parée qui prévoit que la vente sera réalisée selon les conditions déterminées par les parties et non suivant les conditions déterminées suivant la procédure de saisie immobilière. Ces deux types de conventions portent généralement atteintes aux intérêts du débiteur parce que le bien conservée par le créancier aura parfois une valeur supérieure à celle de la créance, soit la vente conventionnelle ne permettra pas de réaliser le bien à un meilleur prix

9 P. CROCQ (dir.), Le nouvel acte uniforme portant organisation des sûretés, la réforme du droit des sûretés de l'OHADA, op.cit p.294

insuffisant. Doit être annulée, la procédure de saisie immobilière engagée par un créancier qui ne justifie pas d'une créance hypothécaire ou privilégiée et qui ne rapporte pas la preuve que les meubles qu'il a saisis sont insuffisants pour couvrir sa créance[10]. De ce principe, témoigne le jugement suivant qui décide que faute pour le créancier chirographaire d'avoir d'abord procédé à la saisie des biens meubles du débiteur, dont l'existence est prouvée par un procès-verbal qui en fait l'inventaire, la saisie immobilière pratiquée doit être déclarée nulle[11].

On ajoute que l'article 28 AUPSRVE enjoint le créancier chirographaire à entreprendre les poursuites sur les meubles de son débiteur avant d'engager les poursuites contre ses immeubles, sauf s'il démontre que le patrimoine mobilier de celui-ci est insuffisant[12]. La formalité prévue à cette disposition est observée lorsque la tentative de vendre les objets mobiliers saisis a abouti à un procès-verbal de carence, la valeur des objets ne couvrant pas le montant de la créance[13].

14. Le créancier chirographaire qui engage une saisie immobilière n'est pas toujours assuré de pouvoir participer à la distribution du prix, lorsque l'immeuble à exproprier est grevé d'hypothèque. Par prudence, il n'engagera les poursuites que lorsqu'il est établi, que l'immeuble à exproprier n'est grevé d'aucune hypothèque, ou si sa valeur vénale est suffisante pour couvrir les frais de poursuites, désintéresser les créanciers inscrits et obtenir le paiement du solde.

La saisie immobilière peut être diligentée à l'encontre du débiteur saisi ou du tiers détenteur de l'immeuble.

---

[10] TRHCDK, jugement n°800 du 4 mai 1999, Laborex Sénégal c/ Aly CISSE, www.ohada.com/jurisprudence/Ohadata J-03-165, Répertoire quinquennal OHADA 2000-2005, p. 328

[11] TGI Moungo, jugement n°15/CIV du O7 décembre 2006, Aff. Maître LANKEUH Senghor, Madame LANKEUH née KOUAGANG Margueritte c/ Sieur NGAMOU Théophane, www.ohada.com/jurisprudence/Ohadata J-09-251.

[12] TRHCDK, jugement n°2318 du 2 nov. 2002, SBS c/ Seynabou Tall, www.ohada.com/jurisprudence/Ohadata J-05-51.

[13] TR de Thiès, jugement n°02 du 8 janvier. 2004, Michel Verenne c/ La Société de promotion et des loisirs dite SPIL « Les CRISTALLINES » Répertoire quinquennal OHADA 2000-2005, p. 329. www.ohada.com/jurisprudence/Ohadata J-05-136;

§2. Le débiteur saisi

15. Le débiteur qui fait l'objet d'une saisie immobilière est en principe, celui tenu personnellement de la dette. La saisie peut également être diligentée à l'encontre d'un débiteur tenu par l'effet de la succession (héritiers) ou encore par l'effet des obligations (caution hypothécaire).

16. Si l'article 28 AUPSRVE prescrit au créancier de poursuivre en premier l'exécution sur les biens meubles avant les immeubles, cette restriction n'est pas applicable au créancier hypothécaire ou privilégié. Dans ce cas, l'exécution est poursuivie directement sur les immobiliers grevés de sûretés, sans que le poursuivant ne soit contraint d'initier des poursuites préalables sur les biens mobiliers. Les poursuites peuvent être initiées également contre le tiers détenteur de l'immeuble.

§3. Les poursuites contre le tiers détenteur

17. Les poursuites peuvent être exercées contre le tiers détenteur. L'expression « *tiers détenteur* » s'applique aussi bien à la caution hypothécaire (A) qu'au tiers acquéreur de l'immeuble hypothéqué (B).

A. La caution hypothécaire

18. La jurisprudence majoritaire dénie la qualité de tiers détenteur à la caution hypothécaire en considérant que la caution est tenue au paiement de la dette du débiteur et non à l'exécution d'une obligation propre découlant de l'hypothèque[14]. La caution qui a consenti une hypothèque sur son immeuble pour garantir le remboursement d'une dette d'autrui devient une caution hypothécaire du débiteur principal. Le créancier hypothécaire peut poursuivre la réalisation de la garantie constituée en pratiquant une saisie immobilière sur l'immeuble grevé d'hypothèque.

L'hypothèque consentie fait naître au profit du créancier hypothécaire, le droit de réaliser sa garantie, en cas de non-paiement

---

[14] S. I. SOW, *Le traitement judiciaire des incidents de la saisie immobilière*, op.cit. p.357, citant TRHCDK, jugement n°1005 du 3 juin 2003, Crédit Lyonnais Sénégal c/ Héritiers de feu Abdoulaye NDOYE,

de sa créance. En affectant son immeuble en garantie de la dette contractée par le débiteur principal, la caution hypothécaire prend l'engagement de payer la dette, en cas de défaillance du débiteur principal. Sous réserve de l'application des articles 198 et 199 de l'AUS, la réalisation de l'hypothèque appelle nécessairement à la mise en œuvre d'une procédure de saisie immobilière qui est une mesure d'exécution forcée. Le créancier qui entend réaliser la garantie, doit observer les formalités prescrites à cet effet. Doit être annulée la procédure de saisie immobilière initiée contre la caution réelle qui n'a pas reçu signification du commandement valant saisie réelle, le grief étant établi dès lors qu'en l'absence de signification, elle n'a pas été mise en mesure de payer et d'éviter la vente[15].

B. Le tiers acquéreur

19. L'hypothèque consentie par le vendeur continue à grever l'immeuble tant qu'elle n'a pas été purgée du fait de son inscription[16]. L'hypothèque publiée à la conservation foncière confère à son titulaire, un droit de suite à l'encontre du tiers détenteur de l'immeuble et un droit de préférence à l'endroit des autres créanciers inscrits dont les titres sont publiés postérieurement après lui. Le droit de suite implique que le créancier hypothécaire inscrit, tant qu'il n'a pas été payé totalement de sa créance, peut faire saisir l'immeuble entre les mains de celui auquel il a été cédé pour le faire vendre et se faire payer sur le prix[17].

Pour autant, le tiers acquéreur n'est pas complètement désarmé. Il bénéficie d'un certain nombre de garanties notamment le bénéfice de discussion et la faculté de délaisser l'immeuble. Bien qu'il ne soit pas personnellement obligé à la dette, le tiers acquéreur peut également désintéresser le créancier poursuivant du montant intégral de sa créance, en capital, intérêts et autres accessoires, en se subrogeant à lui (art. 223 AUS).

---

[15] TRHCDK, jugement n°503 du 7 mars 2000, SOSERCOM c/ Banque Internationale du Sénégal dite BIS, www.ohada.com/jurisprudence/Ohadata J-03-61.

[16] L'inscription étant la formalité par laquelle est obtenue la publicité des actes portant sur des immeubles dans le registre de la propriété foncière.

[17] Y. R. KALIEU ELONGO *Droit et pratique des sûretés réelles OHADA*, op. cit. p.40

Section 2. La nature des biens objet de la saisie

20. La saisie immobilière ne peut porter que sur les biens immobiliers (§1). La situation juridique de certains immeubles entraîne la mise en œuvre des règles spécifiques (§2).

§1 Les immeubles à saisir

21. La détermination de l'assiette de la saisie immobilière est faite au regard des contours de la notion des biens immobiliers tels que définis par le code civil[18]. Aux termes de l'article 517 du Code civil, les biens sont immeubles, ou par nature, ou par leur destination, ou par l'objet auquel ils s'appliquent. Les immeubles par nature englobent les fonds de terre et les constructions élevées sur ces fonds, les bâtiments et végétaux[19].

Les fonds de terre comprennent la surface du sol et le sous-sol avec les mines qui y sont contenues. Mais ces dernières deviennent des immeubles distincts de la surface spécialement lorsque l'État en a concédé l'exploitation en sorte qu'il y a alors deux immeubles superposés, la mine et la surface[20]. Cependant, au regard des dispositions réglementant l'occupation et l'acquisition de terres des sols dans beaucoup des États de l'espace OHADA, la saisie immobilière ne peut porter sur le sous-sol, tel est le cas du Cameroun[21], du Mali[22]et de la République démocratique du Congo[23].

Les arbres qui sont plantés sur ces fonds sont des immeubles dès lors qu'ils adhèrent au sol, tout ce qui est planté fait partie de l'immeuble, y compris les récoltes et les fruits des arbres non encore recueillis. Les articles 518 à 521 du Code civil règlent ce point avec détails. Les immeubles par destination sont des meubles considérés

---

[18] P-G. POUGOUÉ, F. TEPPI KOLLOKO, *La saisie immobilière dans l'espace OHADA,* éd. p.14

[19] F. TERRE, Ph. SIMLER, *Les biens*, Paris, Dalloz 6e éd. 2002, n°31, p.793.

[20] *i* F. TERRE, Ph. SIMLER *bidem*

[21] Article 3 de l'ordonnance n°74/2 du 6 juillet 1974 fixant le régime foncier et domanial au Cameroun

[22] Articles 7 et 27 de l'Ordonnance n°2020-014/PT-RM du 24 décembre 2020 portant loi domaniale et foncière

[23] La loi foncière n°73-021 du 20 juillet 1973, telle que modifiée et complétée par celle n°80-008 du 18 juillet 1980, portant régime général des biens, régime foncier et immobilier et régime des sûretés.

fictivement comme des immeubles en raison du lien qui les unit à un immeuble par nature dont il constitue l'accessoire.

22. Deux conditions sont requises pour identifier un immeuble par destination :

1) L'immeuble par nature et le meuble affecté doivent appartenir au même propriétaire. Celui-ci ayant affecté le meuble pour les services et l'exploitation de son fonds. Toutefois, si le meuble appartient à un propriétaire autre que le propriétaire du fonds, il conserve sa nature mobilière. De ce fait, l'objet apporté par un fermier ou un locataire conserve sa nature mobilière.

2) L'existence d'un rapport de destination entre l'immeuble et le meuble. Ce rapport devant être établi selon deux modalités :

- soit par affectation d'un meuble au service ou à l'exploitation d'un fonds ;
- soit par attachement matériel au fonds du meuble à perpétuelle demeure.

23. La saisie immobilière ne peut être poursuivie contre le fonds sans englober les immeubles par destination[24]. Bien qu'il s'agisse des meubles dont l'immobilisation est purement fictive, les immeubles par destination ne peuvent être saisis indépendamment de l'immeuble auquel ils se rattachent. Cette règle n'est pas applicable, si la saisie vise à obtenir le paiement du prix des immeubles par destination, ceux-ci peuvent être saisis indépendamment du fonds auquel ils sont affectés, et faire ainsi l'objet d'une saisie-vente[25].

L'assiette de la saisie immobilière s'étend également sur les droits réels immobiliers notamment le bail emphytéotique, les droits d'usufruit et droit de superficie. Toutefois, cette mesure d'exécution ne peut porter sur les parts d'une société civile immobilière, lesquelles constituent des meubles et non des immeubles[26].

---

[24] P-G. POUGOUÉ, F. TEPPI KOLLOKO, op. cit. p. 16

[25] G. COUCHEZ, *Voies d'exécution*, 10e éd. Sirey, 2010, 297 p.

[26] CA Paris, 16 juin 1989 : D.1990. 502, note Prévaut

§ 2. La spécificité de certains immeubles

24. Les obstacles liés à la situation juridique des immeubles à saisir entraînent la mise en œuvre des règles spécifiques. C'est le cas lorsque l'immeuble à saisir est un bien indivis (A) ou un bien commun aux époux (B).

A. La saisie des immeubles indivis

25. Lorsque les poursuites sont entreprises sur un bien indivis, l'article 249 de l'AUPSRVE s'applique. Selon ce texte, la part indivise d'un immeuble ne peut être mise en vente avant le partage ou la liquidation que peuvent provoquer les créanciers d'un indivisaire. Le partage est provoqué conformément à l'article 554 du Code congolais de la famille, aux termes duquel les créanciers personnels d'un des héritiers, ne peuvent poursuivre la saisie et la vente de la part indivise de leur débiteur dans la succession ou de l'un des biens dépendants de la succession. Ils peuvent demander le partage de la succession dans le cas où le maintien de l'indivision a été demandé au tribunal en application de l'article 553, le tribunal statue compte tenu de l'intérêt des créanciers. Ces derniers ont la faculté d'intervenir dans l'instance.

26. Pour saisir la part d'un indivisaire endetté, le créancier doit provoquer le partage de l'immeuble indivis avant de poursuivre la vente sur la part revenant au débiteur[27]. Cette sortie de l'indivision se fera soit par nature, si,-ce qui est rare d'un point de vue pratique- l'immeuble est facilement partageable, soit par attribution à l'un des co-indivisaires, moyennant le paiement d'une soulte, soit par licitation[28].

[27]C. Cass. Civ et com. Arrêt n°53 du 06 mars 2002, Aff. SCP D. ND c/ DIARRA, Revue internationale de droit africain EDJA, n°65, avril-juin 2005, p.73, www.ohada.com/jurisprudence/Ohadata J-06-01. Dans cette espèce, il a été jugé que les créanciers personnels d'un héritiers ne peuvent poursuivre la saisie et la vente de la part indivise de leur débiteur dans la succession ou l'un des biens dépendant de la succession, c'est à bon droit que le juge des criées, se fondant sur ce texte (*art.463 du code de la famille*), a refusé de vendre les parts indivises du débiteur sur un titre foncier déterminé.

[28] Georges (F), Eléments relatifs à la saisie-exécution immobilière, Support écrit à l'intervention faite le 16 octobre 2017 à l'Institution de formation judiciaire, Université de Liège, *http://* www.uliège.be

Techniquement, le tribunal saisi sur le fondement des dispositions combinées des articles 249 AUPSRVE et 554 du Code congolais de la famille, ou des articles 547 et 550 du Code sénégalais de l'organisation judiciaire[29], ordonne l'éclatement de l'indivision, désigne un notaire pour l'accomplissement des opérations de licitation-partage avec le paiement de la soulte par les autres co-indivisaires s'il en est résulté de ce partage une inégalité de lots ou de parts préjudiciable à ceux-ci. La part revenant au débiteur saisi est affectée au paiement du créancier poursuivant selon le rang de ses créances.

27. L'exercice du droit au partage judiciaire reconnu au créancier peut être confronté à un obstacle juridique, notamment au droit de préemption des co-indivisaires en application des articles 548 et 549 du Code congolais de la famille ou 456 du Code sénégalais de la famille[30], la convention d'indivision à durée déterminée prévue à l'article 451 du Code sénégalais de la famille, de l'article 543 du code congolais de la famille. L'alinéa 2 du dernier texte dispose que « le partage ne peut, en ce cas, être provoqué sauf motif jugé légitime avant l'expiration du délai fixé ».

En application de l'article 249 AUPSRVE, le créancier est fondé à solliciter le partage d'un immeuble objet de l'indivision à laquelle le

---

[29]L'article 547 du Code sénégalais de l'organisation judiciaire dispose que Dans les cas des articles 470 et 475 du Code de la Famille, lorsque le partage doit être fait en justice, la partie la plus diligente se pourvoira. L'article 470 du code de la famille dispose Si parmi les héritiers, il existe des absents ou des non présents, le partage ne peut avoir lieu que dans les conditions fixées aux articles 472 à 476 du présent Code et dans les formes prévues aux articles 547 et suivants du Code de Procédure civile. Il en est de même en cas de désaccord entre héritiers capables et présents, sauf la faculté pour les lesdits héritiers de s'entendre pour n'observer que certaines de ces formes et conditions. Le partage judiciaire concernant un incapable peut également être imposé par une délibération du conseil de famille conformément à l'article 329.

[30] Selon ce texte tout indivisaire qui entend céder à titre onéreux à une personne étrangère à l'indivision, tout ou partie de sa part dans les biens indivis ou dans l'un de ces biens est tenu de notifier à ses co-indivisaires et au gérant, par acte extra judiciaire le prix et les conditions de la cession projetée. Tout co-indivisaire peut, dans le délai d'un mois qui suit cette notification, faire connaître au cédant, par acte extra-judiciaire, qu'il exerce un droit de préemption aux prix et conditions qui lui ont été notifiés. Est nulle toute décision consentie par un indivisaire à une personne étrangère à l'indivision en violation des prescriptions du présent article. L'action en nullité ne peut être exercée que par les co-indivisaires du cédant.

débiteur est parti[31]. Le débiteur et les autres cohéritiers ne peuvent compromettre la part des biens indivis des autres co-indivisaires sans leur consentement[32]. C'est ainsi a été annulée la décision qui avait ordonné la vente d'un immeuble indivis sans que le co-indivisaire qui n'avait pas donné son consentement à l'acte de cautionnement souscrit par les autres co-indivisaires, n'ait eu sa part, la part indivise d'un immeuble ne pouvant être mise en vente avant le partage ou la liquidation conformément à l'article 249 AUPSRVE[33]. On notera qu'un immeuble acquis par la caution avant son mariage n'entre pas dans la communauté de sorte que sa liquidation ou partage avant toute saisie immobilière est sans intérêt, le bien n'étant pas indivis[34].

28. En revanche, les poursuites peuvent être engagées contre l'ensemble des héritiers et sur l'intégralité de l'immeuble si la dette est imputable à la succession. L'article 495 du Code congolais de la famille, indique à propos que par le seul effet de l'ouverture de la succession, tous les biens du défunt sont transmis à ses héritiers, tenus de toutes ses dettes et charges. Le moyen tiré de l'insaisissabilité de l'immeuble pour cause de l'indivision ne peut prospérer dès lors que

---

[31] TRHC Dakar, jugement du 31 décembre 2002, Aff. La Société nationale de recouvrement dite SNR C/ Adama DIOP, Fatimata DIALLO, www.ohada.com/jurisprudence/Ohadata J-03-138.

[32] CCJA, Ass. Plén. Arrêt n°O66/ 2014 du 25 avril 2014, 1)-Banque Internationale du Burkina (BIB SA), 2)-KARANTAO Mainouna c/ SAWADOGO Minata et 07 Autres, tous Ayants-droit de feu OUEDRAOGO Harouna, www.ohada.com/jurisprudence/Ohadata J-15-157.

[33] CA Dakar, ch. civ et com., arrêt du 2 janvier 2003, Papa Aly GUEYE c/ Aladji FALL, www.ohada.com/jurisprudence/Ohadata J-03-148; CA Dakar arrêt n°28 du 18 janvier 2001, Me Doudou NDOYE es-nom et es-qualité de Doudou et Moustapha NDOYE c/ Laila HILAL-Hamed SENE, Cheik BEYE-SCI Keur Yarath, www.ohada.com/jurisprudence/Ohadata J-06-135. Dans cette dernière espèce, pour garantie de leur dette d'honoraires envers un Cabinet d'Avocats, des héritiers ont consenti une hypothèque conventionnelle sur les parts indivises des immeubles de la succession à laquelle ils concourent avec d'autres héritiers. En vue du recouvrement de sa créance, le Cabinet d'avocats fait procéder à la vente aux enchères publiques desdits immeubles à la suite d'une saisie immobilière. Sur demande des autres cohéritiers, le tribunal régional de Dakar annule les poursuites pour violation de l'article 249 AUPSRVE. Sur appel du Cabinet d'avocat saisissant la Cour d'appel de Dakar confirme la décision. Après avoir exposé que l'hypothèque consentie par tous les copropriétaires d'un immeuble indivis conserve son effet quel que soit ultérieurement les résultats de la licitation ou du partage, la Cour d'appel précise qu'un indivisaire peut hypothéquer seul le biens indivis, cependant la saisie et la vente ne sont possible que si la constitution de l'hypothèque a été consentie par tous les indivisaires. Constatant qu'il n'est pas discuté que la succession n'est en l'espèce pas encore liquidée, la Cour rappelle qu'aux termes de l'article 249 AUPSRVE la part indivise d'un immeuble ne peut être mise en vente avant le partage ou la licitation que peuvent provoquer les créancier d'un indivisaire.

[34] TGI Wouri, ch.com, jugement n°012 /COM du 03 janvier 2019 ;

les poursuites ne sont pas engagées contre un ou quelques indivisaires, ou sur la part indivise d'un ayant droit, mais contre tous les héritiers et sur l'intégralité de l'immeuble. L'immeuble ayant fait l'objet d'une hypothèque par le défunt propriétaire, les héritiers, conformément à l'article 749 du code des personnes et de la famille, répondent du passif successoral, dès lors qu'ils ont accepté la succession[35].

B. L'immeuble commun aux époux

29. Aux termes de l'article 250 AUPSRVE la mise en vente des biens communs est poursuivie contre les deux époux. Cette exigence doit inciter le créancier poursuivant à s'intéresser au régime matrimonial des conjoints préalablement au déclenchement des poursuites. L'application de cette disposition nécessite qu'il soit établi que l'immeuble objet des poursuites soit un bien commun aux époux[36]. Viole l'article 249 de l'AUPSRVE l'arrêt qui laisse se réaliser une saisie immobilière sur un immeuble propre du mari pour le paiement d'une dette commune[37].

Lorsque la saisie est pratiquée contre un immeuble commun aux époux, peu importe que l'un des époux est ou non-débiteur, le commandement aux fins de saisie doit être signifié à chacun des époux, pris séparément. Le créancier poursuivant signifie les actes à l'époux débiteur et au conjoint non tenu de la dette. Concrètement, l'huissier instrumentaire doit servir deux actes séparés et distincts aux époux. Tous les actes de procédure indispensables aux poursuites de la saisie immobilière doivent avoir chacun des deux époux pour destinataires.

30. Si l'huissier signifie un seul acte aux deux époux, au lieu d'en adresser un à chacun, il manquera un acte. Et cette inobservation équivaudra à l'absence des deux actes exigés par la loi, il y a omission

[35] CA Bobo-Dioulasso, arrêt n°006/08 du 21 janvier 2008, Ayants droit de feu OUEDRAOGO c/ DERRA Brahima, www.ohada.com/jurisprudence/Ohadata J-10-118. J. ISSA-SAYEGH, répertoire quinquennal OHADA, 2006-2010, p. 579,

[36] CCJA, 1er chambre, arrêt n°43 du 1er juillet 2010 Aff. Ets UNUMARCHE, Monsieur P. c/ Union Bank of Cameron PLC dite UBC PLC, Le Juris Ohada n°1/2011, Janvier-février-mars 2011, p. 2. Recueil de jurisprudence de la CCJA, n°16, p. 25, Ohadata J-12-91

[37] CCJA, arrêt n°25/2008 du 30 avril 2008, Aff. SGBCI c/ Madame KONAN Marie Aimée, KONAN KOUADIO Camille, Actualités juridiques, note anonyme, www.ohada.com/jurisprudence/Ohadata J-09-317.

d'acte et donc d'une formalité substantielle sanctionnée par la nullité indépendamment de tout grief[38]. Le défaut de signification d'un acte de procédure au débiteur, constitue une irrégularité manifeste qui échappe à la règle « *pas de nullité sans grief* ». Sera annulé le jugement d'adjudication de l'immeuble commun aux époux lorsque les actes relatifs à la procédure d'adjudication ont été signifiés uniquement à un époux.

L'article 250 AUPSRVE étant d'ordre public, il appartient au tribunal saisi de relever d'office l'irrégularité tirée de ce que les poursuites sont dirigées contre un seul époux alors qu'il s'agit d'un bien commun et de prononcer la nullité de la procédure et la mainlevée du commandement[39]. Le même raisonnement a conduit le juge à annuler le commandement aux fins de saisie, le bien saisi étant un bien commun aux époux, la vente n'ayant pas été poursuivie contre les deux époux. Il en est ainsi lorsque le commandement n'a pas été servi qu'à l'un des époux[40].

31. Qu'adviendrait-il dans le cadre des mariages polygamiques, la question est digne d'intérêt. Le créancier poursuivant devrait-il signifier les actes de procédure également à la seconde épouse. L'article 250 AUPSRVE ne visant que les deux époux. Dans cette hypothèse, cette disposition peut utilement recevoir une interprétation large couvrant les secondes conjointes, étant entendu que l'objectif poursuivi par ces significations est de préserver les intérêts des époux en luttant contre les dissipations frauduleuses du patrimoine de la communauté.

32. Par ailleurs, le créancier ne peut poursuivre la vente forcée de l'immeuble contre un seul conjoint alors que l'immeuble n'a pas fait l'objet d'un partage. On notera cette décision au demeurant contestable, qui retient que la procédure engagée contre les deux époux communs en bien doit être poursuivie contre l'un de deux

---

[38] Civ. 2e, 8 juin 1995, *Bull. civ.* II, no 177. La Cour de cassation a rendu le même jour un autre arrêt rédigé en termes quasiment identiques à propos d'un jugement qui avait été signifié à deux époux au moyen d'un seul acte d'huissier de justice : Civ. 2e, 8 juin 1995,*Bull. civ.* II, no 179.)

[39] TRHCDK audience éventuelle, jugement du 2 novembre 1999, Société Générale de Banque au Sénégal dite SGBS c/ Ady NIANG, www.ohada.com/jurisprudence/Ohadata J-03-268.

[40] Section du trib. De Sassandra, ord. n°5 du 15 janvier 2003, ONB EPSE V. c/ R.D.S., Le Juris Ohada, n°4/2005, juillet-septembre 2005, p.28, www.ohada.com/jurisprudence/Ohadata J-06-17.

époux dès lors que, l'un d'eux s'est porté caution de l'autre et a renoncé à ses droits sur les immeubles affectés en garantie, il n'est plus nécessaire de procéder à la liquidation ou au partage préalable de la communauté avant la poursuite de la procédure[41].

§4. Le débiteur faisant l'objet d'une procédure de liquidation des biens

33. L'ouverture d'une procédure collective modifie les conditions de réalisation de l'hypothèque prévues par l'AUPSRVE et plus généralement, la réalisation des immeubles[42]. Si la liquidation intervient en cours de procédure, la survenance de la décision de liquidation suspend les poursuites initiées par le créancier poursuivant. Celui-ci est soumis à la suspension des poursuites individuelles, pour être soumis à la discipline collective imposée aux parties au profit de la masse des créanciers. En cette occurrence, la réalisation des immeubles se déroule conformément aux conditions édictées aux articles 150-159 de l'Acte Uniforme portant organisation des procédures collectives d'apurement du passif (AUPCAP).

A. La procédure

34. Les poursuites sont reprises par le syndic pour le compte de la masse des créanciers, qui est subrogé dans les droits du créancier poursuivant pour les actes effectués par ses soins avant l'ouverture de la procédure[43]. La procédure est reprise par le syndic au stade où elle avait été suspendue.

Le syndic doit avoir entrepris la réalisation des immeubles dans le délai de trois (03) mois suivant la décision de liquidation des biens. À défaut, le créancier hypothécaire poursuivant pourra reprendre son droit de poursuite individuelle à charge d'en rendre compte au syndic. La léthargie du syndic d'agir dans ce délai autorise également le créancier qui n'avait pas encore engagé des poursuites de se soustraire

---

[41] TGI Moungo, jugement n°24 du 06 mai 2003, Aff. FENGYEP R. et FENGYEP M.J c/ Société Générale des Banques au Cameroun, www.ohada.com/jurisprudence/Ohadata J-05-122.

[42] Y. R. KALIEU ELONGO Hypothèque, *in* P-G POUGOUÉ (dir.), *Encyclopédie du droit OHADA*, Lamy, 2011, n° 46, p.1683

[43] J.C. JAMES, Liquidation des biens dans le droit OHADA des procédures collectives *in* P-G POUGOUÉ (dir.), *Encyclopédie du droit OHADA*, op.cit. n°30 p.1111

à la discipline collective imposée à la masse pour exercer son droit de poursuite individuelle sous réserve d'en rendre compte au syndic.

Les créanciers publics notamment le Trésor public, l'administration des douanes et les organismes de sécurité et de prévoyance sociale disposent du même droit pour le recouvrement de leurs créances privilégiées qu'ils exercent dans les mêmes conditions que les créanciers hypothécaires.

35. Le syndic est subrogé dans les droits du créancier poursuivant pour les actes effectués par ses soins, la réalisation des immeubles est poursuivie par le syndic sous le contrôle du juge-commissaire. L'article 151 AUPCAP indique qu'à la requête du syndic ou du créancier poursuivant, le juge commissaire qui autorise la vente des immeubles, en application de l'article 150 AUPCAP, détermine dans sa décision, la mise à prix de chacun des biens à vendre et les conditions de la vente. Lorsque la vente est poursuivie par un créancier, la mise à prix est déterminée en accord avec le créancier poursuivant (...). L'ordonnance du juge commissaire qui autorise la vente d'immeubles se substitue au commandement antérieur tendant à la saisie réelle (152 AUPCAP).

36. L'une des particularités de cette procédure réside en ce que le notaire commis par le juge-commissaire est investi du pouvoir d'élaborer le cahier des charges. Ce document doit indiquer la décision autorisant la vente, désigner les biens à vendre, mentionner la mise à prix, les conditions de la vente et les modalités de paiement du prix (art.153 AUPCAP). Conformément à cette disposition, le créancier poursuivant est également admis à établir le cahier des charges. En cette matière, la rédaction du cahier des charges n'est pas soumise au formaliste rigide de l'article 267 AUPSRVE. L'Acte uniforme portant organisation des procédures collectives d'apurement du passif a édicté une procédure allégée en permettant la réalisation des immeubles du débiteur en liquidation sans trop de formalisme.

B. Les modalités de la vente

37. L'AUPCAP accorde des prérogatives importantes au juge commissaire afin de parvenir à la liquidation des biens du débiteur et la réalisation de l'actif. Il peut approuver la vente de l'immeuble suivant la procédure de la saisie immobilière ou autoriser la vente par adjudication amiable de gré à gré aux prix et conditions qu'il détermine.

1) La vente forcée de l'immeuble

38. Aux termes de l'article 154 AUPCAP sauf disposition contraire du présent Acte uniforme, la vente sur saisie immobilière est soumise aux dispositions relatives à la matière[44]. La décision qui autorise la vente par voie de saisie immobilière comporte, outre les indications mentionnées à l'article 151 :

- l'indication de la juridiction compétente devant laquelle l'expropriation sera poursuivie ;
- la constitution de l'avocat chez lequel le domicile du créancier poursuivant est élu de droit et en l'étude duquel pourront être notifiés les actes d'opposition au commandement et offres réelles et toutes significations relatives à la vente.

39. Le Juge-commissaire peut autoriser le syndic ou le créancier à poursuivre simultanément la vente de plusieurs ou de tous les immeubles, même s'ils sont situés dans des ressorts de juridictions différentes. Il décide si la vente des immeubles sera poursuivie devant les juridictions dans le ressort desquelles ils se trouvent ou devant celle dans le ressort de laquelle est situé le domicile du débiteur ou le siège de l'entreprise. Cette décision peut changer la compétence territoriale des tribunaux en l'élargissant aux biens situés hors du ressort du tribunal territorialement compétent[45].

---

[44] Les modalités des enchères sont réglementées par l'article Art. 156 AUPCAP. Selon ce texte, les enchères peuvent être faites sans ministère d'avocat. Si aucune enchère n'atteint le montant de la mise à prix, le notaire constate l'offre la plus élevée et peut adjuger le bien à titre provisoire pour le montant de cette offre. Le Juge commissaire qui a fixé la mise à prix, saisi à la requête du notaire ou de tout intéressé peut, soit déclarer l'adjudication définitive et la vente réalisée, soit ordonner qu'une nouvelle vente aura lieu selon l'une des formes prévues à l'article 150 ci-dessus. Si la nouvelle vente est une vente aux enchères, il fixe le délai de la nouvelle vente sans que ce délai puisse être inférieur à quinze jours, la mise à prix ainsi que les modalités de publicité.

[45] YZAS BAKER TILLY, OHADA, *Guide des procédures collectives, Acte uniforme portant organisation des procédures collectives d'apurement du passif, commenté et complété de modèles d'actes,* éd. Droit-Afrique.com, 2010, p.228

40. L'article 154-1 AUPCAP a apporté une précision en indiquant lorsqu'une procédure de saisie immobilière ou une exécution extrajudiciaire engagée avant l'ouverture de la procédure de redressement judiciaire ou de liquidation des biens a été suspendue par l'effet de cette dernière, le syndic peut être subrogé dans les droits du créancier saisissant pour les actes que celui-ci a effectués. Ces actes sont réputés accomplis pour le compte du syndic qui procède à la vente des immeubles. La saisie immobilière ou l'exécution extrajudiciaire peut alors reprendre son cours au stade où la décision d'ouverture l'avait suspendue.

2) L'adjudication amiable

41. Selon l'article 155 AUPCAP, sauf disposition contraire du présent Acte uniforme, la vente d'immeuble par voie d'adjudication amiable est soumise aux dispositions relatives à la matière sauf celles auxquelles il est dérogé par le présent Acte uniforme. La vente amiable de l'immeuble est autorisée par ordonnance du juge commissaire.

42. L'ordonnance qui autorise la vente par voie d'adjudication amiable désigne le notaire qui procédera à l'adjudication. Le notaire informe, par lettre au porteur contre récépissé ou par lettre recommandée avec demande d'avis de réception ou par tout moyen laissant trace écrite, les créanciers inscrits portés sur l'état des droits réels délivré après publication de la décision, d'avoir à prendre communication du cahier des charges déposé en son étude deux (02) mois au moins avant la date fixée pour l'adjudication et d'y faire inscrire leurs dires et observations un (01) mois, au moins, avant cette date. Par la même lettre ou par le même moyen laissant trace écrite, le notaire convoque les créanciers à la vente. Le syndic et le débiteur sont convoqués à la vente par le notaire un (01) mois, au moins, à l'avance.

3) La vente de gré à gré

43. À l'instar de la vente amiable, la vente de gré à gré est autorisée par le juge commissaire. Conformément à l'article 159 AUPCAP, l'ordonnance autorisant la vente de gré à gré d'un ou plusieurs immeubles détermine le prix de chaque immeuble et les conditions essentielles de la vente. Elle est notifiée, à la diligence du greffier, par signification d'huissier de justice ou notification par tout moyen permettant d'établir la réception effective au destinataire, au débiteur et aux créanciers inscrits, à domicile élu, dont les noms sont indiqués dans la décision. Les créanciers inscrits, si le prix est insuffisant à les désintéresser tous, ont un délai de trente (30) jours à compter de la notification de la décision pour faire une surenchère du dixième sur le prix, par lettre au porteur contre récépissé ou par lettre recommandée avec demande d'avis de réception ou par tout moyen laissant trace écrite adressé au syndic. Passé ce délai, le syndic passe les actes nécessaires à la réalisation de la vente, soit avec l'acquéreur de son choix en l'absence de surenchère, soit avec le surenchérisseur le plus disant en cas de surenchère.

44. Après avoir rappelé que les ventes d'immeubles ont lieu suivant les formes prescrites en matière de saisie immobilière, sauf dans le cas où ladite saisie est soumise à une clause d'exécution extrajudiciaire conformément à l'Acte uniforme portant organisations des sûretés, l'article 150 AUPCAP précise que « Toutefois, le juge-commissaire fixe, après avoir recueilli les observations des contrôleurs, s'il en a été nommé, le débiteur et le syndic entendus ou dûment appelés, la mise à prix et les conditions essentielles de la vente et détermine les modalités de la publicité ».

Dans les mêmes conditions, le juge-commissaire peut, si la consistance des biens, leur situation ou les offres reçues sont de nature à permettre une cession amiable, autoriser la vente, soit par adjudication amiable sur la mise à prix qu'il fixe, soit de gré à gré et conditions qu'il détermine. Il revient au juge-commissaire de fixer la mise à prix et déterminer les conditions de vente, déterminer les modalités de publicités.

45. On remarquera que certaines attributions dévolues au président de la juridiction compétente en matière de saisie immobilière, sont confiées au juge-commissaire qui supervise la procédure de réalisation des immeubles. L'Acte uniforme portant organisation des procédures collectives d'apurement du passif déroge aux règles générales édictées par l'Acte uniforme portant organisation des procédures simplifiées de recouvrement et des voies d'exécution lorsque le débiteur est en liquidation des biens.

Section 3. Le titre fondant les poursuites

46. Pour pratiquer une saisie immobilière, le créancier poursuivant doit être détenteur d'un titre exécutoire constatant une créance liquide et exigible. (§1). Néanmoins, la procédure peut être initiée sur le fondement d'un titre exécutoire par provision sous certaines conditions (§2).

§1. Le titre exécutoire

47. Sous réserve de l'article 247 AUPSRVE, la vente forcée de l'immeuble ne peut être poursuivie qu'en vertu d'un titre exécutoire constatant une créance liquide et exigible[46]. Constituent des titres exécutoires, les titres énumérés à l'article 33 AUPSRVE à savoir :

1) les décisions juridictionnelles revêtues de la formule exécutoire et celles qui sont exécutoires sur minute ;

2) les actes et décisions juridictionnelles étrangers ainsi que les sentences arbitrales déclarées exécutoires par une décision juridictionnelle, non susceptibles de recours suspensif d'exécution, de l'État dans lequel ce titre est invoqué ;

3) les procès-verbaux de conciliation signés par le juge et les parties ;

4) les actes notariés revêtus de la formule exécutoire ;

5) les décisions auxquelles la loi nationale de chaque État Partie attache les effets d'une décision judiciaire[47].

48. L'annulation d'un titre exécutoire ayant servi de base aux poursuites de saisie immobilière a pour conséquence la nullité de toute la procédure subséquente. On peut citer la nullité de la convention de prêt notariée avec affectation hypothécaire assortie de la formule exécutoire ou une ordonnance d'injonction de payer faisant l'objet d'opposition.

---

[46]G.S.TSETSA, *Pratique des saisies mobilières en droit Ohada*, Paris, éd. L'Harmattan 2021, 400 p.

[47] Les titres délivrés par les personnes morales de droit public constituent des titres exécutoires notamment les arrêtés, les états, les rôles, les avis de mise en recouvrement, les titres de perception ou de recettes que l'État, les collectivités territoriales ou les établissements publics dotes d'un comptable public délivrent pour le recouvrement des recettes de toutes nature qu'ils sont habilites à recevoir.

49. S'agissant des actes notariés, lorsque les poursuites sont initiées sur le fondement d'une convention de prêt notariée avec affectation hypothécaire assortie de la formule exécutoire, il doit être procédé à la clôture contradictoire du compte afin d'arrêter le montant de la dette. Si une banque ne procède pas à la clôture juridique et contradictoire d'un compte courant sur lequel repose une convention d'ouverture de crédit avec affectation hypothécaire, la saisie immobilière peut être contestée. Compte tenu des mécanismes de fonctionnement d'un compte courant, il n'est pas évident de chiffrer, lors de la rédaction de l'acte notarié, qui sert de titre, le montant de la créance en résultant, qui ne peut être connu qu'au moment de la clôture[48].

La convention, même conclue en la forme authentique, peut soulever quelques difficultés relativement à la détermination du quantum exact de la créance au moment du recouvrement[49]. Les Professeurs PERROT et THERY affirment à propos que « *le montant de l'obligation du débiteur n'apparaît pas nécessairement en clair ; il résulte souvent de la combinaison et de l'interprétation de plusieurs clauses juxtaposées de façon complexe ; le notaire ne fait qu'authentifier des engagements dont il n'a pas la maîtrise puisqu'il donne lieu à des difficultés qui n'apparaissent souvent qu'au moment de l'exécution* »[50].

Du reste, lorsque le titre en vertu duquel la saisie est pratiquée est annulé, la radiation du commandement aux fins de saisie immobilière sera ordonnée[51].

§2. Le titre exécutoire par provision

50. En vertu de l'article 247 AUPSRVE, la saisie immobilière peut être poursuivie sur le fondement d'un titre exécutoire par provision. Cependant, l'adjudication de l'immeuble ne peut intervenir que sur la base d'un titre définitivement exécutoire. L'absence du titre

---

[48] DIALLO (B.), La saisie immobilière en OHADA vue par le juge Suprême, commentaire de l'arrêt CCJA n°25 du 15 Juillet 2004 Affaire Dame M c/ Société Commerciale de Banque Crédit Lyonnais dite SGB-CL. Jurifis, édition spéciale N°12, Octobre 2012, p.44, www.ohada.com/jurisprudence/Ohadata D-13-16.

[49] G. S. TSETSA, *Pratique des saisies mobilières en droit Ohada*, op.cit. p. 73.

[50] S. GUINCHARD, T. MOUSSA (Dir), *Droit et pratique des voies d'exécution* op.cit. p.59 citant RTD civ.1995, 691-Adde : PERROT et THERY, n°313.

[51] TGI du WOURI, ch, com, n°13/COM du O3 Janvier 2019 ;

exécutoire définitif ne fait pas obstacle au déclenchement de la procédure de saisie immobilière, un titre définitivement exécutoire n'étant exigé qu'au moment de l'adjudication conformément à l'article 247 AUPSRVE[52].

En clair, les poursuites peuvent être engagées en vertu d'un titre exécutoire par provision, ou pour une créance en espèces non liquidée ; cependant, l'adjudication ne peut être effectuée que sur un titre définitivement exécutoire et après la liquidation. Il a été jugé que la condition édictée par l'article 247 AUPSRVE n'est pas remplie, lorsque, pour justifier une saisie immobilière, la banque qui a précisé dans le cahier des charges et dans le commandement qu'il poursuit les réalisations du titre foncier sur la base de la grosse de l'acte d'ouverture de crédit et de la situation du compte de débiteur, n'a produit aucun document relatif à ce compte. L'acte notarié mentionnant l'ouverture de crédit ne saurait constituer un titre exécutoire par provision et justifier les poursuites contre la caution hypothécaire, lorsque le prêt n'a pas été mis à disposition, la clause d'affectation hypothécaire contenue dans cet acte devenant sans objet[53].

51. Si lors de l'audience d'adjudication, le poursuivant qui avait initié les poursuites sur le fondement d'un titre exécutoire par provision ne justifie pas la détention d'un titre exécutoire définitif, en pareille circonstance, les poursuites doivent être annulées pour défaut de titre exécutoire. La détention du titre exécutoire étant une condition substantielle pour procéder à l'adjudication de l'immeuble, il appartient au créancier de s'assurer de pouvoir justifier de la détention du titre au moment de l'adjudication, au risque de voir ses poursuites annulées.

52. Contrairement à la démarche de certaines juridictions qui ordonnent un sursis à l'adjudication lorsque cette condition n'est pas remplie au moment de l'adjudication[54], une tendance empreinte de

---

[52] TRHC Dakar, jugement du 04 janvier 2000, Société Nationale de Recouvrement dit SNR et Richard AKEL C/ Entreprise Générale de Cap Vert dite EGCAP, www.ohada.com/jurisprudence/Ohadata J-04-349

[53] TRHC Dakar, audience éventuelle, jugement n°801 du O4 mai 1999, Aff. Société de Promotion et de Financement le Crédit Sénégalais /Abdou Fall, www.ohada.com/jurisprudence/Ohadata J-04-22.

[54]CA Niamey, arrêt n° 234 du 16 aout 2006, Aff. Ets ABOU-ZEID c/ Harouna Garba, www.ohada.com/jurisprudence/Ohadata J-10- 288. Dans cette espèce, la Cour d'appel a

réalisme est à l'application rigoureuse des textes. Le tribunal ne pouvant suppléer à la carence du créancier qui ne justifie pas la détention d'un titre définitivement exécutoire au moment de l'adjudication pour ordonner un sursis à l'adjudication. L'exigence du titre définitivement exécutoire est appréciée à la date d'adjudication.

Il a été jugé qu'une ouverture de compte courant avec affectation hypothécaire et un certificat d'inscription d'hypothèque ne peuvent valoir titre exécutoire fondant une procédure de saisie immobilière, d'autant plus que la créance qu'il constate est incertaine parce que, contestée dans son principe par le débiteur[55]. La CCJA considérant que la procédure de saisie immobilière engagée est à tout point, conforme aux dispositions des articles 33 et 247 AUPSRVE dès lors d'une part, la créance est constatée par la grosse en forme exécutoire de la convention de la convention de compte courant qui est titre exécutoire, et d'autre part, que la créance est liquide, c'est-à-dire d'un montant déterminé s'agissant d'un solde de compte courant et exigible conformément à l'article VI de la convention dudit compte[56].

---

décidé que lorsque le titre n'est pas définitivement exécutoire puisque faisant l'objet d'un recours, il convient de surseoir à l'adjudication jusqu'à l'intervention d'une décision définitive au fond.

[55] CA Littoral, arrêt n°020 du 16 janvier 2009, Aff. NGOWI Emmanuel c/ CAPCOL, Ohadata J-09-143

[56] CCJA, arrêt n°013 du 18 mars 2004, Aff. F.C. c/ SGBC, Le Juris Ohada n°2/2004 juin-aout 2004, p.27, note Brou Kouakou Mathurin, Recueil de jurisprudence de la CCJA n°3, janvier-juin 2004, p.101. Point II, Ohadata J-04-298

Chapitre 2. La saisie de l'immeuble

53. La saisie immobilière exige du poursuivant le respect d'un formalisme spécifique dont l'inobservation vicie la procédure engagée. Ce formalisme se déduit de l'article 246 de l'AUPSRVE selon lequel le créancier ne peut faire vendre les immeubles appartenant à son débiteur qu'en respectant les formalités prescrites par les dispositions qui suivent. Toute convention contraire est nulle.

Les prescriptions de l'article 246 sont d'ordre public et interdisent toute autre convention ayant pour effet d'affranchir le créancier du respect des formes prescrites, la vente conclue en violation des formes prescrites est nulle et de nul effet[57]. Le créancier poursuivant est tenu de respecter les formalités exigées dans la mise en œuvre de cette procédure. Les dispositions des articles 247, 253 et 254 al 1er sont, à l'examen, au nombre de celles qui sont revêtues de ce caractère d'ordre public, ce qui exclut toute interprétation contraire tendant par exemple à valider une vente immobilière opérée de gré à gré par le créancier sur mandat spécial du débiteur. Le pouvoir de vendre de gré à gré conféré par un débiteur à son créancier ne constitue pas un titre exécutoire, la vente opérée dans ces conditions doit être déclarée nulle[58].

54. Pour mettre l'immeuble sous-main de justice, le créancier doit accomplir certaines formalités préalables (section 1). On verra que le déclenchement de la procédure intervient avec la signification d'un commandement aux fins de saisie immobilière (section 2), formalité suivie de la rédaction d'un cahier des charges (section 3).

Section 1. Les formalités relatives à la saisie de l'immeuble

55. La saisie de l'immeuble implique l'accomplissement des formalités préalables (§1) indispensables au déclenchement de la procédure proprement dite (§2).

---

[57] CCJA, Ass. Plén. Arrêt n°O48/ 2O14 du 23 avril 2O14, Aff. Bassirou IBO c/ Yacouba Kodako, NAHOUM Chaïbou, Ohadata J-15-139

[58] CCJA, arrêt n°009/2012 du 08 mars 2012, Aff. ABDOULAYE Baby Bouya c/ Banque Islamique du Niger pour le Commerce et l'Investissement dite BINCI, Ohadata-J-14-157

§1. Les formalités préalables au déclenchement de la procédure

56. Au nombre des formalités à accomplir figurent l'immatriculation préalable de l'immeuble (A) et la délivrance d'un pouvoir spécial à l'huissier de justice instrumentaire (B).

A. L'immatriculation préalable de l'immeuble à exproprier

57. Seuls les immeubles immatriculés peuvent faire l'objet d'une saisie immobilière. Toutefois, si l'immeuble à exproprier n'est pas immatriculé, le créancier poursuivant requiert son immatriculation préalable conformément à l'article 253 de l'AUPSRVE. Selon ce texte, si les immeubles devant faire l'objet de la poursuite ne sont pas immatriculés et si la législation nationale prévoit une telle immatriculation, le créancier est tenu de requérir l'immatriculation à la conservation foncière après y avoir été autorisé par décision du président de la juridiction compétente de la situation des biens, rendue sur requête et non-susceptible de recours.

58. L'immatriculation de l'immeuble est faite au nom du débiteur conformément à la législation nationale sur l'immatriculation foncière[59]. En droit congolais, l'immatriculation est régie par la loi de finances n°17/2000 du 30 décembre 2000 portant régime de la propriété foncière au Congo. Aux termes de l'article 48 de ce texte, en matière de saisie, la réquisition d'immatriculation est établie au nom du débiteur par le créancier saisissant ou son représentant qui y joint la copie certifiée conforme du commandement aux fins de saisie immobilière. Il y joint également tous les titres de propriété, contrats, actes publics ou privés, documents quelconques de nature à faire connaître les droits réels existants sur l'immeuble et qui pourraient se trouver entre ses mains.

59. L'article 253 al. 2 AUPSRVE indique qu'à peine de nullité, le commandement ne peut être signifié qu'après le dépôt de la réquisition d'immatriculation et la vente ne peut avoir lieu qu'après la délivrance du titre foncier. Il en ressort que le poursuivant est tenu d'observer une chronologie dans l'accomplissement de certaines

---

[59]Au Tchad, elle fait l'objet de la loi n°24 du 22 juillet 1967 Propriété foncière et droits coutumiers.

formalités afin de parvenir à la vente de l'immeuble. Le commandement aux fins de saisie qui est antérieur à la requête afin d'immatriculation encourt annulation pour le grief pris de la violation de l'article 253 de l'AUPSRVE[60]. Dans cette espèce, le commandement était daté du 30 septembre 2003, la requête afin d'immatriculation datée du 10 novembre 2003 et l'ordonnance autorisant ladite immatriculation est intervenue le 12 novembre 2003 ; alors que selon l'ordre établi par l'article 253 alinéa 2 AUPSRVE, la réquisition afin d'immatriculation aurait dû intervenir avant le commandement aux fins de saisie.

60. La lecture combinée des dispositions des articles 253 de l'AUPSRVE et 48 de loi précitée appelle quelques observations. Alors que l'AUPSRVE indique que le commandement ne peut être signifié qu'après le dépôt de la réquisition, la loi n°17/2000 du 30 décembre 2000 sur la propriété foncière fait obligation au poursuivant de joindre la copie certifiée conforme du commandement à la réquisition d'immatriculation, ce qui, a priori, peut soulever quelques difficultés. Pour prévenir toute contestation tirée de l'antériorité du commandement, le créancier devra requérir l'immatriculation en suivant la procédure indiquée à l'article 16 de la loi précitée.

B. La délivrance du pouvoir spécial aux fins de saisie immobilière

61. Avant le déclenchement de la procédure proprement dite, le créancier poursuivant procède à la délivrance du pouvoir spécial aux fins de saisie immobilière à l'huissier de justice instrumentaire[61]. La saisie immobilière étant une mesure lourde de conséquence, il n'est pas admis de présumer le pouvoir donné à l'huissier de justice sans la présentation d'un acte matériel qui lui confère le pouvoir de saisir. Par ce pouvoir, le créancier investit l'huissier de justice en vue de saisir, en son nom et pour son compte, la propriété immobilière du débiteur et d'instrumenter les actes subséquents de la saisie immobilière. Le

---

[60] TGI de Ouagadougou, jugement n°66 du 03 mars 2004, Aff. Banque Internationale pour le Commerce, l'Industrie et l'Agriculture du Burkina dite BICIA-B c/ Société Générale d'entreprise Wend-Payangda, www.ohada.com/jurisprudence/Ohadata J-05-222.

[61] P-G. POUGOUÉ, F. TEPPI KOLLOKO, *La saisie immobilière dans l'espace OHADA*, p.21

défaut de ce pouvoir est sanctionné par la nullité de la procédure conformément à l'article 254 de l'AUPSRVE.

62. Le pouvoir spécial peut être délivré en la forme d'un acte sous seing privé ou sous la forme d'un acte authentique. Lorsque le pouvoir est délivré par acte sous seing privé, il n'est pas exigé du poursuivant de légaliser son acte pour authentifier la signature du mandant qui y est apposée. Cette position ne fait pas l'unanimité en doctrine, certains auteurs soutenant le contraire[62].

Le pouvoir est signé de la main du créancier poursuivant ou de son mandataire spécialement habileté à cet effet. L'avocat du poursuivant n'a pas vocation à le délivrer sans avoir reçu une habilitation particulière du créancier. C'est ainsi qu'il a été jugé que lorsque le pouvoir spécial est donné à l'huissier par l'avocat poursuivant sans que le créancier ait conféré à son conseil le pouvoir de passer un tel acte, il y a lieu de constater l'absence du pouvoir spécial et par conséquent de déclarer le commandement et le cahier des charges nul et de nul effet[63]. Le pouvoir spécial délivré par une personne qui n'est ni créancier poursuivant, ni mandataire de celui-ci, équivaut à une absence de pouvoir pour l'huissier instrumentaire. Le commandement servi dans ces conditions est affecté d'une irrégularité de fond dont la sanction ne nécessite pas un grief[64].

63. Lorsque la saisie est diligentée par une personne morale, il appartient à son représentant légal de délivrer ce pouvoir. La jurisprudence retient qu'à défaut d'avoir la qualité de directeur d'une société conformément aux dispositions des articles 414 et suivants de l'AUSCGIE et faute de justifier d'un pouvoir spécial pour agir au nom de cette société comme le prévoit l'article 254 AUPSRVE, une personne ne peut délivrer un pouvoir aux fins de saisie immobilière au

---

[62]P-G. POUGOUÉ, F. TEPPI KOLLOKO, op. cit.p. 22. Ces auteurs estiment que le pouvoir doit être légalisé comme toute procuration, car c'est bien cette légalisation qui authentifie la signature qui y est apposée.

[63] TGI, Ouagadougou, jugement n°O31 du 29 janvier 2003, Aff. KAFANDO Kassoum c/ OUEDRAOGO Rasmané, www.ohada.com/jurisprudence/Ohadata-J-O4-333.

[64] S. I. SOW, *Le traitement judiciaire des incidents de la saisie immobilière*, op.cit, p.278, critiquant l'arrêt de la cour d'appel « CA Bobo-Dioulasso, arrêt n°006/08 du 21 janvier 2008, Ayants droit de feu OUEDRAOGO Ousmane c/ DERRA Brahima, J. ISSA-SAYEGH, *répertoire quinquennal OHADA*, 2006-2010, p. 579, www.ohada.com/jurisprudence/Ohadata J-10-118 précité). Dans cette espèce, la pouvoir spécial n'ait pas été signé du créancier poursuivant lui-même, mais de son frère. Pourtant la Cour d'appel a écarté la nullité du commandement au motif que les appelants ne justifiaient d'aucun préjudice.

nom d'une société commerciale[65]. On indiquera que la validité du pouvoir spécial donné par un directeur juridique ne peut être discutée lorsque celui-ci a régulièrement reçu de son directeur général le pouvoir de le représenter à la signature des pouvoirs aux fins de saisie immobilière[66]. Le même raisonnement a été appliqué, au préposé de la banque, délégué pour exercer toutes saisies immobilières, habilité à conférer à l'huissier de justice le pouvoir spécial de saisir[67].

La CCJA a admis que la régularité du pouvoir spécial délivré par le directeur du risque et crédit d'une société qui, lui-même, avait reçu délégation du directeur général, représentant légal « d'agir et comparaître en justice au nom de la société, transiger, compromettre, faire exécuter toute décision de justice ». Les dispositions de l'article 487 de l'AUSCGIE n'interdisant pas à un président-directeur ou un directeur général de déléguer ses pouvoirs à un collaborateur pour agir au nom de la société[68].

64. Le pouvoir spécial doit être délivré exclusivement à l'huissier de justice instrumentaire. Il sera déclaré nul s'il a été libellé au nom d'un huissier autre que l'huissier de justice instrumentaire[69], à condition que le plaideur qui soulève la nullité justifie d'un préjudice. La CCJA a retenu que les requérants qui ne justifient pas de préjudice par eux subi, du fait de la désignation d'un autre huissier pour procéder à la saisie, ne peuvent demander l'annulation du commandement[70]. Cette solution est juridiquement fondée en ce qu'elle fait application de l'article 297 de l'AUPSRVE, d'où il ressort que le plaideur qui entend obtenir l'annulation de l'acte vicié est tenu de justifier le préjudice que

---

[65] TGI du Moungo, Jugement N°36/Civ du 20 avril 2006, Aff. Tchamda Frida c/ La Société CICAM-SOLICAM et La Société Générale des Banques au Cameroun dite SGBC, www.ohada.com/jurisprudence/Ohadata J-07-150.

[66] CA Dakar, chambre civ. com. arrêt n°147 du 20 mars 2003, Aff. Moussa DIA c / BHS et Greffier du TRHC Dakar, obs. Joseph ISSA-SAYEGH, www.ohada.com/jurisprudence/Ohadata J-03-170.

[67] Civ, 2e, 8 déc. 2005 : Bull, civ, II n°316

[68] CCJA, arrêt N° 033/2007 du 22 nov. 2007, Aff. Compagnie des Transport commerciaux dite COTRACOM et Aminata YOUSSOUF C/ La Banque Internationale de l'Afrique de l'Ouest précité, (recueil de jurisprudence N°10 juil.-Déc. P.23, J.ISSA-SAYEGH, *Répertoire quinquennal OHADA 2006-2010*, p.587, www.ohada.com/jurisprudence/Ohadata J-08-243.

[69] T. civ. Bergerac, 11 févr.1959, IV, 3389.

[70] CCJA, 2ème chambre, arrêt n°2 du 9 mars 2006, Aff. Monsieur L.E. Société Camerounaise de transformation dite SOCATRAF c/ Caisse Commune d'Epargne et d'Investissement, dite CCEI-Bank S.A. devenue Afriland First Bank S.A., Le Juris-ohada n°3/2006, P.5. Ohadata J-07-09, recueil de jurisprudence CCJA, n°7 p.20,

lui aurait causé ladite irrégularité, ce même lorsque l'irrégularité est avérée.

65. Une difficulté pratique se présente lorsque l'huissier requis pratique une saisie immobilière hors de son ressort territorial. Étant incompétent *ratione loci*, pour pallier cette difficulté, l'huissier requis peut, au moyen d'une élection de domicile dans l'étude d'un confrère territorialement compétent, pratiquer une saisie immobilière hors de son ressort territorial. L'élection de domicile auprès de son confrère emporte extension de compétence au lieu du domicile élu, et permet de pratiquer une saisie immobilière dans un autre ressort[71].

66. Le fait pour l'huissier territorialement compétent de cosigner les actes dressés avec l'huissier mandaté ne fait pas de lui, un huissier instrumentaire autonome devant justifier la production de sa part, d'un pouvoir spécial aux fins de saisie immobilière signée de la main du créancier poursuivant prévu par l'article 254 de l'AUPSRVE.

FORMULE 1

POUVOIR SPÉCIAL AUX FINS DE SAISIE

Nous, société X… ***(indication de la raison sociale, la forme*****) dont le siège social est sis à (*****indication de l'adresse complète*****)**… n°…immatriculée au RCCM sous le numéro.. prise en la personne de son représentant légal… *(indication de la fonction du représentant*) dûment habilitée pour la signature du présent mandat ;
Conformément à l'article 254 alinéa 2 de l'Acte uniforme portant organisation des procédures simplifiées de recouvrement et des voies d'exécution ;
Donnons, par le présent acte, pouvoir spécial à Maître…Huissier de justice près la Cour d'appel… de… Études sis n°… ;
De, pour nous, en notre nom et pour notre compte, procéder à la saisie de l'immeuble sis à (*indication de la ville*)… rue… quartier…, arrondissement… cadastrée section… bloc…parcelle…d'une superficie de…objet du titre foncier n°…

[71] Article 68 de loi n°001/2022 du 23 mars 2022 fixant les conditions d'exercice de la profession d'Huissier de Justice en République Gabonaise (JO 2022-157)

Appartenant en pleine propriété à Monsieur... de nationalité.... née le... à domicilié... arrondissement...titulaire de la carte nationale d'identité numéro... délivré le...
Et ce, en vertu de... (*indication du titre fondant les poursuites*)... ;

PAR CONSÉQUENT

Dresser tous actes de poursuites de son ministère ;
Constituer pour le commandement aux fins de saisie immobilière et toutes ses suites, le Cabinet d'Avocat..., cabinet sis...où (indication du créancier) fait élection de domicile pour la notification de tous les actes de procédure ;
Passer et signer tous les actes, substituer et faire le nécessaire, promettant l'avouer. /-

Fait à Makoua en un (01) exemplaire original, le...
Signature

Identité du signataire

Section 2. Le déclenchement de la procédure

66. Les poursuites sont déclenchées par la signification du commandement de payer aux fins de saisie immobilière (§1). Cette signification est effectuée dans le respect du formalisme édicté à cet effet (§2). Elle est suivie de la publication du commandement laquelle intervient selon la forme et dans le délai prescrit (§3).

§1. Le commandement aux fins de saisie

67. Le commandement aux fins de saisie immobilière est servi à la partie saisie. Sa nature juridique (A), son contenu (B) et son régime de nullité (C) appellent quelques observations.

A. La nature du commandement aux fins de saisie

68. Le commandement aux fins de saisie immobilière est l'acte déclencheur des poursuites. Par cet acte, l'huissier de justice fait commandement au débiteur, de payer les sommes réclamées dans un délai de vingt (20) jours. Faute pour lui de s'exécuter, la procédure sera poursuivie par la publication du commandement à la conservation foncière.

69. En réalité, le commandement est considéré comme l'acte déclencheur des poursuites par l'effet attaché à sa publication. Le commandement aux fins de saisie ne vaut pas saisie de l'immeuble, la saisie à proprement dite n'est réalisée que par la publication de l'acte[72].

Le commandement non encore publié ne constitue qu'une mise en demeure de payer les sommes réclamées dans un délai de vingt jours. Dépassé ce délai, il est publié à la conservation foncière et vaut, à dater de cette publication, saisie réelle du bien immobilier du débiteur. La saisie ne débute qu'à compter de la publication du commandement à la conservation foncière. Il sera précisé que si par extraordinaire, le débiteur qui a reçu signification du commandement s'avise de payer sa dette, les poursuites s'arrêtent.

B. Contenu du commandement

70. Dressé par un huissier de justice, le commandement aux fins de saisie est soumis aux dispositions régissant les actes d'huissier. Il contient l'entête de l'huissier instrumentaire, les mentions obligatoires propres à la saisie immobilière[73] ainsi que toutes les autres mentions utiles pour la validité de l'acte ; enfin, il doit être daté et signé. Il est également enregistré conformément aux dispositions des articles 61 et 100 du Code général des impôts congolais, à peine de nullité, ou de l'article 464-4 du code général des impôts sénégalais, tel qu'il résulte de la loi n° 2018-10 du 30 mars 2018 modifiant certaines dispositions du Code général des Impôts.

Aux termes de l'article 254 de l'AUPSRVE, le commandement contient, à peine de nullité les mentions ci-après :

1) La reproduction ou la copie du titre exécutoire et le montant de la dette ainsi que les noms, prénoms et adresses du créancier et du débiteur et s'il s'agit d'une personne morale, ses formes, dénomination et siège social ;

---

[72] A. LEBORGNE, *Phase de poursuite : saisie proprement dite contre le débiteur*, in S. GUINCHARD et T. MOUSSA (dir), *Droit et pratique des voies d'exécution,* op. cit.p.1314

[73] N. FRICERO, *Procédures civiles d'exécution*, 2e éd. Lextenso, 2010, 163 p.

2) La copie du pouvoir spécial de saisir donné à l'huissier ou à l'agent d'exécution par le créancier poursuivant, à moins que le commandement ne contienne, sur l'original et la copie, le bon pour pouvoir signé de ce dernier ;

3) L'avertissement que, faute de payer dans les vingt jours, le commandement pourra être transcrit à la conservation foncière et vaudra saisie à partir de sa publication ;

4) L'indication de la juridiction où l'expropriation sera poursuivie ;

5) Le numéro du titre foncier et l'indication de la situation précise des immeubles faisant l'objet de la poursuite ; s'il s'agit d'un immeuble non encore immatriculé, le numéro de la réquisition d'immatriculation ; et, s'il s'agit d'impenses réalisées par le débiteur sur un terrain dont il n'est pas propriétaire, mais qui lui a été affecté par une décision d'une autorité administrative, sa désignation précise ainsi que la référence de la décision d'affectation ;

6) La constitution de l'avocat chez lequel le créancier poursuivant élit domicile et où devront être notifiés les actes d'opposition au commandement, offres réelles et toutes significations relatives à la saisie.

71. Ces mentions étant prescrites à peine de nullité, leur omission donne naissance à des contestations diverses. Le commandement aux fins de saisie doit contenir entre autres mentions prescrites à peine de nullité, les noms, prénoms et adresses du créancier et du débiteur et, s'il s'agit d'une personne morale, ses forme, dénomination et siège social. Le commandement qui ne contient pas le nom du véritable créancier encourt nullité, l'indication inexacte du créancier équivaut à un défaut d'indication. La nullité du commandement entraîne la nullité de toutes les poursuites subséquentes.

§2. La signification du commandement

Le commandement aux fins de saisie immobilière est signifié au débiteur saisi (A) ou au tiers détenteur le cas échéant (B).

A. La signification au débiteur saisi

72. À la requête du créancier poursuivant, le commandement est signifié au débiteur saisi. L'article 254 AUPSRVE indique que le commandement doit être signifié au débiteur sans autre précision. Le mode de signification de cet acte n'étant spécifié, il s'enduit que le poursuivant doit recourir aux modes de signification admis par le droit interne de l'Etat concerné. C'est du moins ce que précise la CCJA qui retient que l'expression *« doit être signifié au débiteur...* » ne signifie pas que la signification doit être faite exclusivement à la personne même du débiteur, mais plutôt selon l'une des formes prévues par les textes[74].

Précisant sa jurisprudence, la CCJA a considéré que les dispositions de l'article 254 al.2 AUPSRVE ne font pas obligation à l'huissier instrumentaire de procéder à la signification de l'acte à personne, mais seulement de respecter les formes prescrites par le droit interne de l'État partie pour la signification des exploits d'huissier. En l'espèce, l'exploit ayant été servi au domicile du débiteur et remis à son gardien, conformément à l'article 68 du Code de procédure civile du Niger, l'irrégularité retenue par le premier juge pour constater la nullité du commandement, au motif que l'acte « *a été signifié au gardien et non à la personne du débiteur lui-même* » n'est pas avérée et le jugement encourt cassation de ce chef[75]. Tirant les enseignements de cette jurisprudence, le tribunal de Dakar a décidé que l'article 254 AUPSRVE n'opère aucune distinction entre la signification faite à personne ou à domicile. De sorte que le commandement ne saurait être annulé pour le seul fait que la signification a été faite à mairie[76].

---

[74]CCJA, arrêt N° 033/2007 du 22 nov. 2007, Aff. Compagnie des Transport commerciaux dite COTRACOM et Aminata YOUSSOUF C/ La Banque Internationale de l'Afrique de l'Ouest (recueil de jurisprudence N°10 juil.-Déc. P.23, Répertoire quinquennal OHADA 2006-2010, p.587, Ohadata J-08-243 précité. Dans cette espèce, la signification avait été faite au domicile du débiteur telle que prévue par les articles 240 et 250 du code ivoirien de procédure civile, commerciale et administrative, par la remise d'une copie à la personne présente au domicile, et par l'envoi au débiteur d'une lettre avec accusé de réception. En statuant comme il a fait dit la CCJA, le premier juge n'a en rien violé les dispositions de l'article 254 AUPSRVE,

[75] CCJA, 1ère ch., n°099/2015 du 23 juillet 2015, Aff. Société Nigérienne de Bank dite SONIBANK SA c/ Mahaman Rabiou MOUSSA, www.ohada.com/jurisprudence/Ohadata J-16-196.

[76] S. I. SOW, *Le traitement judiciaire des incidents de la saisie immobilière,* p.286, citant TRHCDK, jugement n°695 du 1er mars 2011, Mouhamadou Moustapha DIEDHIOU c/ La Banque régionale de solidarité dite BRS.

En fonction des prévisions du droit interne sur la signification des actes, le commandement sera valablement signifié, à personne, à domicile, à voisin, à mairie, à préfecture et même à parquet[77], si la loi nationale prévoit une telle modalité.

73. En pratique, le commandement est signifié à personne ou à domicile afin d'établir avec certitude, que le destinataire de l'acte, en a effectivement eu connaissance. L'huissier de justice, personnage essentiel dans la mise en œuvre de la saisie immobilière, doit accorder une attention soutenue à la rédaction du commandement. Sa responsabilité peut être recherchée s'il est établi qu'il a fait preuve d'une négligence avérée dans l'accomplissent des diligences, entrainant la nullité du commandement[78].

74. En même temps que le commandement, le créancier doit signifier au débiteur le titre exécutoire en vertu duquel les poursuites sont initiées d'une part, et faire tenir au débiteur, copie du pouvoir spécial délivré à l'huissier instrumentaire. S'agissant du titre exécutoire, une reproduction dans le commandement est suffisante à défaut de la production dudit titre. Une mention sur l'original et la copie du commandement du pouvoir signé du créancier est suffisante à défaut de la production du pouvoir spécial.

---

[77]S. I. SOW, *ibidem*

[78] Cass. 1er Civ. 11 oct. 1994, Bull. Civ. n°284 D.1994.inf. rap. P.243.

FORMULE 2

COMMANDEMENT AUX FINS DE SAISIE IMMOBILIÈRE

L'an deux mil…Et le…à heures
A…
À la requête de : (*identité et adresse complète du créancier poursuivant*). À titre d'illustration la Banque…, société anonyme avec conseil d'administration au capital de… dont le siège social est sis…, immatriculée au RCCM sous le numéro…, poursuites et diligences de son directeur général…, domicilié en cette qualité au siège social de ladite banque, sis à l'adresse sus indiqué ;

Représenté et plaidant par le Cabinet d'Avocats…**Avocat au Barreau de Moroni**, cabinet sis (*indication de l'adresse complète du cabinet*)
Lequel a été constitué par… (indication du créancier poursuivant) et occupera pour elle sur le présent commandement de saisie immobilière et toutes ses suites ;

En vertu de :
1°)-indication du titre exécutoire fondant les poursuites et la date.
2°)- (indication du pouvoir spécial aux fins de saisie immobilière donné par le créancier à l'huissier de justice instrumentaire) daté à… du…
-Et des articles 254 et suivants de l'Acte uniforme portant organisation des procédures simplifiées de recouvrement et des voies d'exécution ;
Nous…Huissiers de justice associés, près la Cour d'appel de Moroni titulaire d'un Office sis…soussigné ;

FAIT COMMANDEMENT A

…. (Indentification complète du débiteur saisi)

OU ETANT ET PARLANT A…
D'avoir, sous vingt (20) jours, pour tout délai et à compter de la date des présentes, à payer à notre requérant, ou en notre Etude, ayant reçu mandat de recouvrement et qualité de délivrer bonne et valable

quittance pour le compte de (*Indication du créancier poursuivant)* les sommes ci-après :
Principal…
Frais et intérêts échus…
Droits proportionnels de recouvrement…
Coût des présentes…
Total…
Et ce, sous réserve de toutes autres intérêts, frais, accessoires, et tous autres dus, droits et action

TRES IMPORTANT

Avertissons (indication du débiteur) que faute pour lui de payer les sommes ci-dessus indiquées dans le délai imparti, (*indication du créancier poursuivant*) poursuivra la procédure de vente de votre propriété et droits immobiliers après avoir transcrit et publié le présent commandement à la conservation foncière ;

Informons *(*indication du débiteur) qu'à compter de sa publication, le présent commandement vaudra saisie de son immeuble et droits immobiliers suivants :
Propriété bâtie sise à (*indication de la ville*)… rue… quartier…, arrondissement… cadastrée section… bloc…parcelle…d'une superficie de…m² objet du titre foncier n°…
Tel au surplus cette propriété existe, s'étend, se poursuit et se comporte avec toutes les aisances, dépendances et appartements, sans aucune exception ni réserve ;

Déclarons à (indication du débiteur) que l'expropriation de cet immeuble et de tous les droits immobiliers afférents, sera poursuivie devant le Tribunal de grande instance de Moroni (ou en l'Office de Maître…Notaire à Moroni, Office sis…) ce par le Cabinet d'Avocats…avocat à la Cour, cabinet sis… constitué pour les présentes et leurs suites ;

Déclarons en outre à (indication du débiteur) que toutes les contestations relatives à la présente procédure doivent être portées devant le Tribunal de grande instance de…… ayant plénitude de juridiction et territorialement compétent, statuant en matière civile ;

Indiquons, enfin, à (indication du débiteur) que (indication du créancier) a élu domicile au cabinet d'avocat... et que tous les actes d'opposition au présent commandement, offres réelles et toutes significations relatives à la présente procédure doivent y être notifiés

Sous toutes réserves

Dont acte écrit sur...pages

À CE QU'IL N'EN IGNORE

Nous lui avons étant et parlant comme dessus laissé copies des présentes, de l'original du titre exécutoire (*indication complète*) et du pouvoir spécial aux fins de saisie immobilière ;
Employé pour le présent acte...feuilles au format de timbre à.... F CFA

Signature et cachet de l'huissier de justice

B. La signification au tiers détenteur

75. Lorsque l'immeuble objet des poursuites est détenu par un tiers, le commandement est signifié à ce dernier. L'article 255 AUPSRVE, indique qu'à peine de nullité, le commandement est signifié le cas échéant. La formule « le cas échéant » utilisée par le législateur OHADA signifie que toute les fois que le débiteur ne détient pas réellement l'immeuble objet des poursuites, le tiers détenteur de celui-ci doit être mis en cause dans les formes prescrites[79].

Par principe, le tiers détenteur de l'immeuble n'est pas tenu personnellement à la dette, il est poursuivi parce qu'il détient l'immeuble. On dira qu'il est tenu « *propter rem* », c'est-à-dire en raison de la chose détenue. Concrètement, lorsque l'immeuble est détenu par un tiers détenteur, deux commandements seront établis : un commandement aux fins de saisie délivré au débiteur saisi et un autre servi au tiers détenteur. La nécessité de dresser deux commandements se justifie par le fait que leur contenu n'est pas identique.

---

[79] P-G. POUGOUÉ, F. TEPPI KOLLOKO, *La saisie immobilière dans l'espace OHADA*, op.cit. p.24

76. L'acte de signification du commandement comporte sommation de payer l'intégralité des sommes réclamées, ou de délaisser l'immeuble hypothéqué ou de subir l'expropriation. En prescrivant la signification du commandement au tiers détenteur, l'article 255 AUPSRVE offre trois options à ce dernier :

1) soit de payer l'intégralité des sommes dues en principal et intérêts afin d'éviter les poursuites ;
2) soit de délaisser l'immeuble hypothéqué[80] ;
3) soit enfin de subir la procédure d'expropriation.

Le tiers détenteur est généralement un acquéreur. Il peut aussi s'agir d'un ayant-cause à titre universel tel un héritier non tenu personnellement de la dette et dont le droit est né après la constitution de l'hypothèque[81]. L'acquéreur propriétaire d'un immeuble grevé d'hypothèque, tiers à la dette est poursuivi en vertu du droit de suite[82]. Le créancier hypothécaire agissant en vertu du droit de suite qui lui permet de saisir l'immeuble garantissant le paiement de la dette en quelque main que celui-ci se trouve, pour le faire vendre et se faire payer sur le prix[83]. Pour se mettre à l'abri des poursuites, l'acquéreur est tenu de purger les hypothèques grevant l'immeuble. À défaut, cette sûreté continuera de grever le bien.

On notera que le droit de suite ne s'applique pas inéluctablement à tous les immeubles grevés d'hypothèque. Dans certains cas, la loi décide que le droit de suite ne s'exerce pas contre le tiers acquéreur. Il en est ainsi en cas de vente sur saisie immobilière ou de vente aux enchères qui emportent automatiquement purge des hypothèques[84].

77. Le droit de suite s'exerce contre tout tiers détenteur de l'immeuble dont le titre est publié postérieurement à l'hypothèque. Le tiers détenteur qui a désintéressé le créancier poursuivant du montant intégral de sa créance, en capital, intérêts et autres accessoires, se subroge à lui.

---

[80]Le délaissement consiste à abandonner l'immeuble sans aucune réserve. Il se fait au greffe du tribunal ayant plénitude de juridiction du ressort de la situation de l'immeuble. Il en est donné acte.
[81]Y. R. KALIEU ELONGO, *Droit et pratique des sûretés réelles OHADA*, op.cit. p.40.
[82]G. COUCHEZ, *Voies d'exécution*, op.cit. p.220
[83] Y. R. KALIEU ELONGO, op. cit. p. 40
[84] Y. R. KALIEU ELONGO, op. cit. p. 40

La question se pose de savoir si la caution hypothécaire peut être considérée comme un tiers détenteur de l'immeuble. De la réponse à cette question dépendra la procédure à adopter. Si le tribunal reconnaît la qualité de tiers saisi à la caution hypothécaire, la procédure à appliquer à la caution est celle réservée au tiers détenteur. Par contre, si le juge lui dénie la qualité de tiers détenteur, la caution subira la procédure appliquée au débiteur, le créancier poursuivant n'est pas tenu de lui signifier la sommation prévue à l'article 255 AUPSRVE[85] avec sommation de payer l'intégralité des sommes dues ou de délaisser l'immeuble.

78. Lorsque le tribunal reconnaît à la caution hypothécaire, la qualité de tiers détenteur, la caution qui n'a pas reçu signification du commandement à tiers détenteur peut se prévaloir des dispositions de l'article 255 AUPSRVE et tirer argument du défaut de signification du commandement pour obtenir l'annulation des poursuites. L'article 255 AUPSRVE n'étant pas visé à l'article 297 AUPSRVE, il ne sera pas exigé de la caution la démonstration d'un préjudice subi, du fait de la non-signification du commandement, en considérant qu'il s'agit de l'omission d'une formalité substantielle.

79. De manière générale, les tribunaux considèrent la caution hypothécaire comme une caution solidaire, tenue d'exécuter l'obligation principale dans les mêmes conditions qu'un débiteur solidaire. On retiendra cette précision de la CCJA qui relève que, pour la réalisation de l'hypothèque, le créancier ne peut actionner la caution hypothécaire qu'après une mise en demeure infructueuse, adressée au débiteur principal.

Le créancier fait application des règles régissant cette sûreté notamment les articles 23 et 24 de l'Acte uniforme portant organisation des sûretés[86] en servant à la caution hypothécaire, un exploit dit de « *notification de la défaillance du débiteur principal* ».

---

[85] S. I. SOW, Le traitement judiciaire des incidents de la saisie immobilière, p.294, citant TRHCDK, jugement n°1170 du 1er juillet 2003, Aff. Cheikh Famara DEMBA et GIE SENEPRESCO c/ CBAO, cité par

[86] L'article 24 dispose que Dans le mois de la mise en demeure de payer adressée au débiteur principal et restée sans effet, le créancier doit informer la caution de la défaillance du débiteur principal en lui indiquant le montant restant dû par ce dernier en principal, intérêts et autres accessoires à la date de cet incident de paiement. A défaut, la caution ne saurait être tenue au paiement des pénalités ou intérêts de retard échus entre la date de cet incident et la date à laquelle elle en a été informée.

Dans cet acte, il est indiqué le montant restant dû en principal, intérêts et autres accessoires à la date de cette défaillance. Il lui rappelle à l'occasion qu'à défaut de payer la créance réclamée, il se verra dans l'obligation de réaliser l'hypothèque consentie. La signification à tiers détenteur vise à l'informer de la mesure de saisie en cours en vue de susciter les contestations éventuelles.

Il est par ailleurs jugé que le locataire d'un immeuble hypothéqué ne peut être considéré comme tiers détenteur, il n'existe aucune exigence de signification du commandement aux fins de saisie immobilière à ce dernier[87].

[87]CCJA, 3e ch, arrêt n° 303/2020 du 22 octobre 2020 ;

FORMULE 3

SIGNIFICATION DU COMMANDEMENT AUX FINS DE SAISIE IMMOBILIÈRE A TIERS DÉTENTEUR

L'an deux mil….Et le… à… heures

À la requête de : (*identification complète du créancier poursuivant et adresse*) ayant pour conseil constitué Maître…Avocat au barreau du Sénégal, cabinet sis (*indication de l'adresse complète du cabinet*) au cabinet duquel il est fait élection de domicile pour le présent commandement et de toutes ses suites ainsi qu'en mon étude ;

En vertu de :

-… (indication *du titre exécutoire fondant les poursuites et la date)* ;

-… (*indication du pouvoir spécial aux fins de saisie immobilière*) daté à.. du… ;

-Et des articles 255 et suivants de l'Acte uniforme portant organisation des procédures simplifiées de recouvrement et des voies d'exécution ;

J'ai…Huissier de justice près la Cour d'appel de Dakar, titulaire d'un office sis…soussigné ;

SIGNIFIE ET EN TÊTE DE CELLES DES PRÉSENTES REMIS ET LAISSE A :

La société…(Indentification complète du tiers détenteur : nom, prénom et adresse), en ce domicile

OU ETANT ET PARLANT A……………………

Copie d'un commandement aux fins de saisie immobilière en date du…. servi à….(*indication du débiteur principal*) portant sur l'immeuble rue…n°…quartier…arrondissement…cadastrée : section…bloc…parcelle n°…. d'une superficie de…objet du titre foncier n°…;

SOMMATION

Et, à même requête, demeure et élection de domicile que ci-dessus, j'ai… huissier susdit et soussigné ;

Fait sommation au sus-requis

D'avoir, sous vingt (20) jours, pour tout délai et à compter de la date des présentes :

1)- Soit de payer en mon Etude, à moi Huissier de justice, ayant reçu mandat de recouvrement et qualité de délivrer bonne et valable quittance pour le compte de…… (Indication du créancier poursuivant) la somme principale de… et celle de…en frais et intérêts échus ;
2)- *Soit de délaisser l'immeuble hypothéqué, sans aucune réserve, au greffe du Tribunal de grande instance de Dakar ;*
3)- *Soit de subir la procédure d'expropriation ;*

Sous toutes réserves

À CE QU'IL N'EN IGNORE

Je lui ai, étant et parlant comme dessus remis et laissé, copie du commandement susvisé et celle du présent exploit dont le coût est de…
Employé pour le présent acte…feuilles au format timbres à. F CFA
Signature et cachet de l'huissier de justice

§3. La publication du commandement

80. Après la signification du commandement au débiteur et au tiers détenteur le cas échéant, l'huissier accomplit des diligences pour la publication. Cette formalité permet d'informer les tiers de l'existence de la mesure en leur rendant opposable la saisie pratiquée à partir de sa publication. La publication est effectuée selon les modalités prévues par la loi et dans un délai précis (A). Cette publication engendre des effets (B).

A. Modalité de publication

81. La publication s'effectue à la Conservation foncière du lieu de situation de l'immeuble, conformément aux lois nationales régissant la publicité foncière de chaque État partie.

Au Congo, la publication est effectuée à la direction générale de la conservation des hypothèques et de la propriété foncière, précisément à la direction de l'enregistrement, de la fiscalité foncière et domaniale. Le conservateur des hypothèques et de la propriété foncière, procède à la formalité de publication par l'inscription du commandement dans le livre foncier[88]conformément à l'article 71 de la loi n°17/2000 du 30 décembre 2000 portant régime de la propriété foncière au Congo. Pour ce faire, l'huissier dépose deux exemplaires du commandement à la conservation foncière dont une copie certifiée conforme par l'huissier et l'original du commandement.

82. L'huissier fait tenir les deux exemplaires du commandement au conservateur des hypothèques, lequel vise l'original du commandement. Copie lui est remise pour publication. Lorsque les poursuites s'exercent sur les impenses réalisées par le débiteur sur un terrain dont il n'est pas propriétaire, et qui lui a été affecté par décision d'une autorité administrative, les formalités de visas prévues par l'article 259 AUPSRVE sont accomplies par l'autorité attributaire du terrain, et non par le conservateur des hypothèques. L'original du commandement doit être visé par ladite autorité et copie lui sera remise pour publication. Lorsque le droit au bail est inscrit sur un immeuble immatriculé dont la gestion est confiée au conservateur de la propriété foncière, c'est à celui-ci qu'incombe la charge d'effectuer les formalités de visa[89].

83. Si le conservateur ou l'autorité administrative concernée ne peut procéder à l'inscription du commandement à l'instant, il fait mention sur l'original qui lui est laissé de la date et de l'heure du dépôt. L'article 257 AUPSRVE précise que lorsque la saisie porte sur

---

[88] L'article 5 de la loi de Finance n°17/2000 du 30 décembre 2000 portant régime de la propriété foncière au Congo définit l'inscription comme la formalité par laquelle est obtenue la publicité des actes portant sur des immeubles.

[89]TRHCDK, jugement n°501 du 7 mars 2000, ISSA SALL c/ Société Générale de Banque au Sénégal dite SGBS, www.ohada.com/jurisprudence/Ohadata J-04-348.

plusieurs immeubles simultanément, un seul commandement peut être établi pour tous les immeubles.

À partir de cette date, dit la loi, aucune inscription nouvelle ne peut être prise sur l'immeuble pendant le cours de la procédure. Les commandements présentés postérieurement à la publication ne peuvent plus faire l'objet d'une publication, ils seront simplement mentionnés en marge de celui déjà publié dans l'ordre de présentation avec les nom, prénom, domicile du nouveau poursuivant et l'indication de l'avocat constitué conformément à l'article 260 de l'AUPSRVE. Le conservateur des hypothèques constate également, en marge et à la suite du commandement présenté, son refus de transcription et il mentionne chacun des commandements entièrement transcrits ou mentionnés avec les indications qui y sont portées et celle de la juridiction où la saisie est faite.

84. On peut s'interroger sur le mutisme du législateur OHADA s'agissant de la publication simultanée de plusieurs commandements portant sur le même immeuble. Cette préoccupation a retenu l'attention du législateur français, lequel a préconisé à l'article 20 du décret du 27 juillet 2006[90]que « si la publication de plusieurs commandements valant saisie du même immeuble est requise simultanément, seul est publié le commandement qui mentionne le titre exécutoire portant la date la plus ancienne. Lorsque des titres portent la même date, seul le commandement le plus ancien est publié ; si les commandements sont de la même date, seul est publié celui dont la créance en principal est la plus élevée. » Avant la réforme intervenue en 2006, l'article 679 de l'ancien code de procédure civile avait retenu une solution différente[91].

B. Le délai de publication

85. On rappellera l'article 254 alinéa 3 AUPSRVE selon lequel le commandement contient *« l'avertissement que, faute de payer dans les vingt jours, le commandement pourra être transcrit à la conservation*

[90] Il s'agit du décret d'application de l'ordonnance N°2006-461 du 21 avril 2006 portant réforme de la saisie immobilière, (JO 22 avr.2006, p.6068)

[91] Ce texte disposait que si la publication de plusieurs commandements est requise simultanément, seul peut être publié le commandement qui mentionne le titre exécutoire portant la date la plus ancienne ; si les titres portent la même date, le commandement le premier en date et si les commandements portent la même date, celui dont la publicité est requise à la diligence de l'avocat le plus ancien.

foncière et vaudra saisie à partir de sa publication ». À l'expiration de ce délai, le créancier met en exécution cette menace en procédant à la publication du commandement. Conformément à l'article 259 AUPSRVE, la publication du commandement doit intervenir dans un délai de trois mois à dater de la signification. Ce délai est prescrit à peine de déchéance du commandement (art. 297 al.1 AUPSRVE). Il n'est pas exclu que cette publication intervienne avant l'expiration du délai de vingt jours imparti au débiteur pour solder sa dette par l'article 254 alinéa 3.

86. Saisi d'un incident relatif à la publication du commandement, le tribunal de Dakar a rejeté le moyen tiré de la nullité du commandement et fondé sur ce que ledit commandement a été publié avant l'expiration du délai de vingt jours prévu par l'article 254-3° de l'AUPSRVE. Ce délai a dit le juge, doit être entendu comme un délai offert au débiteur pour se libérer de sa dette, et non comme une obligation faite au créancier de ne déposer le commandement qu'à l'expiration des vingt jours[92].

Dans le même ordre, il a été jugé que la transcription du commandement avant l'expiration du délai de vingt jours ne saurait entraîner sa nullité, dès lors que le saisi n'a pas allégué, ni rapporté la preuve d'un grief qu'il aurait subi de ce fait ; la publication du commandement ne l'ayant pas privé de la possibilité de régler la créance et de retrouver ainsi la disponibilité de son immeuble[93].

87. Si un commandement n'a pas été déposé au bureau de la conservation foncière ou à l'autorité administrative concernée dans les trois mois de la signification, puis effectivement publié, le créancier ne peut reprendre les poursuites qu'en les réitérant. Il est imparti un délai maximum de trois mois au poursuivant pour procéder à la publication du commandement, faute de quoi, il devra réitérer son commandement, c'est-à-dire, le renouveler. Il s'agit ici d'une hypothèse classique de la péremption du commandement connue en jurisprudence. Ainsi lorsqu'il apparaît que ce délai n'a pas été respecté

[92]TRHCDK, audience éventuelle, jugement du 2 novembre 1999, Société Générale de Banque au Sénégal dite SGBS c/ Ady NIANG, précité. www.ohada.com/jurisprudence/Ohadata J-03-268.

[93] S. I. SOW, *Le traitement judiciaire des incidents de la saisie immobilière*, op. cit.p.299, citant TRHCDK, jugement n°38 du 8 janvier 2013, Abdoulaye Aboubacry DIA, Société ATEX Commodities SAU et Banque Sahélo-saharienne pour l'investissement et le commerce dite BSIC c/ CBAO, cité par

parce que la publication est intervenue après le délai imparti. Ce commandement ne peut valablement servir à la mise en place des poursuites. Le saisissant se devait dès lors de réitérer le commandement avant de reprendre les poursuites. Faute d'avoir respecté cette exigence, le juge d'appel a constaté la déchéance du commandement et la nullité de la procédure entreprise infirmant ainsi la décision du premier juge[94].

L'article 259 AUPSRVE ne fixe qu'une date butoir au-delà de laquelle le commandement encourt la péremption. De ce fait, le créancier est admis à faire publier le commandement après la signification, sans devoir attendre l'expiration du délai de vingt jours imparti au débiteur pour honorer ses engagements.

88. La lecture de l'article 254 alinéa 3 de l'AUPSRVE selon lequel le commandement contient à peine de nullité *« l'avertissement que, faute de payer dans les vingt jours, le commandement pourra être transcrit à la conservation foncière et vaudra saisie à partir de sa publication »* peut faire croire à certains plaideurs que le législateur OHADA accorde un délai de vingt jours au poursuivant pour procéder à la publication du commandement.

En réalité, le délai de vingt jours indiqué par ce texte n'est pas un délai d'attente, il s'agit plutôt d'un délai imparti au débiteur pour honorer sa dette[95]de sorte que, le créancier peut procéder à la publication du commandement sans devoir attendre l'expiration dudit délai. Un tribunal a considéré que ce délai est plutôt imparti au débiteur pour qu'il puisse, en cas de paiement, obtenir la radiation du commandement par le conservateur ou l'autorité administrative, sur mainlevée donnée par le créancier conformément à l'article 261 al.1 de l'AUPSRVE[96].

Si le débiteur venait à honorer sa dette dans ce délai de vingt jours, alors que le créancier avait déjà fait publier le commandement, ce dernier devra exposer les frais pour obtenir sa radiation. Cette éventualité incite le créancier à la patience. Il est donc conseillé

---

[94]CA Littoral, arrêt n°019/C du 18 avril 2008, Aff. La Société NGUESSI Avenue Hôtel Sarl c/ BICEC SA, J-10-266.

[95] TRHC Dakar, audience éventuelle, jugement du 2 novembre 1999, Société Générale de Banque au Sénégal dite SGBS c/ Ady NIANG, précité ;

[96] TRHC Dakar, jugement du 04 janvier 2000, Société Nationale de Recouvrement dit SNR et Richard AKEL C/ Entreprise Générale de Cap Vert dite EGCAP précité, www.ohada.com/jurisprudence/OhadataJ-04-349.

d'attendre l'expiration de ce délai avant de procéder à la publication. Une fois publié, le commandement produit des effets.

C. Les effets de la publication

89. Tant que le commandement n'est pas publié, il ne produit que les effets d'une mise en demeure : interruption de la prescription et point de départ des intérêts moratoires[97]. Sa publication rend le bien indisponible. Ce qui restreint le droit du débiteur qui ne peut aliéner l'immeuble, ni le grever d'un droit réel ou de charge nouvelle. On peut lire à l'article 263 de l'AUPSRVE, les fruits naturels ou industriels, les loyers et fermages recueillis postérieurement au dépôt du commandement ou le prix qui en provient sont, sauf l'effet d'une saisie antérieure, immobilisés pour être distribués avec le prix de l'immeuble. Ils sont déposés, soit à la caisse des dépôts et consignations, soit entre les mains d'un séquestre désigné par le président du tribunal compétent.

Il s'en déduit que l'effet de l'indisponibilité des biens attachés à la saisie remonte non pas à la date de la publication effective du commandement, mais à celle correspondant au dépôt du commandement. Le dépôt du commandement à la conservation foncière n'implique pas nécessairement sa publication, le conservateur des hypothèques étant investi du pouvoir de rejeter cette publication dès lors que les conditions requises par la loi ne sont plus réunies. Une difficulté peut alors surgir lorsque le poursuivant qui a obtenu la mise sous séquestre des loyers générés par l'immeuble après le dépôt du commandement à la conservation foncière, a vu sa demande de publication rejetée par le conservateur dont la décision est par la suite confirmée par une décision de justice.

Dans ces conditions, le débiteur peut utilement solliciter la mainlevée de la mesure de séquestre en tirant argument de la décision intervenue. Le législateur a voulu faciliter la mise sous-main de justice des fruits générés par l'immeuble à saisir pour éviter que ceux-ci soient distraits par le saisi alors que la procédure de saisie est en cours.

---

[97] A. LEBORGNE, *Phase de poursuite : saisie proprement dite contre le débiteur* in GUINCHARD (S) et MOUSSA (T.) (dir), *Droit et pratique des voies d'exécution*, op.cit. p.1322

90. Nonobstant cette indisponibilité de principe, à l'analyse de la jurisprudence, il en ressort que le débiteur continue de percevoir les loyers et autres revenus générés par l'immeuble saisi. Il appartient à l'avocat poursuivant de saisir le président du Tribunal compétent d'une requête aux fins de mise sous séquestre, après le dépôt du commandement à la conservation sans attendre la publication effective de celui-ci.

D. Régime des nullités du commandement aux fins de saisie

91. Le commandement aux fins de saisie immobilière fait souvent l'objet des contestations. Les juridictions opèrent une distinction entre les mentions du commandement à caractère subjectif[98]destinées à faire annuler le commandement pour omission ou inexactitude des mentions relatives à l'identification des parties et les mentions du commandement à caractère objectif dont le contentieux porte sur les irrégularités portant sur l'indication du titre exécutoire, et celle du délai imparti pour le paiement où la désignation de l'immeuble[99].

L'annulation du commandement pour omission d'une mention prescrite à peine de nullité, est subordonnée à la démonstration d'un grief. Cette exigence trouve sa justification sur le fondement à l'article 297 alinéa 2 AUPSRVE. Les formalités prévues à l'article article 254 AUPSRVE ne sont sanctionnées par la nullité que si l'irrégularité a eu pour effet de causer un préjudice aux intérêts de celui qui l'invoque. La nullité du commandement ne peut être mise en œuvre que si la partie qui s'en prévaut établit qu'elle a subi un préjudice du fait du manquement allégué. La CCJA rappelant que l'annulation d'un commandement aux fins de saisie immobilière, fondée sur l'article 254 AUPSRVE est subordonnée à la preuve d'un préjudice qui doit être prouvé[100].

De ce fait, même lorsque le commandement est vicié par l'omission ou la rédaction escamotée d'une mention prescrite à peine de nullité, celle-ci ne sera pas prononcée malgré l'irrégularité avérée, si la partie qui s'en prévaut ne rapporte pas la preuve d'un préjudice subi de ce fait[101]. Encourt cassation le jugement qui a déclaré la nullité

---

[98]S.I. SOW, *Le traitement judiciaire des incidents de la saisie immobilière,* op.cit, p.276
[99] *Ibidem*
[100] CCJA, 2e ch, n°56/2018 du 15 mars 2018
[101]CCJA, 1ere ch, arrêt n°258 /2020 du16 juillet 2020, Aff. La BICEC contre LA SEGEC Sarl, la SCI Fleuron SARL

du commandement aux fins de saisie immobilière, sans faire mention de l'existence d'un préjudice au soutien de ladite nullité[102]. Il en est de même de la décision du tribunal qui déclare nul un commandement aux fins de saisie immobilière sans que n'ait été rapportée la preuve du préjudice subi pour absence des mentions de l'article 254 AUPSRVE[103].

91. Lorsque la démonstration d'un préjudice est rapportée, le juge prononce la nullité du commandement, et donne mainlevée de la saisie. Celle-ci implique la radiation du commandement de l'inscription des livres de la conservation foncière[104]. La radiation du commandement n'a aucune incidence sur les hypothèques consenties. Elle n'entraîne pas la radiation de l'hypothèque régulièrement transcrite dans les registres de la conservation foncière.
Après la publication du commandement, la procédure de saisie se poursuit par le dépôt au greffe d'un cahier des charges.

Section 3. Le cahier des charges

92. Le cahier des charges cristallise une partie du contentieux de la saisie immobilière[105]. Sa rédaction incombe à l'avocat poursuivant (§1) qui le dépose au greffe du tribunal compétent dans le ressort duquel la vente est poursuivie (§ 2). Le débiteur sera sommé d'en prendre communication (§3) et d'y insérer les dires et observations (§4).

§1. La rédaction du cahier des charges

93. La rédaction du cahier des charges incombe à l'avocat poursuivant (A) qui y précise les conditions de la vente. Son contenu et sa nature juridique (B) feront l'objet des quelques observations.

---

[102]CCJA, 1ere ch, n°292/2018 du 27 décembre 2018

[103]CCJA 1ere ch. Arrêt n°257 / 2020 du 16 juillet 2020 ;

[104] La radiation est l'exécution par le Conservateur des hypothèques et de la propriété foncière d'un acte ou d'un jugement de mainlevée ou d'une inscription quelconque et qui se réalise par une mention en marge de l'inscription (art.7 de la loi n°17/2000 du 30 décembre 2000 portant régime de la propriété foncière au Congo).

[105] Pour une analyse détaillée des différentes contestations visant le cahier des charges, voir S. I. SOW, Le traitement judiciaire des incidents de la saisie immobilière, op. cit spécialement p.300 et suivants

A. Une rédaction sous la responsabilité de l'avocat poursuivant

94. Le cahier des charges est rédigé par l'avocat poursuivant et sous sa responsabilité professionnelle. L'avocat devra s'assurer de l'exactitude des informations contenues dans le cahier des charges, sous peine d'engager sa responsabilité. Il est intéressant de signaler cet arrêt de la Cour de cassation qui retient que dès lors qu'il n'existe pas un lien contractuel entre l'avocat, rédacteur du cahier des charges et l'adjudicataire, un avocat ne peut s'exonérer de ses fautes par une clause de non-responsabilité à l'égard de l'adjudicataire et il lui appartient, de par ses fonctions de s'assurer, de la propriété de l'immeuble qu'il vend en la personne du saisi[106].

L'article 266 de l'AUPSRVE définit le cahier des charges comme un document rédigé et signé par l'avocat du créancier poursuivant qui précise les conditions et modalités de la vente de l'immeuble saisi. Si les grandes lignes de ce document sont encadrées par la loi, il existe des particularités propres à chaque procédure. L'avocat poursuivant procède à l'élaboration du cahier des charges avec la participation active du créancier poursuivant qui lui apporte des éléments indispensables à sa conception.

B. Contenu et nature juridique

95. Le contenu du cahier des charges fait l'objet d'une réglementation particulière par l'Acte uniforme. Sa nature juridique mérite quelques observations.

1. Contenu du cahier des charges

Le contenu du cahier des charges est réglementé de manière détaillée par l'article 267 AUPSRVE qui édicte les mentions que doivent comporter ce document. À peine de nullité, le cahier des charges contient les mentions ci-après :

1) l'intitulé de l'acte ;

2) l'énonciation du titre exécutoire en vertu duquel les poursuites sont exercées contre le débiteur et du commandement avec la mention de sa publication ainsi que des autres actes et décisions judiciaires

---

[106] Civ 2e, 15 juin 1994 : Bull. civ. II, n°155 ; D. 1994. IR 183

intervenus postérieurement au commandement et qui ont été notifiés au créancier poursuivant ;

3) l'indication de la juridiction ou du notaire convenu entre le poursuivant et le saisi devant qui l'adjudication est poursuivie ;

4) l'indication du lieu où se tiendra l'audience éventuelle prévue par l'article 270 ;

5) les nom, prénoms, profession, nationalité, date de naissance et domicile du créancier poursuivant[107] ;

6) les nom, qualité et adresse de l'avocat poursuivant ;

7) la désignation de l'immeuble saisi contenue dans le commandement ou le procès-verbal de description dressé par l'huissier ou l'agent d'exécution ;

8) les conditions de la vente et, notamment, les droits et obligations des vendeurs et adjudicataires, le rappel des frais de poursuite et toute condition particulière ;

9) le lotissement s'il y a lieu ;

10) la mise à prix fixée par le poursuivant, laquelle ne peut être inférieure au quart de la valeur vénale de l'immeuble. La valeur de l'immeuble doit être appréciée, soit au regard de l'évaluation faite par les parties lors de la conclusion de l'hypothèque conventionnelle, soit, à défaut, par comparaison avec les transactions portant sur des immeubles de nature et de situations semblables.

Au cahier des charges, est annexé l'état des droits réels inscrits sur l'immeuble concerné délivré par la conservation foncière à la date du commandement. Cette disposition énumère l'ossature du cahier de charge, chaque poursuivant, étant libre, en fonction de ses exigences ou des particularités de l'affaire, de fixer les conditions spécifiques de la vente.

96. Certains cahiers des charges contiennent l'historique et les mutations antérieures de l'immeuble objet des poursuites. De plus en plus, apparaissent des clauses faisant obligation à toute personne

---

[107]La mention du numéro d'immatriculation de la personne morale dans le cahier des charges suffit à l'identifier (CCJA 1ère ch, arrêt n°02/2010 du O4 février 2010). Par ailleurs la CCJA précise que l'article 267.5 AUPSRVE concerne les personnes physiques. S'agissant des personnes morales, en l'espèce d'une banque, les mentions portées dans le cahier des charges suffisent à son identification (CCJA, Ass. Plén, arrêt n°103/2014 du O4 novembre 2014, Aff. Banque internationale du Cameroun pour l'Epargne et le Crédit dite BICEC C/ 1) NDENGOUE N J.M. 2) Société des Etablissements EMOH et Compagnie SARL, www.ohada.com/jurisprudence/Ohadata J-15-194.

désirant enchérir, pour être admise à le faire, à consigner au greffe du tribunal quelques jours avant l'adjudication, une somme d'argent fixée par le poursuivant préalablement à l'ouverture des enchères. Ces clauses visent à s'assurer de la capacité financière des enchérisseurs afin de réduire à la portion congrue, la survenance d'une folle enchère tirée de la défaillance de l'adjudicataire dans le paiement du prix et des frais.

97. Les contestations relatives au cahier des charges se focalisent sur l'omission ou l'inobservation des mentions prescrites à peine de nullité. Et généralement, le juge les rejette, soit parce que le saisi n'a pas prouvé l'existence d'un grief, soit qu'il n'a pas usé de la procédure appropriée pour faire corriger l'irrégularité[108]. L'article 267 étant visé par l'article 297 alinéa 2, il s'en déduit que même en présence d'une irrégularité avérée, le contestataire devra justifier d'un grief afin d'obtenir la nullité du cahier des charges de ce chef. Il a été jugé que la nullité du cahier des charges pour violation de l'article 267 ne saurait être prononcée du fait de l'absence d'un grief prouvé en application de l'article 297[109].

La rédaction du cahier des charges mobilise l'attention de l'avocat poursuivant pour priver le débiteur retors l'occasion de soulever des contestations dilatoires dans le dessein de retarder l'issue de la procédure. Le cahier des charges doit contenir une mention sur les frais de poursuites, ceux-ci étant l'ensemble des frais dont est redevable le débiteur à l'occasion de la procédure de saisie immobilière. Sera déclaré nul le cahier des charges qui omet de rappeler les frais de poursuites en violation de l'article 267-8 AUPSRVE.

98. Précisons que le fait pour le poursuivant de ne pas avoir annexé l'état des droits réels inscrits sur l'immeuble saisi délivré par la conservation foncière à la date de l'inscription du commandement n'emporte pas nullité du cahier des charges. La CCJA considère que la sanction de la nullité prévue par l'article 267 AUPSRVE ne

---

108 S. I. SOW, *Le traitement judiciaire des incidents de la saisie immobilière,* op. cit. p. 301

109 TRHCDK, jugement du 4 février 2003, Emmanuel SENGHOR et Colette DIOKH c/ S.C.P. TALL & ASSOCIES, Ohadata J-05-34

concerne que les dix premiers points du premier alinéa[110]. Malgré cette décision, la question continue de nourrir les débats devant juridictions. Dans une affaire portée devant le tribunal de grande instance de Brazzaville, la partie saisie soulevait la nullité du cahier des charges, motif pris de ce que le poursuivant avait omis d'annexer audit cahier, l'état des droits réels inscrits sur l'immeuble saisi délivré par la conservation foncière à la date de la publication du commandement.

Sur le fondement de l'article 267 de l'AUPSRVE, ce tribunal a décidé que l'omission de l'annexion au cahier des charges, de l'état des droits réels inscrits sur les immeubles saisis délivré par la conservation foncière à la date de la publication du commandement n'emporte pas nullité du cahier des charges[111]. On ne s'étonnera pas qu'un tribunal ait décidé que l'indication des enchères n'étant pas l'une des mentions prescrites par l'article 267 AUPSRVE comme devant figurer dans le cahier des charges, la variation de ces enchères ne peut justifier la nullité dudit cahier[112].

2. Nature juridique du cahier des charges

99. La nature juridique du cahier des charges reste une question âprement débattue par la doctrine. Si certains auteurs considèrent le cahier des charges comme un simple projet contenant les clauses et conditions de la vente projetée[113], d'autres estiment qu'il constitue une convention ayant force exécutoire entre le saisissant, les créanciers, le saisi et l'adjudicataire[114]. Cette dernière conception est approuvée par la deuxième chambre de la Cour de cassation[115].

---

[110] CCJA, arrêt N° 033/2007 du 22 nov. 2007, Aff. Compagnie des Transport commerciaux dite COTRACOM Aminata YOUSSOUF C/ La Banque Internationale de l'Afrique de l'Ouest (recueil de jurisprudence N°10 juil.-Déc. P.23, Ohadata J-08-243 précité ;

[111] TGI de Brazzaville, audience éventuelle, jugement n°359 du 05 oct.2012, Aff. La Banque congolaise de l'Habitat dite BCH c/ La Société Hyper Impex, inédit

[112] TGI de la Menoua, jugement n°13/CIV/TGI du 12 déc. 2005, Aff. FOUNGOU Fidèle née WOUTEDEM Cécile, Dame FOUNGOU née FOZING Nadège c/ Afriland First Bank Anciennement dénommée CCEI-Bank S.A, www.ohada.com/jurisprudence/Ohadata J-07-46.

[113] G. COUCHEZ, *Voies d'exécution*, op.cit. p.234. L'auteur affirme que le cahier des charges n'est à l'origine n'est qu'un projet dans la mesure où, en conséquence du règlement des éventuelles contestations dont il peut faire l'objet, il est susceptible de modification

[114] H. CROZE, C.LAPORTE, *Guide Pratique de la Saisie Immobilière*, Paris, LexisNexis, Litec, 2e éd. 2010, coll. Litec professionnels,169 p.

[115] Cass. 2è civ. 1er déc.1976 N°74-14.584, Bull.civ II, N°323 ; Jcp 1981 II, 19561 ; Cass. 2è civ. 14 janv.1981 ;Bull. civ II, N°3 ; Cass. 2è civ. 2 juill. 1986 : Bull. civ II, N° 102 ; D.1987, p.110, note J. Prévaut.

Il est difficilement concevable, qu'avant la tenue de l'audience éventuelle, le cahier des charges puisse avoir un caractère obligatoire pour les parties pour qu'il soit assimilé à une convention ayant force exécutoire. Certaines de ses clauses ayant vocation à être modifiées ou supprimées par un dire, ou par le tribunal dans l'exercice de son pouvoir de contrôle sur les conditions de la vente projetée. De sorte que le cahier des charges n'acquière véritablement le caractère conventionnel qu'après l'audience éventuelle[116], la solution apportée aux contestations soulevées peut bouleverser les conditions de la vente.

FORMULE 4

LE CAHIER DES CHARGES RELATIF A L'ADJUDICATION DE L'IMMEUBLE OBJET DU TITRE FONCIER N°...APPARTENANT A....

L'an deux mil ......et le.................
Maître...avocat à la Cour d'appel de... cabinet sis...
À dressé le présent cahier des charges aux fins d'adjudication de la propriété sise à...quartier...arrondissement...ville...cadastrée section...bloc...parcelle...d'une superficie de...objet du titre foncier n°...appartenant à...

À LA REQUETE DE :

La Société...société au capital de...RCCM n°...siège social, sis... poursuites et diligences de son représentant légal, son directeur général Monsieur... domicilié en cette qualité au siège de ladite société ;
Ayant pour conseil, Maître..... Avocat à la Cour, cabinet sis...centre-ville de Pointe-Noire ;

ENONCIATION DES POURSUITES
Et en exécution de :
-Enonciation du titre exécutoire ;
-Du commandement aux fins de saisie immobilière du Ministère de

[116] Civ.2e, 2 juill. 1986, n°85-12.884, Bull. civ.II, n°102

Maître…..huissier de justice, Etude sise…. en date du… et dûment inscrit à la Direction de l'Enregistrement, de la fiscalité foncière et domaniale en date du…enregistré sous le n°…valant saisie de l'immeuble objet du titre foncier n°…pour avoir paiement dans les vingt (20) jours de la somme de…. F CFA détaillée ainsi qu'il suit :
Principal…
Droit proportionnel et frais de recouvrement…
Cout des présentes…….
Total….. F CFA

Faute d'avoir honoré ledit commandement, celui-ci a été publié à la Direction de l'enregistrement, de la fiscalité foncière et domaniale, le… enregistré sous le n°… ,valant saisie de l'immeuble susdit, objet du titre foncier n°….

En conséquence, il sera procédé à la vente aux enchères publiques de l'immeuble saisi à l'audience d'adjudication du tribunal de grande instance de……après accomplissement des formalités de publicité, au jour qui sera indiqué dans la sommation prescrite à l'article 269 de l'Acte uniforme portant organisation des procédures simplifiées de recouvrement et des voies d'exécution ou qui sera fixé par le tribunal, au plus offrant et dernier enchérisseur, ainsi qu'il suit :

DESIGNATION DE LIMMEUBLE

Un immeuble bâti, sis à…… parcelle… rue… cadastrée section…bloc…arrondissement… d'une superficie de…. objet du titre foncier n°…. , propriété de……
Sont également comprises dans la présente poursuite, toutes les aisances, dépendances et appartement dudit immeuble sans aucune réserve ni exception et notamment les immeubles par destination et toutes les nouvelles constructions et améliorations qui pourraient y être faites postérieurement ;

ORIGINE DE LA PROPRIETE

L'immeuble objet des poursuites, appartient en pleine propriété à…. (*identification du débiteur saisi*) qui en était devenu propriétaire après l'avoir acquis auprès de….(*identification du précédent propriétaire*) en date du….. suivant acte de vente reçu par Maître….

étant précisé que ledit immeuble est présentement affecté en hypothèque de 1er rang au profit, de....*(identification du créancier hypothécaire).*

CHARGES, CLAUSES ET CONDITIONS DE LA VENTE

Article 1er : CADRE JURIDIQUE

Le présent cahier des charges régit par les articles 266 et suivants de l'Acte uniforme portant organisation des procédures simplifiées de recouvrement et des voies d'exécution s'applique à la vente de l'immeuble amplement désigné ci-dessus.

Article 2 : ETAT DE L'IMMEUBLE

L'adjudication sera faite avec garantie du seul risque d'éviction de la part du vendeur. L'adjudicataire prendra l'immeuble dans l'état ou il sera au jour de cette adjudication, sans pouvoir prétendre à aucune diminution du prix, ni à aucune indemnité contre qui que ce soit pour quelque cause que ce soit, notamment pour raison des grands travaux qui pourraient être nécessaires, dégradations, curage des puits, puisards ou fosses d'aisances, mauvais état du sol ou du sous-sol en raison des carrières ou des fouilles qui ont pu se produire, des remblais qui ont pu être faits, des glissements de terrain, des vices apparents ou cachés, vices de construction, vétusté, mitoyenneté, erreurs dans la désignation ou différence de surface, surcharge des murs séparant l'immeuble des propriétés voisines.
L'acquéreur devra en faire son affaire personnelle, à ses risques et périls sans aucune garantie ni recours contre le créancier poursuivant, le débiteur saisi ou ses créanciers.

Article 3 : SERVITUDES

L'adjudicataire jouira des servitudes actives et souffrira des servitudes passives, occultes ou apparentes, déclarées ou non, continues ou discontinues pouvant grever l'immeuble, le tout s'il en existe, à ses risques et périls sans recours contre qui que ce soit et sans que la présente clause puisse être invoquée par des tiers et leur donner d'autres et plus amples droits que ceux résultant des titres ou de la loi.

Article 4 : ABONNEMENTS

L'adjudicataire fera son affaire personnelle de manière que le vendeur ne soit inquiété ni recherché à ce sujet, de l'exécution ou la résiliation de tous abonnements, traites ou marchés qui ont pu être souscrits ou qui auraient dû l'être par le précédent propriétaire, notamment le service d'eau, d'électricité, de téléphonie ou d'internet vingt (20) jours à compter du jour de l'adjudication. La responsabilité du poursuivant vendeur ne peut en aucun cas être engagée de ce chef.

Article 5 : CONTRIBUTIONS ET CHARGES

L'adjudicataire supportera les contributions et charges de toute nature mises ou à mettre sur l'immeuble à lui adjugé, à compter du jour fixé pour son entrée en jouissance.

Article 6 : ASSURANCE

L'adjudicataire devra, à partir de son entrée en jouissance, faire son affaire personnelle de manière que le poursuivant ne puisse être aucunement poursuivi, inquiété, ni recherché pour la continuation ou résiliation des assurances que doit contracter tout propriétaire. Il sera tenu de faire assurer l'immeuble contre tous les risques de sorte que la responsabilité de poursuivant ne puisse être recherchée en cas de survenance d'un sinistre.

Article 7 : DROITS D'ENREGISTREMENT

L'adjudicataire sera tenu d'acquitter, en sus et sans diminution du prix principal, les droits d'enregistrement, de greffe et autres auxquels l'adjudication donnera ouverture. Les droits qui pourront être dus ou perçus à l'occasion des locations ne seront à la charge de l'adjudicataire que pour le temps postérieur à son entrée en jouissance, sauf recours contre le locataire, s'il y a lieu.

Article 8 : DROITS DE MUTATION

Le prix de vente étant hors taxe, si l'immeuble présentement adjugé est soumis à d'autres taxes, en sus du prix de vente, l'adjudicataire sera tenu de verser à l'administration fiscale, pour le compte du débiteur saisi et à sa charge, les droits découlant de cette adjudication, sauf à l'adjudicataire à se prévaloir d'autres dispositions fiscales et dans ce cas, le paiement des droits qui en résulterait sera libératoire.

Article 9 : PAIEMENT DES FRAIS DE POURSUITES

Dans les vingt (20) jours de l'adjudication, l'adjudicataire paiera entre les mains du greffier en chef du Tribunal de grande instance de...en sus du prix d'adjudication, tous les frais exposés pour parvenir à l'adjudication, préalables et subséquents à celle-ci, depuis le commandement jusqu'à la vente et la redevance du greffe, d'après la taxe qui en aura été faite par ordonnance du Président du Tribunal de grande instance de... et dont le montant sera annoncé publiquement lors de l'ouverture des enchères.
Il en fournira justificatif au greffe avant l'expiration du délai de vingt(20) jours à compter de l'adjudication. La grosse du jugement d'adjudication et l'expédition nécessaire pour la publication ne pourront être délivrées par le greffier du tribunal de grande instance de... qu'après la remise qui aura été faite de la quittance desdits frais, laquelle demeurera annexée à la minute du jugement d'adjudication.

Article 10 : PROHIBITION DE DETERIORER

Avant le paiement intégral du prix, l'adjudicataire ne pourra faire aucun changement notable, aucune démolition, ni coupe extraordinaire de bois, aucune modification notable ni commettre aucune détérioration de cet immeuble, à peine d'être contraint immédiatement à la consignation de son prix ou de ce qui en restera dû en principal, intérêts et accessoires.
En cas de consignation, il devra indemniser le vendeur de tous frais, perte et différence d'intérêts qui en résulteraient pour lui, même par voie de folle enchère.

Article 11 : CONSIGNATION POUR ENCHERES OU GARANTIE A FOURNIR PAR L'ACQUEREUR

L'avocat ou tout enchérisseur devra, avant de porter les enchères, consigner entre les mains du greffier en chef du Tribunal de grande

instance de… une somme de….. F CFA contre quittance 4jours avant la date d'adjudication.
Cette somme lui sera restituée faute d'être déclaré adjudicataire et dans le cas contraire, la somme restera acquise et s'imputera sur le prix d'acquisition de l'immeuble

Article 12 : SURENCHERE

Dans les dix jours de l'adjudication, toute personne peut faire une surenchère du dixième au moins de la mise à prix. Cette offre est déposée au greffe et n'est pas rétractable.

Article 13 : FOLLE ENCHERE

Dans les vingt jours de l'adjudication, faute par l'adjudicataire de payer le prix, les frais et de satisfaire les clauses et conditions de l'adjudication, le créancier poursuivant, le saisi ou ses créanciers inscrits et chirographaire pourront remettre en vente l'immeuble adjugé par folle enchère dans les formes prévues par la loi avec toutes les conséquences de droit aux risques et périls du fol enchérisseur ;
Si le prix de la nouvelle adjudication est inférieur à ce qui sera dû en principal et intérêts sur le prix de la première, le fol enchérisseur sera contraint au paiement de la différence en principal et intérêts et par toutes voies de droit, conformément à l'article 323 de l'Acte uniforme portant organisation des procédures simplifiées de recouvrement et des voies d'exécution ;
L'adjudicataire sur folle enchérisseur devra payer à l'avocat qui aura poursuivi la première vente la totalité des débours et droit de vente qui ne lui auraient pas été soldés par le fol enchérisseur, il pourra les recouvrer contre ce dernier.
Dans le cas où le prix principal de la seconde adjudication serait supérieur à celui de la première, la différence appartiendra aux créanciers et au débiteur saisi ;
En aucun cas, le fol enchérisseur ne pourra répéter, soit du nouvel adjudicataire, soit du vendeur auxquels ils demeurent acquis, à titre de dommages-intérêts, les déboursés et les droits de vente, ni ceux d'enregistrement, du greffe, de levée de grosse, de signification et de publication à la conservation et tous autres droits et taxes qu'il aurait payés, et qui profiteront au nouvel adjudicataire, lequel n'aura, ni à les payer, ni à en tenir compte à personne.

Article 14 : MISE A PRIX ET MODE DES ENCHERES

L'immeuble sera offert aux enchères sur la mise à prix de.... F CFA
Chacune des enchères sera portée de vive voix par les enchérisseurs eux-mêmes et à défaut d'avocat constitué à cette fin.
L'adjudication sera prononcée au profit du plus offrant et dernier enchérisseur et après trois feux successivement allumés à la limite de celui durant lequel l'enchère aura été portée, aura brulé et se sera éteint sans nouvelle enchère pendant sa durée ;
S'il ne survient pas d'enchères pendant la durée des trois feux le poursuivant sera déclaré adjudicataire pour le montant de la mise à prix.

Article 15 : PAIEMENT DU PRIX

Dans les vingt (20) jours de l'adjudication, l'adjudicataire sera tenu de payer le prix principal d'acquisition ainsi que tous les frais entre les mains du greffier en chef du Tribunal de grande instance de... sans mise en demeure préalable.

Article 16 : PROPRIETE-JOUISSANCE

L'adjudicataire sera propriétaire par le seul fait de l'adjudication. Il n'entrera néanmoins en jouissance que vingt (20) jours après l'adjudication et en cas de surenchère, le jour de l'adjudication définitive. Il ne pourra, jusqu'au paiement du prix, commettre aucune dégradation à peine d'être contraint à la consignation du prix même par folle enchère.

Article 17 : LEVEE, TRANSCRIPTION ET SIGNIFICATION DU JUGEMENT D'ADJUDICATION

Dans les deux (2) mois de l'adjudication, après avoir versé le prix et satisfait aux charges convenues, l'adjudicataire sera tenu, à ses frais, de se faire délivrer la grosse du jugement d'adjudication, sous peine de folle enchère, de le déposer à la Conservation des hypothèques et de la propriété foncière aux fins d'inscription.

Article 18 : TITRE DE PROPRIETE

Le titre de vente consiste dans l'expédition du cahier des charges, revêtue de la formule exécutoire, à la suite de laquelle est transcrit le jugement d'adjudication.

Article 19 : PURGE DES INSCRIPTIONS

La consignation du prix et le paiement des frais de la vente purgent de plein droit l'immeuble de toute hypothèque et tout privilège.

Article 20 : DECLARATION DE COMMAND

L'avocat dernier enchérisseur adjudicataire est tenu dans les trois(03) jours de l'adjudication de déclarer l'adjudicataire et de fournir son acceptation ou de représenter son pouvoir lequel demeurera annexé à la minute de la décision, à défaut, il est réputé adjudicataire en son nom.

Tout adjudicataire a la faculté dans les vingt-quatre (24) heures de faire connaître par une déclaration dite *« de command »* que c'est n'est pas pour son compte qu'il s'est rendu adjudicataire, mais pour un tiers dont il révèle l'identité.

Article 21 : SOLIDARITE ENTRE ADJUDICATAIRES

Dans le cas où l'adjudicataire userait de la faculté de déclarer command, ceux qu'il se sera substitué en totalité seront obligés solidairement avec lui au paiement de la totalité du prix et à l'accomplissement des charges de l'enchère.

Si plusieurs personnes se rendent adjudicataires, les co-adjudicataires seront obligés solidairement et indivisiblement entre elles, au paiement du prix et à l'exécution des charges et conditions de l'adjudication.

Article 22 : RESERVE ET PRIVILEGE

L'immeuble adjugé demeure affecté par privilège spécialement réservé au vendeur poursuivant, au paiement du prix et à l'exécution des charges et conditions de l'adjudication.

L'inscription de ce privilège sera prise à la diligence du poursuivant contre l'adjudicataire qui se fera libérer du prix et des charges convenues et à ses frais.

Article 23 : ELECTION DE DOMICILE

Le poursuivant élit domicile au Cabinet de Maître......Avocat poursuivant, domicilié...lequel est constitué et continuera pour lui sur la poursuite de vente dont s'agit.
L'adjudicataire sera tenu d'élire domicile à...... pour l'exécution des charges et conditions de l'adjudication. À défaut, et par le fait seul de l'adjudication, ce domicile sera élu de droit au cabinet de l'avocat, le cas échéant où il aurait constitué un.
Tous les actes d'exécution, ceux sur folle enchère, les exploits d'offres réelles et tous autres actes seront valablement signifiées au domicile élu.

Article 24 : CLOTURE

Le présent cahier de charges a été dressé par Maître...Avocat à la Cour, dont le Cabinet est sis...

Fait et rédigé à Pointe-Noire

Maître...Avocat poursuivant

§2. Le dépôt du cahier des charges

100. Le tribunal est saisi par le dépôt du cahier des charges au greffe dans un délai prescrit par la loi (A). Ce dépôt doit intervenir postérieurement à la publication du commandement (B).

A. Le dépôt au greffe du tribunal

101. Le cahier des charges est déposé au greffe de la juridiction compétente dans le ressort où se trouve l'immeuble, et ce, même si la vente est poursuivie devant notaire[117]. Lorsque la vente a lieu devant notaire, le greffier est tenu de transmettre le cahier des charges au notaire convenu[118]. On notera que l'Acte uniforme ne fait pas

[117] ASSI-ESSO (A.M), DIOUF (N), OHADA, *Recouvrement des créances*, Bruxelles, Bruylant, 2002, 254 p.
[118] *Ibidem*, p.213

obligation au greffe de transmettre le cahier des charges au notaire. Dans les faits, l'avocat poursuivant se charge de transmettre copie du cahier des charges par lui déposé au greffe. Le dépôt du cahier au greffe donne lieu à la rédaction d'un procès-verbal appelé communément *acte de dépôt du cahier des charges,* délivré par le greffier en chef de la juridiction.

Ce procès-verbal de dépôt du cahier des charges prévu par l'article 268 AUPSRVE assure une fonction essentielle : il fixe la date de la vente de l'immeuble qui doit être comprise entre quarante-cinq jours (45) au plus tôt après le dépôt du cahier des charges et quatre-vingt-dix (90) jours après le dépôt. Les prescriptions de cette disposition sont impératives. Il s'agit des formalités substantielles et leur inobservation vicie la procédure l'entachant de nullité. L'absence d'indication de la date de vente dans le procès-verbal de dépôt du cahier des charges constitue une formalité légale substantielle dont la violation entraîne la nullité des poursuites[119].

B. Le délai

102. Aux termes de l'article 266 AUPSRVE, cinquante jours au plus tard après la publication du commandement, le poursuivant doit déposer le cahier des charges au greffe du tribunal compétent du lieu de la situation de l'immeuble. Ce délai est prescrit à peine de déchéance. Il en résulte que le créancier poursuivant qui ne dépose pas le cahier des charges dans le délai de cinquante jours après le commandement tel que prescrit par ce texte verra les poursuites annulées pour déchéance. Pour la computation des délais, la date à retenir est celle de l'établissement du procès-verbal de dépôt délivré par le greffier en chef, et non celle correspondant à la formalité administrative d'enregistrement dans le registre du courrier arrivée du greffe. Cet enregistrement pouvant intervenir postérieurement à la date du dépôt effectif des dires.

L'article 268 AUPSRVE étant visé à l'article 297 AUPSRVE, les délais prévus par cette disposition sont prescrits à peine de déchéance. Celle-ci est encourue lorsque le créancier poursuivant ne dépose pas le cahier des charges dans le délai de 50 jours après le

[119] TGI Moungo, jugement n°60/CIV du 1er novembre 2007, Aff. La Caisse populaire Coopérative, MONTHE Justin, KOUAKAM Michel c/ Famille KAFO représentée par SIMO Jean, www.ohada.com/jurisprudence/Ohadata J-09-238

commandement[120]. Le créancier qui procède au dépôt du cahier des charges 95 jours après la publication du commandement est sanctionné par la déchéance, nonobstant le fait pour le disant de ne pas avoir rapporté la preuve d'un préjudice causé par l'inobservation de ce délai, la déchéance n'exigeant aucun grief lorsqu'il y a violation de l'article 266 AUPSRVE[121]. Néanmoins, la déchéance sera écartée lorsque les délais indiqués à l'article 268 AUPSRVE ne peuvent être observés du fait de l'appel interjeté contre le jugement rendu à l'audience éventuelle[122]. Le dépôt doit intervenir après la publication du commandement.

C. Le dépôt postérieur à la publication du commandement

103. Le dépôt du cahier des charges au greffe doit intervenir postérieurement à la publication du commandement aux fins de saisie. Contrairement à une certaine pratique consistant à déposer le cahier des charges au greffe dans un temps voisin au dépôt du commandement à la conservation foncière, sans devoir attendre la publication effective, seule la date de l'inscription du commandement au registre foncier est prise en compte dans la computation des délais.

En déposant le cahier des charges au greffe au vu de la date du dépôt du commandement à la conservation, le débiteur saisi peut soulever l'irrégularité de la procédure si l'inscription du commandement intervient postérieurement à la date du dépôt du cahier des charges. C'est le sens du pourvoi régularisé devant la CCJA dans l'affaire ayant donné lieu à l'arrêt du 15 juillet 2004 précité[123]. Dans cette procédure, le commandement avait été déposé à la

---

[120] TGI de Moungo, jugement n°38 CIV du 06 septembre 2007, Aff. Succession TCHANDJA Thaddée et Veuve TCHANDJA née NDAKLEU Marie c/ La Société de Recouvrement des Créances du Cameroun, Ohadata J-09-248 ; dans le sens TGI Menoua, jugement n°11 du 14 mars 2005, Aff. Société de recouvrement des Créances du Cameroun(SRC) c/ TSOGBONY PANKA Paul, www.ohada.com/jurisprudence/Ohadata J-O7-39.

[121] TRGH Dakar, jugement du 04 juillet 2003, Aff. Hadya Tandian c/ CBAO, Ohadata J-03-104

[122] S. I. SOW, *Le traitement judiciaire des incidents de la saisie immobilière*, op. cit. p. 307, citant TRHCDK, jugement n°660 du 31 mars 2009, La Société des Grands Travaux de l'Ouest Africain c/ Le Crédit du Sénégal ex-Crédit Lyonnais dit CLS SA.

[123] DIALLO (B.), La saisie immobilière en OHADA vue par le juge Suprême, commentaire de l'arrêt CCJA n°25 du 15 Juillet 2004 Affaire Dame M c/ Société Commerciale de Banque Crédit Lyonnais dite SGB-CL. Jurifis, édition spéciale N°12, Octobre 2012, p.44, www.ohada.com/jurisprudence/Ohadata D-13-16; précité

conservation foncière le 14 septembre 2000, celui-ci sera effectivement publié le 12 octobre 2000 alors que le cahier des charges avait été déposé le 27 septembre 2000. Le demandeur au pourvoi soulevait la nullité des poursuites engagées aux motifs entre autres, que le cahier des charges avait été déposé au greffe du tribunal antérieurement à la publication du commandement à la conservation foncière. Répondant à ce moyen, la CCJA a considéré que « *l'article 262, en son alinéa 1er aux termes duquel en cas de non-paiement, le commandement vaut saisie à compter de son inscription n'a pas pour objet de déterminer l'ordre de l'accomplissement des formalités de la saisie immobilière, mais de préciser le point de départ des effets du commandement à l'égard du débiteur saisi et de certains tiers qu'il situe au jour où celui-ci est publié* ». Cette décision, quoiqu'approuvée par une partie de la doctrine[124], semble discutable.

104. On peut regretter que l'interprétation jurisprudentielle retenue par la CCJA comporte des manquements, pouvant nuire à la lisibilité du texte. Il est difficile d'admettre cette position de la CCJA en ce qu'elle ne semblait pas prescrire au poursuivant un chronogramme à observer dans l'accomplissement des actes. Certains auteurs ont souligné pertinemment que la CCJA n'avait pas bien compris la préoccupation du demandeur au pourvoi, puisqu'il ne s'agissait pas des formalités au sens de l'article 297 alinéa 2, mais plutôt des délais dont la sanction est la déchéance[125]. Sans doute, la Haute juridiction n'avait pas perçu la nature de la difficulté du demandeur au pourvoi qui aurait dû le conduire à préciser l'articulation entre l'accomplissement de la formalité et l'observation des délais.

Dans l'accomplissement des différentes formalités, le saisissant, est tenu à l'observation d'une chronologie, dictée, elle-même, par la nature intrinsèque des actes à accomplir dans la structuration globale de la procédure. Ce sera en effet, une curiosité procédurale que

[124] CCJA n°25 du 15 Juillet 2004 Affaire Dame M c/ Société Commerciale de Banque Crédit Lyonnais dite SGB-CL. Recueil de jurisprudence de la CCJA, n°4, juillet-décembre 2004, p.16 ; Penant n°853, p.525, note B. Diallo
Jurifis, édition spéciale N°12, Octobre 2012, p.44, Ohadata D-13-16.

[125] P-G. POUGOUÉ, F. TEPPI KOLLOKO, op.cit. p.39 Voir aussi B. DIALLO, La saisie immobilière en droit OHADA vue par le juge suprême, commentaire de l'arrêt CCJA n°25 du 15 Juillet 2004 Affaire Dame M c/ Société Commerciale de Banque Crédit Lyonnais dite SGB-CL. Jurifis, édition spéciale N°12, Octobre 2012, p.44, Ohadata D-13-16, les analyses faites par ces auteurs sont de plus pertinentes et méritent d'être saluées.

d'admettre qu'un acte prescrit à peine de déchéance soit accompli avant un autre alors que la computation du délai du second acte est tributaire du respect des délais prescrits pour l'accomplissement du premier.

En effet, pour la computation du délai de cinquante jours indiqué à l'article 266 alinéa 2 de l'AUPSRVE pour le dépôt du cahier des charges au greffe, la date de la publication du commandement constitue le *dies a quo*. Or, comment peut-on calculer ce délai si le créancier peut déposer le cahier des charges sans devoir attendre la publication effective du commandement. Le fait pour le législateur Ohada d'avoir indiqué à l'article 267 - 2 que le cahier des charges contient à peine de nullité « l'énonciation du titre exécutoire en vertu duquel les poursuites sont exercées contre le débiteur et du commandement avec la mention de sa publication » implique le respect d'un chronogramme dans l'accomplissement des formalités. La mention de la publication du commandement dans le cahier des charges induit l'accomplissement de cette formalité antérieurement au dépôt du cahier des charges. Le créancier doit justifier d'avoir respecté les prescriptions antérieures, la vérification que le commandement a bien été publié dans les délais[126].

FORMULE 5

PROCES-VERBAL DE DEPOT DU CAHIER DES CHARGES

L'an deux mil… et le……………………………..
Par devant nous, Maître…greffier en chef du Tribunal de première instance de Dixinn (Conakry) domicilié en cette qualité au siège du greffe dudit tribunal, sis au Palais de justice, soussigné ;

À COMPARU :

Maître…Avocat au Barreau de Guinée, cabinet sis…lequel à la requête de…(*indication du créancier poursuivant*)
A déposé entre nos mains, ce jour, un cahier des charges daté

[126] DIALLO (B.), La saisie immobilière en OHADA vue par le juge Suprême, commentaire de l'arrêt CCJA n°25 du 15 Juillet 2004 Affaire Dame M c/ Société Commerciale de Banque Crédit Lyonnais dite SGB-CL. Jurifis, édition spéciale N°12, Octobre 2012, precité

du...... rédigé par ses soins, en qualité d'Avocat poursuivant, sur...pages, ne comprenant aucun renvoi en marge, sans mot nul, relatif à l'adjudication de l'immeuble sise à Conakry, parcelle...d'une superficie de...objet du titre foncier n°..., l'adjudication devant avoir lieu le... à.... Heures et jours suivants s'il y a lieu, devant le Tribunal de première instance de Dixinn (en l'étude de Maître....Notaire, Office sis...)
L'audience éventuelle est fixée au......dans la salle d'audiences du tribunal de Première instance de Dixinn

DONT ACTE

De quelle comparution de dépôt, le comparant a requis acte et nous avons dressé et signé les jours, mois et an que dessus.

Le Greffier en chef

La sommation faite au débiteur saisi de prendre communication du cahier des charges est une exigence légale qui garantit à ce dernier l'exercice des moyens de défense comme nous le verrons.

§3. La sommation de prendre communication du cahier des charges

105. Le cahier des charges déposé au greffe, le poursuivant somme le débiteur saisi et les créanciers inscrits, le cas échéant, d'en prendre communication et d'y insérer leurs dires. Cette sommation est faite à personne ou à domicile s'agissant du débiteur saisi, à domicile élu en ce qui concerne les créanciers inscrits. La sommation est faite dans un délai précis (A) et son contenu fait l'objet d'une réglementation particulière (B).

A. Le délai pour servir sommation

106. Huit jours, au plus tard, après le dépôt du cahier des charges, le poursuivant doit servir à la partie saisie et aux créanciers inscrits, s'il y a lieu, sommation de prendre communication, au greffe, du cahier des charges et d'y faire insérer leurs dires (art.269). Ce délai est prescrit à peine de déchéance.

L'article 269 AUPSRVE précise, qu'à peine de nullité, la sommation est signifiée au saisi, à personne ou à domicile, et aux créanciers inscrits à domicile élu. Seuls les modes de signification spécifiquement énumérés par cette disposition sont admis. Ce qui exclut la possibilité de recourir au mode de signification des actes admis dans le droit interne, non mentionné par cette disposition. De sorte que la sommation ne puisse être valablement signifiée à voisin, à mairie, à préfecture où à parquet même lorsque la loi prévoit une telle modalité. Aussi, a-t-il été déclaré nulle, la sommation de prendre communication du cahier des charges dont la signification n'a pas été faite en la personne du débiteur, mais plutôt à parquet, en la personne du Substitut du Procureur de la République au mépris des prescriptions de l'article 269 alinéa 2 de l'AUPSRVE[127]. De même, a été déclaré nul, l'exploit de sommation de prendre communication du cahier des charges qui n'a pas été signifié au débiteur saisi, ni en personne, ni à son domicile, mais au siège de la société dont il est la caution hypothécaire[128].

Généralement, la CCJA retient que la signification faite au domicile des personnes morales n'est régulière que lorsque l'exploit est remis à un employé trouvé au sein de l'entreprise qui accepte de le recevoir, fait connaître ses noms et prénoms, qualité et poste occupé. En l'absence de ces indications objectives, une signification faite à une secrétaire non identifiée est irrégulière et viole les dispositions de l'article 269 alinéa 2 AUPSRVE[129].

L'interdiction de recourir au mode de signification des actes admis dans le droit interne soulève des questions pratiques dans l'hypothèse où le débiteur est domicilié à l'étranger. L'Acte uniforme n'ayant pas prévu de prorogation des délais en raison des distances, le risque est grand de paralyser d'innombrables procédures de saisie immobilière pour ce grief. Le législateur OHADA devrait être invité à résoudre la question en tenant compte des délais de distance. Dans cette optique, le poursuivant devra recourir aux dispositions de l'article 39 du Code de procédure civile, commerciale, administrative et financière qui

---

[127] CCJA, 1ère chambre, arrêt N° 060 du 30 décembre 2008, Aff. Banque Internationale de l'Afrique de l'Ouest dite BIAO-CI c/ 1- Monsieur S. 2-Madame C. Juris Ohada N)1/2009, Janvier- mars p.39 ; Ohadata J-09-269

[128] TPIPC de Porto-Novo, jugement contradictoire n°O87/Ccm/12009 du 13 sept. 2012, Aff. Société Générale des Banques au Benin c/ Somus-HB et H., Ohadata J-13-04

[129] CCJA, 2e ch. arrêt n°35 du 03 juillet 2008, Aff. Standard Chartered Bank Cameroon S A, C/ 1° Société Industrielle des Tabacs du Cameroun S A dite SITABAC, 2° Société Azur Finances dite AZUR FINANCES S.A, Le Juris Ohada n°4/2008, p. 24, Ohadata J-9-74.

prévoit un délai de distance lorsqu'une partie n'a pas sa résidence au Congo.

107. Lorsque le destinataire de la sommation n'a pas de domicile connu ou à son domicile à l'étranger, en pareille hypothèse la signification à parquet s'avérerait inévitable[130], sinon la procédure de saisie risque d'être bloqué de manière irréversible. Faute de quoi, le poursuivant, même ingénieux, sera désarmé puisque la seule piste plausible c'est l'exploitation des dispositions conventionnelles de coopération et d'assistance judiciaire (pourvu qu'une convention existe entre l'État du lieu de la juridiction compétente et de l'État de la nationalité du débiteur). Or, le respect du délai de huit jours est difficilement imaginable dans le cadre de cette voie diplomatique. Les autorités étatiques chargées d'accomplir les formalités de notifications au débiteur, pour le compte du poursuivant ne sont pas tenues aux contraintes de l'Acte Uniforme. Le législateur OHADA est donc invité à résoudre la question en tenant compte des délais de distance en autorisant clairement le recours au mode de signification des actes admis dans le droit interne.

Au regard de ces observations, il n'est pas exclu que l'huissier instrumentaire puisse servir la sommation de prendre communication du cahier des charges peut être faite à parquet ou à Mairie, si la loi nationale le permet comme le reconnaissent certains codes de procédure civile[131].

L'article 269 étant visé par l'article 297, il s'en déduit que la sommation de prendre communication du cahier des charges ne sera sanctionnée de nullité que si l'irrégularité a causé un préjudice aux intérêts de celui qui s'en prévaut.

Sommer le débiteur de prendre communication du cahier des charges est une formalité substantielle, à laquelle le créancier ne peut se soustraire. Cette exigence participe de la protection des intérêts du débiteur et des tiers. Dans la mesure où l'exercice de leur action peut être de nature à anéantir la procédure en cours[132]. La sommation de

---

[130] S. I. SOW, *Le traitement judiciaire des incidents de la saisie immobilière*, op. cit. p.311 citant TGI hors classe de Dakar, jugement n°1285 du 21 juillet 2016, La Société Hotelière du Lido(Hotel Savana Dakar) c/ ECOBANK Sénégal SA

[131] Article 14 du code de procédure civile, commerciale, administrative et financière du Congo et 27 du code de procédure civile, commerciale et sociale du mali

[132] P-G. POUGOUÉ, F. TEPPI KOLLOKO, op.cit p.43, ces auteurs citent l'exemple du vendeur impayé dont l'exercice de l'action en résolution de ladite vente aura pour

prendre communication du cahier des charges remplit une autre fonction. Elle constitue une assignation faite au débiteur saisi à comparaître devant le tribunal à la date fixée pour l'audience éventuelle.

B. Contenu de la sommation

108. La sommation de prendre communication du cahier des charges contient les mentions exigées à l'article 270 de l'AUPSRVE. Selon ce texte, à peine de nullité, la sommation indique :

1) les jour et heure d'une audience dite éventuelle au cours de laquelle il sera statué sur les dires et observations qui auraient été formulés, cette audience ne pouvant avoir lieu moins de trente jours après la dernière sommation ;

2) les jour et heure prévus pour l'adjudication qui doit avoir lieu entre le trentième et le soixantième jour après l'audience éventuelle ;

3) que les dires et observations seront reçus, à peine de déchéance jusqu'au cinquième jour précédant l'audience éventuelle et qu'à défaut de former et de faire mentionner à la suite du cahier des charges, dans ce même délai, la demande en résolution d'une vente antérieure ou la poursuite de folle enchère d'une réalisation forcée antérieure, ils seront déchus à l'égard de l'adjudicataire de leur droit d'exercer ces actions.

109. Pour la fixation de la date de l'audience éventuelle et celle d'adjudication, l'huissier est tenu de respecter les délais impartis par la loi. Entre la date prévue pour la tenue de l'audience éventuelle et celle d'adjudication, il doit s'écouler un délai minimum de 30 jours et maximum de 60 jours, la sanction de l'inobservation de ces délais est la déchéance du droit d'adjudication conformément à l'article 297 de l'AUPSRVE.

Lorsqu'il est prouvé que le créancier poursuivant n'a pas observé ce délai, il est déchu de son droit d'adjudication et la sommation de prendre communication du cahier des charges ayant mentionné ce délai au mépris des dispositions de l'article 270 alinéa 2 de

---

conséquence la sortie de l'immeuble du patrimoine du saisi, rendant ainsi la procédure de saisie immobilière entreprise sans objet.

l'AUPSRVE encourt nullité[133]. Cette décision appelle une observation. Lorsque le non-respect des délais est avéré, la sanction attachée à cette violation est la déchéance, laquelle se traduit par l'anéantissement du droit de saisir du créancier. Par contre, lorsque le juge accueille un moyen tiré de la violation de l'article 270 de l'AUPSRVE, pour omission ou inobservation d'une mention prescrite à peine de nullité, la sanction encourue est la nullité de l'acte vicié, et donc de la sommation de prendre communication du cahier des charges.

Les effets de la nullité sont cantonnés à l'acte irrégulier, donnant la possibilité au créancier de régulariser la procédure en reprenant, le cas échéant, l'acte annulé. Le juge ne devra pas prononcer la déchéance du poursuivant pour inobservation d'une mention prescrite à peine de nullité.

FORMULE 6

SOMMATION DE PRENDRE COMMUNICATION DU CAHIER DES CHARGES

L'an...............
Et le..............A..............

À la requête de la Société...dont le siège social est sis....immatriculée au registre de commerce et du Crédit mobilier de ladite ville sous le n°...poursuites et diligences de son représentant légal, ...Directeur Général, domicilié en cette qualité au siège social de ladite société ;

Représentée et plaidant par le Cabinet d'Avocat....avocat au barreau de kinshasa/Gombe,....Cabinet sis... au cabinet duquel il fait élection de domicile aux fins des présentes et ses suites et où devront être notifiés les actes de la procédure de saisie immobilière, offres réelles et toutes significations, le tout en application des articles 254 et suivants de l'AUPSRVE ;
En vertu des articles 269 et suivants de l'Acte uniforme portant organisation des procédures simplifiées de recouvrement et des

[133] TGI Menoua, jugement n°11 du 14 mars 2005, Aff. Société de recouvrement des Créances du Cameroun(SRC) c/ TSOGBONY PANKA Paul, www.ohada.com/jurisprudence/Ohadata J-O7-39 précité

voies d'exécution.

J'ai Maître...Huissier de justice près la Cour d'appel de Kinshasa/Gombe
Dis et déclare à la Société... dont le siège social est sis..... immatriculée au registre de commerce et du crédit mobilier de ladite ville sous le n°...prise en la personne de son représentant légale domicilié en cette qualité au siège social susdit ;

OU ETANT ET PARLANT à.........

Que le cahier des charges, dressé par le Cabinet d'Avocat......pour parvenir à la vente sur saisie immobilière de l'immeuble sis n°...rue...quartier...Commune...kinshasa, cadastré... section...bloc...parcelle... d'une superficie de....m², objet du titre foncier n°.... a été déposé au greffe du tribunal de grande instance de Kinshasa/Gombe et reçu par Maître...Greffier en chef dudit tribunal le......

ET DE SUITE ET A MEME REQUETE, demeure élection de domicile et constitution d'avocat que dessus ;

J'ai, Maître,..... Huissier de justice susdit et soussigné, étant et parlant comme il a été dit ;

FAIT SOMMATION AU SUSNOMME :

- De prendre communication du cahier des charges susdit au greffe du tribunal de grande instance de Kinshasa/Gombe aux heures ouvrables ;

- D'y faire insérer des dires et observations lesquels seront reçus jusqu'au cinquième jour précédant l'audience à peine de déchéance

- De comparaître et de se trouver le...à...heures à l'audience éventuelle du Tribunal de grande instance de Kinshasa/Gombe où seront jugées les contestations soulevées, s'il y a lieu ;

Lui rappelant que s'il n'y a eu ni dires ni observation au cahier des charges la fixation de cette audience sera considérée comme non avenue ;

Lui informant qu'à défaut de former et de faire mentionner à la suite du cahier des charges jusqu'au cinquième jour précédant l'audience éventuelle, la demande de résolution d'une vente antérieure ou la poursuite de folle enchère d'une réalisation forcée antérieure, il sera déchu à l'égard de l'adjudicataire de son droit d'exercer ces actions ;

À DEFAUT DES DIRES ET OBSERVATIONS

De comparaître le.... à.. heures, à l'audience d'adjudication du Tribunal de grande instance de Kinshasa/Gombe du.... date et heure fixées pour l'adjudication de l'immeuble dont s'agit ;

Lui déclarant que faute par lui de comparaitre, il sera donné contre elle, défaut de suite et procédé tant en son absence qu'en sa présence ;
Étant et parlant comme dessus, je lui ai laissé copie des présentes et de l'acte de dépôt du cahier de charges susdit.
Dont acte de mon ministère

À CE QU'IL N'EN IGNORE

Employé pour le présent acte...feuilles au format de timbre à..... FC somme incluse dans le coût du présent acte
L'huissier de justice

110. La communication du cahier des charges devra donner lieu à la délivrance d'un acte afin de prévenir toute contestation inutile. La saisie immobilière est une procédure à forte teneur contentieuse, chaque formalité accomplie ou non est toujours susceptible de déboucher sur une contestation. Nous recommandons au greffier en chef, de consigner, à toutes fins utiles, cette formalité dans un procès-verbal versé au dossier selon le modèle ci-après.

FORMULE 7

PROCES-VERBAL DE COMMUNICATION DU CAHIER DES CHARGES

L'an deux mil… et le……
Par-devant nous, Maître…greffier en chef du Tribunal de Grande Instance Hors Classe de Niamey domicilié en cette qualité au siège du greffe dudit tribunal, sis Palais de justice soussigné.

A COMPARU

Maître…Avocat à la Cour, cabinet sis…constitué aux intérêts de…débitrice saisie ;
Lequel a reçu de nos mains, ce jour, communication du cahier des charges, rédigé et déposé au greffe du Tribunal de céans par Maître…avocat poursuivant le….*(indication de la date du dépôt*) sur…pages à la requête de la Société *(indication du créancier poursuivant*)… en vue de l'adjudication de l'immeuble objet du titre foncier n°…appartenant à la Société (*indication du débiteur saisi).*

L'audience éventuelle ayant été fixée le… à…heures dans la salle d'audiences du Tribunal de Grande Instance Hors Classe de Niamey le… à…… heures et jours suivants s'il y a lieu pour statuer sur les éventuelles contestations ;
L'audience d'adjudication est fixée le………
De quelle comparution de retrait, le comparant a requis acte et nous avons dressé et signé les jours, mois et an que dessus.

Le Greffier en chef

En réaction au cahier des charges, le débiteur dépose les dires et observations pour élever des contestations, mais aussi d'apporter des modifications aux clauses du cahier des charges.

§4. Le dépôt des dires et observations

111. Le dépôt des dires et observations doit être effectué au greffe de la juridiction (A) et dans les formes et délai prescrit (B).

A. Le dépôt des dires au greffe

112. Le saisi qui a été régulièrement sommé et qui a pris connaissance de la teneur du cahier des charges fait valoir ses prétentions au moyen des écritures intitulées « *dires et observations* ». Les dires sont déposés au greffe du tribunal compétent puis insérés au cahier des charges.

Pour prévenir toute contestation inutile, en recevant les dires, le greffe doit y apposer le cachet, une signature et indiquer la date et l'heure de réception, le tout constaté par un procès-verbal de dépôt.
Les dires ne peuvent être déposés à l'audience, ni exposés verbalement. Les dires déposés à l'audience sont irrecevables, car déposés en lieu inapproprié et hors délais. Sont assimilés aux dires formulés hors délais et traités comme tels les dires présentés oralement à l'audience éventuelle[134]. Dans une procédure où le créancier avait constaté que les moyens tirés de la violation de l'article 28 de l'AUPSRVE et de l'absence de partage ou de liquidation de l'indivision n'avaient pas été exposés dans les dires déposés le 22 février 2005, mais à la barre du tribunal. Le juge des criées a décidé de les déclarer irrecevables et de recevoir les autres moyens[135].

113. Une exception notable doit toutefois être citée : l'exception de l'oralité des dires contenue à l'article 280 AUPSRVE qui ne s'applique qu'à la vente le jour de l'audience. Exceptionnellement, il est reconnu au créancier poursuivant ou inscrit de requérir, même verbalement la vente de l'immeuble, même sans avoir déposé des dires dans ce sens[136]. Il convient de préciser que nonobstant le fait que la vente soit poursuivie devant notaire, les dires sont déposés devant le tribunal qui seul, a vocation à statuer sur les contestations.

---

[134] S. I. SOW, Le traitement judiciaire des incidents de la saisie immobilière, op. cit. p.86
[135] *Ibidem,* citant TRHCDK, jugement n 491 du 1er mars 2005 CBAO c/ Abdoul KANE
[136] TRHC Dakar, jugement n°881 du 8 mai 2001, Aff. Souleymane Sow C/ Yéro Mbaye Konaté, Obs. Ndiaw DIOUF, www.ohada.com/jurisprudence/Ohadata J-03-59

FORMULE 8

PROCÈS-VERBAL DE DÉPÔT DES DIRES ET OBSERVATIONS

L'an deux mil… et le…
Par devant nous, Maître……greffier en chef du Tribunal de grande instance de N'Djamena domicilié en cette qualité au siège du greffe dudit tribunal, sis Palais de justice soussigné ;

A COMPARU

Maître…Avocat à la Cour, cabinet sis……
Lequel a déposé entre nos mains ce jour, des dires et observations datés du…et rédigé par ses soins, sur…pages, ne comprenant aucun renvoi en marge, sans mot nul, en qualité d'Avocat du débiteur saisi, la Société…relatif au cahier des charges rédigé et déposé au greffe du Tribunal de Céans en date du…… par Maître…Avocat poursuivant, à la requête de la Société…en vue de l'adjudication de l'immeuble objet du titre foncier n°…… appartenant à la Société sis…
Les présents dires et observations sont insérés et mentionnés à la suite du cahier de charges suscité ;
Et il sera statué sur leurs mérites à l'audience éventuelle fixée le… à…heures et jours suivants s'il y a lieu, dans la salle d'audiences du Tribunal de grande instance de N'Djamena
L'audience d'adjudication étant fixée le…
De quelle comparution le comparant a requis acte et nous avons dressé et signé les jours, mois et an que dessus.

Le Greffier en chef

B. Le délai

114. En application de l'article 270 -3°, les dires doivent être déposés jusqu'au cinquième jour précédant l'audience éventuelle. Ce délai est prescrit à peine de déchéance. Il s'agit d'un délai à rebours[137]qui se

[137]A. LEBORGNE, «*phase de poursuite proprement dite contre le débiteur*» in S. GUINCHARD, T. MOUSSA (dir), *Droit et pratiques des voies d'exécution*, op. cit. p.1315

calcule en remontant le temps, en partant de la date de l'audience éventuelle pour déterminer le point de départ de la computation fixé au jour du dépôt des dires. Il expire le cinquième jour à minuit. Pour la computation, le jour de l'accomplissement de l'acte et le jour de l'échéance ne sont points comptés dans le délai fixé et que, lorsque le dernier jour du délai intervient un jour non ouvrable, ce délai est prorogé jusqu'au premier jour ouvrable suivant[138]. Il s'opère une prorogation des délais même si certains tribunaux semblent ne pas souscrire à cette démarche.

Le mode de calcul à rebours de ce délai induit parfois le juge en erreur lorsqu'il n'a pas été bien assimilé, ce qui conduit à une interprétation erronée de l'article 270 al.3 AUPSRVE. Dans une affaire où l'audience éventuelle était fixée au 1er juillet 2008, les dires déposés le 26 juin 2008 avaient déclaré recevables, pour avoir été déposés le cinquième jour avant ladite audience[139]alors qu'ils étaient irrecevables. Les dires déposés au greffe 9, 8, 7, 6 et 5 jours avant l'audience éventuelle sont recevables, l'irrecevabilité n'étant encourue que lorsque ceux-ci sont déposés 4,3, 2 ou 1 jour avant la tenue de l'audience éventuelle. Ont fait une mauvaise appréciation des faits et mauvaise application de ce texte, les premiers juges qui ont décidé que les écritures ont été déposées après le délai requis alors que les dires et observations ont été déposés par le débiteur 6 jours avant l'audience éventuelle[140].

115. Les délais prévus par ce texte étant francs conformément à l'article 335 AUPSRVE, la CCJA considère que, ni le premier jour du dépôt de l'acte, le *dies a quo*, ni le dernier jour du délai, le *dies ad quem* ne doivent être pris en considération pour la computation dudit délai[141]. Concrètement, pour la computation de ce délai, ni la date du dépôt des dires au greffe, le *dies a quo*, ni la date de l'audience, le *dies*

---

[138] TRHCDK, ordonnance de distribution du prix d'adjudication n°319 du 15 mars 2001, Société Général des Banque au Sénégal c/ S.N.R et Lobath FALL,www.ohada.com/jurisprudence/Ohadata J-03-266.

[139]S. I. SOW, Le traitement judiciaire des incidents de la saisie immobilière, op. cit. p.86, citant TRHCDK, jugement n°1422 du 1er juillet 2008, Yamar LO c/ La Sénégalaise de Réassurances dites SEN-RE,

[140] CA d'Abidjan, ch. civ.& com., arrêt n°563 du 27 mai 2005, Aff. B.S c/ FEGECE, le Juris-0hada n°4/2006, p.51, www.ohada.com/jurisprudence/Ohadata J-07-37.

[141] CCJA, arrêt n°017 du 29 mars 2004, Aff. BATTIM-CI c/ Société GIC, Le Juris Ohada n°2/2004, juin-aout 2004, p.53. Recueil de jurisprudence de la CCJA, n°3, janvier-juin 2004, p.125, Penant n°851, p. 242, note Bakary Diallo, Ohadata J-04-302

a quem ne doivent être pris en considération. Le caractère franc des délais impliquant l'exclusion du dies *a quo* et du *dies ad quem* dans la computation du délai. La déchéance n'est encourue que lorsque les dires sont déposés moins de 5 jours avant la tenue de l'audience éventuelle. En application de ce principe, il est jugé que les délais étant francs suivant l'article 335 de l'AUPSRVE, les dires déposés le 1er mars 2001 pour l'audience du 6 mars 2001 sont irrecevables pour avoir été déposés au quatrième jour précédent ladite audience[142]. Il convient de noter qu'en formulant ses dires et observations relatifs à la caducité de l'hypothèque et du commandement, postérieurement à la date de l'audience éventuelle, le débiteur poursuivi n'a pas observé les prescriptions de l'article 270-3 de l'AUPSRVE. D'où il suit que ses dires sont irrecevables[143]. Précisons que la déchéance résultant de l'inobservation du délai de cinq jours indiquée dans la sommation n'est encourue, qu'autant que la partie a été régulièrement sommée dans les conditions fixées à l'article 269 AUPSRVE.

116. L'article 299 al. 1 l'AUVPSRE indique que les contestations ou demandes incidentes doivent, à peine de déchéance, être soulevées avant l'audience éventuelle. La déchéance prévue par ce texte est prononcée, sans qu'il soit recherché l'existence d'un grief. Les dires déposés hors délais entraînent la déchéance, peu importe l'objet de la contestation ou son caractère justifié[144]. Le juge doit se prononcer sur la recevabilité des dires avant d'en examiner les mérites au fond. Le juge relève qu'il est de jurisprudence constante que l'irrecevabilité découlant de cette déchéance doit être soulevée d'office par le tribunal des criées, qui exerce ainsi son pouvoir de contrôle sur la régularité de la procédure[145]. Lorsque la déchéance est encourue, le juge déclare les dires irrecevables, il s'agit concrètement d'une irrecevabilité tirée de la déchéance.

---

142 S. I. SOW, *Le traitement judiciaire des incidents de la saisie immobilière*, op. cit, p. 86, citant TRHCDK, jugement n 683 du 3 avril 2001, GIE ERTEC Engineering et Ousmane NDIAYE c/ BEST

143 CCJA, arrêt n°013 du 18 mars 2004, Aff. F.C. c/ SGBC, Le Juris Ohada n°2/2004 juin-aout 2004, p.27, note Brou Kouakou Mathurin, Recueil de jurisprudence de la CCJA n°3, janvier-juin 2004, p.101. Point II, précité, www.ohada.com/jurisprudence/Ohadata J-04-298

144 S. I. SOW, Le traitement judiciaire des incidents de la saisie immobilière, *ibidem*

145 Ibidem, citant TRHCDK, jugement n°972 du 28 avril 2009, la Société TACO SARL c/ La BHS,

117. Si le débiteur n'a pas réagi, nonobstant la sommation à lui faite conformément à l'article 269 alinéa 2 de l'AUPSRVE, et que le commandement prévu à l'article 254 AUPSRVE leur a été régulièrement servi, la procédure doit suivre son cours et être renvoyée à cet effet devant le juge compétent[146]. La charge de la preuve incombant à celui qui allègue un fait, à l'expiration du délai, le poursuivant peut se faire délivrer, par le greffe, un acte de non-dépôt des dires *(cf. Formule n° 9)*. L'Acte uniforme ne le prévoit pas, tout comme il n'est pas prévu la délivrance d'un acte en cas de dépôt des dires, pratique devenue courante dans les juridictions.

C. L'irrecevabilité des dires déposés après report de l'audience éventuelle

118. Il arrive souvent que l'audience éventuelle ne se tienne pas effectivement à la date fixée dans la sommation de prendre communication du cahier des charges. Au-delà du débat sur la validité de cette pratique, nettement plus fréquente, et parfois embarrassante est la question de savoir si la partie saisie qui n'a pas déposé les dires dans le délai prescrit dans la sommation peut, profitant de ce report, les déposer, sans que ne lui soit opposée l'irrecevabilité tirée de la déchéance.

La question fait l'objet d'un débat intense en doctrine, où deux courants de pensée s'affrontent. Certains auteurs considèrent que le saisi devrait être autorisé à déposer des dires en cas de report de l'audience éventuelle, sans encourir l'irrecevabilité tirée de la déchéance. Cette position est soutenue par le Professeur Paul Gérard PONGOUÉ et Maître Fidel TEPPI KOLLOKO, lesquels estiment que l'irrecevabilité tirée de la déchéance ne doit être prononcée que si l'audience éventuelle a effectivement eu lieu à la date indiquée dans la sommation[147]. L'idée est que la date fixée pour l'audience éventuelle dans la sommation n'ayant pas été respectée, il n'est pas pertinent d'opposer au disant, la déchéance prévue à l'article 270 al. 3 AUPSRVE comme si cette audience avait effectivement eu lieu.

[146] CCJA, 2e ch, Arrêt n°113/2013 du 30 décembre 2013, Aff. Société Nigérienne de Bank dite SONIBANK c/ Société internationale de transport et de commerce(SITCO), 2 Sidi Ahmed Omar, 3) BADI Mohamed, Recueil de jurisprudence n°20, Vol. 2, jan-déc. 2013, p.76-78, www.ohada.com/jurisprudence/Ohadata J-15-86

[147] P-G. POUGOUÉ, F. TEPPI KOLLOKO, *La saisie immobilière dans l'espace OHADA*, op.cit. p. 109

119. Dans le même sens le Professeur Hervé CROZE et Maître Christian LAPORTE soutiennent que la date de l'audience éventuelle fixée dans l'assignation ne sera la date d'audience d'orientation que si l'affaire est effectivement retenue ce jour-là[148]. L'audience reposant sur un examen complet de l'affaire permettant au juge de statuer ensuite, une audience de renvoi n'est pas une audience d'orientation[149]. Dès lors, des contestations et demandes incidentes formées jusqu'à la véritable audience d'orientation, effectivement tenue à la date fixée par le juge dans sa décision de renvoi, apparaissent recevables[150]. Et d'ajouter « *on ne voit d'ailleurs pas à quoi servirait un renvoi de l'affaire si l'on ne donnait pas au débiteur le droit de s'exprimer en notifiant des conclusions jusqu'à l'audience nouvelle fixée après un renvoi accordée*[151] ». Précisons que la réforme de la saisie immobilière initiée par l'ordonnance n° 2006-461 du 21 avril 2006 a introduit une souplesse dans cette procédure rendant désormais possible le renvoi de l'audience d'orientation.

120. D'autres auteurs affirment a contrario que, nonobstant le report de l'audience éventuelle, le saisi ne peut tirer argument de ce report pour déposer des dires. Cette position basée sur une application de l'article 689 de l'ACPC, est défendue par le Professeur Anne LEBORGNE. En droit français, la question s'était posée de savoir si le débiteur pouvait déposer les dires après le renvoi de l'audience éventuelle[152]. En l'application de l'article 689 de l'ACPC, la réponse était négative. Les dires ne pouvaient être reçus après le report de l'audience éventuelle. La Cour de cassation considérant que pour insérer des dires au cahier des charges, il y a lieu de prendre en considération la date de l'audience éventuelle, telle qu'indiqué dans la sommation de l'article 689 quand bien même cette date a été, à tort, l'objet d'une décision de report[153]. De sorte que si l'audience éventuelle a fait l'objet d'un renvoi, il n'y a pas lieu, pour vérifier la régularité du dépôt au regard du délai de l'article 689 de l'ACPC, de prendre en considération, la date à laquelle l'audience a été renvoyée,

---

[148]H. CROZE, C.LAPORTE, *Guide pratique de la saisie immobilière*, op.cit. P.11.
[149] *ibidem*
[150] *ibidem*
[151] *ibidem*
[152] Devenue audience d'orientation depuis l'ordonnance n°2006-461 du 21 avril 2006 portant réforme de la saisie immobilière
[153]civ 2e, 9 nov. 2000 :Procédures, 2001, comm. n°67, note Junillon

mais de tenir compte de celle indiquée dans la sommation de prendre communication du cahier des charges[154].

121. Précisons que l'audience éventuelle ne peut en principe, être reportée. Cependant, « si malgré l'interdiction de renvoi, elle a été reportée ou mise en continuation, le délai d'inscription d'un dire au cahier des charges reste inchangé et seule la date d'audience indiquée dans la sommation doit être retenue. Ce renvoi, illicite mais admis dans les faits, ne rouvre pas un délai aux parties pour déposer un dire [155]».

Pour notre part, nous souscrivons à cette dernière analyse et considérons que les dires ne sont pas recevables, nonobstant le report de l'audience éventuelle. À notre sens, l'on peut parfaitement concevoir que le fait que l'audience éventuelle ne soit pas effectivement tenue à la date initialement fixée dans la sommation de prendre communication du cahier des charges ne puisse avoir aucune incidence sur les délais fixés par l'article 270-3° AUPSRVE. Le débiteur qui n'a pas déposé les dires dans le délai imparti, ne peut tirer argument de la non-tenue effective de l'audience éventuelle pour déposer les dires postérieurement à cette date. Il convient de dissocier ici la tenue effective de l'audience éventuelle, et la recevabilité hors délai des dires en tirant argument du report de l'audience.

En effet, la recevabilité des dires doit obéir au respect scrupuleux de délai fixé à l'article 270 al. 3, c'est-à-dire jusqu'au cinquième précédant l'audience éventuelle. Il appartient à la partie saisie régulièrement sommée de déposer ses dires dans ce délai conformément à cette disposition. Or, le fait de permettre au disant de déposer des dires constitue une violation manifeste de délai et de la déchéance attachée à cette disposition. Par ailleurs, lorsque les dires ont été déclarés irrecevables, il n'est plus pertinent pour le tribunal, d'examiner les moyens de défense du poursuivant opposés en réponse aux dires déclarés irrecevables.

---

[154]LEBORGNE(A), Phase de poursuite : préparation de la vente in GUINCHARD (S) et MOUSSA (T.) (dir), *Droit et pratique des voies d'exécution*, op. cit. p.1355
[155] LEBORGNE(A), *ibidem*

FORMULE 9

CERTIFICAT DE NON-INSERTION DE DIRES ET OBSERVATIONS

L'an……Et………

Nous…Greffier en Chef du Tribunal de première instance de Libreville, domicilié en cette qualité, au siège du greffe dudit tribunal, sis au Palais de justice de Libreville soussigné ;

Certifions, après vérification de notre dossier qu'il n'a été déposé et inséré aux cahiers des charges, ni dires, ni observations, après l'exploit de sommation de prendre communication du cahier des charges, servi le…par Maître…Huissier de justice à la résidence de Libreville, en vue de parvenir à l'adjudication de l'immeuble sis à…cadastrée...objet du titre foncier n°…appartenant en pleine propriété à la Société…

Rappelons que l'audience éventuelle est fixée au…à……. dans la salle d'audiences au Tribunal de première instance de Libreville, sis au Palais de justice de cette ville ;

Des quelles constatations nous avons dressé acte et signé les jours, mois et an que dessus.

Le greffier en chef

Chapitre 3. La préparation de l'adjudication

122. En prélude à l'adjudication de l'immeuble, le tribunal tranche les contestations et les demandes incidentes lors d'une audience dite éventuelle (section 1). À l'occasion de cette audience, le tribunal procède au contrôle sur les conditions de l'adjudication et vérifie également si les conditions requises pour la mise en œuvre de la saisie sont réunies. La vente ne sera poursuivie que si certaines formalités sont remplies (Section 2) lesquelles constituent des formalités préalables à l'adjudication (Section 3).

Section 1. L'audience éventuelle

123. L'audience est dite éventuelle en raison de ce qu'elle est facultative et non obligatoire[156]. Sa tenue n'est pas une impérative, mais une simple éventualité. Elle ne se tient *« qu'éventuellement »* lorsque que les dires et observations[157]ont été déposés, pour statuer sur les contestations élevées. Toutefois, sa tenue n'est pas toujours assujettie à la présence d'une contestation.

La fixation de l'audience éventuelle est faite dans la sommation de prendre communication du cahier des charges (§1) quoique sa tenue effective à la date indiquée reste improbable (§2).

§1. La fixation de la date de l'audience éventuelle

124. La date de l'audience éventuelle telle que fixée, dans la sommation est immuable (A). Elle ne peut faire l'objet d'un report, d'un renvoi ou d'une remise en fonction. En pratique, elle peut faire l'objet de report (B).

---

[156]J. DBOGBENOU, *L'exécution forcée droit OHADA*, Cotonou, CREDIJ, 2e édit. 2011,.338 p.

[157] P-G. POUGOUÉ, F. TEPPI KOLLOKO, *La saisie immobilière dans l'espace OHADA* op.cit. p.51 citant CA Dakar, Arrêt N°50 du 23 janv.2003, Paul FAYE et Véronique SARR C / BICIS, ohadata J.05.32

A. Une date immuable

125. La fixation de la date de l'audience éventuelle est faite dans la sommation de prendre communication du cahier des charges, prévue à l'article 270 de l'AUPSRVE. Il a été dit que cette date ne peut être fixée moins de trente jours après la dernière sommation. De ce fait, entre la date de la dernière sommation et celle de la tenue de l'audience éventuelle, il doit s'écouler trente jours au moins, la jurisprudence rappelant que cette date ne peut être fixée avant l'épuisement de ce délai[158].

La marge de trente jours indiquée à l'article 270 AUPSRVE ne signifie pas que la fixation doit intervenir au trentième jour, il s'agit d'une simple indication prescrivant au poursuivant que la date ne peut être fixée avant l'écoulement d'un délai minimum de trente jours, de sorte que sa fixation peut intervenir plus tard.

Une fois fixée, cette date est immuable, elle ne peut faire l'objet de report, sauf dans des circonstances dûment motivées comme nous le verrons. Il est impossible de renvoyer l'audience éventuelle à une date postérieure à celle fixée dans la sommation[159]. Pour casser une décision ayant accordé un report de l'audience éventuelle, la Cour de cassation a considéré *« qu'il n'est au pouvoir ni des parties ni du tribunal de modifier la date de l'audience éventuelle fixée dans la sommation*[160]». Il faut insister sur le fait que l'audience éventuelle ne peut faire l'objet de report, le Professeur Paul-Gérard PONGOUÉ et Maître Fidèle TEPPI KOLLOKO, évoquent à propos le principe de « *l'immutabilité de la date de l'audience éventuelle* [161]» pour souligner l'impossibilité de reporter cette audience.

126. Ce principe consacré à l'article 273 de l'AUPSRVE doit être observé par les tribunaux qui ne peuvent pas y déroger dans le respect des dispositions légales, notamment pour des causes graves. En dépit de cette exigence de célérité, dictée par le souci de vaincre le dilatoire

---

[158] Civ.2e, 16 mai 1990, n°88-10.663, Bull. civ. II, n° 108 ; D. 1990, Somm. 349, obs. julien ; Gaz. Pal. 1990, somm. 628, obs. Véron

[159] Civ.2e, 27 oct. 1980, Bull. civ. II, n°220; D 1981. IR. 151, obs. Julien ; Gaz. Pal. 1981. 1. 67 ; note Viatte ; dans le même sens Civ.2e, 1er juill. 1999, Procédures 1999. Comm. 253. Obs. Junillon.

[160] Civ.2e, 27 mai 2004, n°02-26.626, Bull. civ. II, n°257.

[161] P-G. POUGOUÉ, F. TEPPI KOLLOKO, *La saisie immobilière dans l'espace OHADA*, op. cit. p. 107

dans les procédures de saisie immobilière[162]. Force est de constater, en pratique, que le principe de l'immutabilité de la date de l'audience éventuelle a été élevé au rang d'exception et l'exception de report érigée en principe, de sorte que la tenue de l'audience éventuelle à la date fixée dans la sommation est devenue exceptionnelle.

Le motif de cette « *banalisation de report* » de l'audience éventuelle réside dans l'application dévoyée du principe du contradictoire, qui a fini de donner à la saisie immobilière, les allures d'une procédure ordinaire avec ses manœuvres dilatoires et ses lenteurs. Ainsi, chaque juridiction s'accommode d'entorses au principe, soit en renvoyant purement et simplement l'audience, soit en mettant en continuation, lorsqu'un incident est soulevé[163].On doit prêter attention aux faits que « *le temps soit une composante essentielle de toute procédure juridictionnelle. Gagner du temps est parfois plus important que gagner son procès* », cette observation du Conseiller Daniel CHABANOL[164] faite à propos de la pratique du contentieux administratif trouve un écho particulier dans une procédure de saisie immobilière, où les débiteurs qui entendent faire échec à l'expropriation forcée des leurs immeubles, s'engouffrent systématiquement dans toutes les brèches procédurales pour paralyser la procédure.

B. La remise de l'audience éventuelle

127. Le principe d'immutabilité de la date d'audience éventuelle connaît des exceptions pouvant justifier le report de l'audience. Il est prévu la remise de l'audience pour causes graves ou dans l'exercice du pouvoir de contrôle du tribunal.

1) La remise pour cause grave

128. Aux termes de l'article 273 AUPSRVE, une remise de l'audience éventuelle ne peut avoir lieu que pour des causes graves et dûment justifiées, ou bien lorsque la juridiction compétente exerce d'office son contrôle sur le cahier des charges. Il en résulte que la remise de

---

[162] ibidem op. cit p.4

[163] S. GUINCHARD, T. MOUSSA (dir) op. cit, p.1355

[164] D. CHABANOL, *La Pratique du contentieux administratif*, éd. LexisNexis, 9e éd. 2011, Coll. Droit &professionnels, 543 p.

l'audience éventuelle ne peut être ordonnée que dans le respect des conditions restrictives édictées par cette disposition.

En effet, il arrive que le jour fixé pour l'audience éventuelle soit, un jour, non ouvrable. On peut penser également qu'à cette date, les conditions matérielles ne soient pas réunies pour la tenue de l'audience : indisponibilité du tribunal, perturbations consécutives aux vacances judiciaires, grève des avocats ou des greffiers, cataclysme naturel, etc. Ces faits constituent des causes graves, justifiant la remise de l'audience et la fixation d'une nouvelle date d'audience conformément à l'article 273 de l'AUPSRVE. La détermination des causes graves susceptibles de justifier la remise de l'audience est un élément de pur fait, dont l'appréciation relève du pouvoir souverain du juge. Il a été décidé que lorsque la date prévue pour l'audience éventuelle s'avère être, un jour, non ouvrable, ce fait constitue une cause grave, et dûment justifiée permettant au juge de fixer une autre date d'audience conformément à l'article 273 AUPSRVE[165].

Lorsque la demande de remise émane d'une partie, il appartient à celle-ci d'établir la pertinence de sa demande. La justification de la gravité de la cause incombe à celui des plaideurs qui sollicite la remise de l'audience de ce chef, et nullement à celui qui s'y oppose. Aussi, a t-i été jugé que le débiteur saisi qui se borne à invoquer le caractère dérisoire de la créance et l'absence de menace sur le recouvrement de la créance n'établit pas l'existence d'une cause grave justifiant la remise de l'audience éventuelle[166]. Il s'ensuit nécessairement le rejet de la demande de renvoi de l'audience éventuelle et celle de l'expertise lorsque les disants qui considèrent qu'il y a une sous-évaluation de l'immeuble constitutive d'une cause grave justifiant le renvoi de l'audience, ne se prévalent d'aucun élément objectif[167]. Le juge accorde la remise de l'audience par décision motivée en appréciant la gravité de la cause et justifier cette remise. Il doit établir en quoi le fait invoqué constitue une cause grave pouvant justifier la remise de l'audience.

---

[165]TGI de MFOUNDI, jugement n°232/ADD du 27 février 2002, Aff. Amougou Kono Come / BICEC, Ohadata J-04-226

[166] TRHCDK, jugement n°1044 du 7 juin 1999, CBAO c/ Moustapha LO, J. ISSA-SAYEGH, Répertoire quinquennal OHADA 2000-2005, p.349 ; www.ohada.com/jurisprudence/Ohadata J-03-169.

[167] TRHCDK, jugement n°798 du 04 mai 1999, Robert TABET dit KHADIM c/ OUSSEYNOU CHAMSEDINE ; www.ohada.com/jurisprudence/Ohadata J-03-166.

129. Pourtant, il arrive souvent, que la remise de l'audience éventuelle ne donne pas lieu à une décision motivée. Tel est le cas, lorsque la remise de l'audience revêt la forme d'une simple mention, notamment l'inscription de la date de renvoi au dossier. Cette décision constitue une mesure d'administration judiciaire qui ne peut faire l'objet d'aucune voie recours. L'on peut s'interroger sur la pertinence de ce procédé, qui ne permet pas d'asseoir une motivation permettant de comprendre la démarche du juge.

À notre sens, une décision est requise pour ordonner la remise de la date de l'audience éventuelle. Cette démarche trouve son fondement à l'article 273 AUPSRVE lequel autorise la remise de l'audience éventuelle que, pour des causes graves et dûment justifiées. Or, comment peut-on satisfaire à cette obligation de justification par une simple inscription de la date de renvoi au dossier. La justification des causes graves s'impose avant tout au tribunal qui ordonne la remise. Il ne peut se complaire d'une simple inscription de la date de renvoi au dossier ? Même lorsque la décision de remise est ordonnée par le tribunal d'office, cette décision doit être motivée pour justifier non pas le motif de renvoi, mais la gravité de la cause justifiant la remise de l'audience éventuelle tel qu'exigé à l'article 273 AUPSRVE. Pour satisfaire à cette exigence, la mise en délibéré de l'affaire est requise. Des raisons indépendantes de la volonté des parties peuvent également contribuer au report de la date d'audience.

2) Le report d'office

130. L'exercice du pouvoir de contrôle par le juge sur le cahier des charges peut aboutir au report d'office de l'audience éventuelle. Outre les causes graves dûment justifiées, la mise en œuvre du pouvoir de contrôle du juge constitue la seconde dérogation, justifiant le report de l'audience éventuelle en vertu de l'article 273 AUPSRVE lequel renvoie à l'article 275 AUPSRVE[168].

---

[168] Ce texte dispose : La juridiction compétente peut, d'office, à l'audience éventuelle, et si nécessaire, après consultation par écrit d'un expert, recueillie sans délai :1) ordonner la distraction de certains biens saisis toutes les fois que leur valeur globale apparaît disproportionnée par rapport au montant des créances à récupérer ; 2) modifier le montant de la mise à prix si celle-ci n'a pas été fixée conformément aux dispositions de l'article 267-10 ci-dessus.
Dans ce cas, la juridiction compétente informe les parties de son intention de modifier le cahier des charges et les invite à présenter leurs observations dans un délai maximum de cinq

Les dispositions de l'AUPSRVE qui régissent la saisie immobilière sont d'ordre public. Leur caractère d'ordre public s'impose au juge, indépendamment de l'existence ou non des dires[169]. Pour permettre au tribunal saisi d'exercer son contrôle sur le cahier des charges, celui-ci peut utilement, en application de l'article 273 AUPSRVE fixer une nouvelle date de l'audience éventuelle à une date ultérieure[170].

§2. La tenue effective de l'audience éventuelle

131. A défaut des dires et observations insérés au cahier des charges, la tenue de l'audience éventuelle est non avenue. Il n'est pas exclu que le tribunal, puisse tenir cette audience, dans l'exercice de son pouvoir de contrôle (A). Toutefois, la tenue de cette audience devient une impérative en cas du dépôt des dires (B).

A. En cas de non-dépôt des dires et observations

132. S'il n'a pas été insérés des dires au cahier des charges, la tenue de l'audience est non avenue. Techniquement, le tribunal ne peut faire l'impasse sur cette audience lorsque le greffier a enrôlé le dossier de la procédure. Advenue l'audience, le tribunal prend acte de l'absence des dires et renvoie l'affaire à l'audience d'adjudication dont il fixe la date. Pour fixer la date d'adjudication, le tribunal tient compte de délai nécessaire à l'accomplissement des formalités de publicité en vue de la vente.

Si la date initialement fixée pour l'adjudication peut être respectée, le dossier de la procédure est renvoyé à cette date. Pour ce faire, le juge doit prendre connaissance de la date indiquée par le poursuivant dans la sommation. En tout état de cause, il sera procédé à l'accomplissement des formalités de publicité en vue de la vente de l'immeuble.

Ce contrôle porte aussi bien sur la régularité de la procédure et les conditions de fond que sur la réalité des biens et droits réels faisant

---

jours; elle leur indique, si besoin est, les jour et heure de l'audience si l'affaire n'a pu être jugée à la date initialement prévue ».

[169] TRHC Dakar, jugement du 11 février 2003, Merry GOMIS c/ SNR, www.ohada.com/jurisprudence/Ohadata J-03-98.précité

[170] TGI Menoua, jugement n°O8/ADD/CIV du 14 novembre 2005, Aff. Société de recouvrement des Créances du Cameroun(SRC) c/ TSOGBONY PANKA Paul, www.ohada.com/jurisprudence/Ohadata J-07-41.

objet des poursuites. Dans cette optique, il a été jugé que l'audience éventuelle peut être tenue, en l'absence des dires, pour permettre au tribunal d'exercer d'office son contrôle sur le cahier des charges en procédant aux vérifications utiles et s'assurer que ledit cahier est conforme aux prescriptions légales[171].

B. En présence des dires et observations

133. Lorsque les dires et observations sont déposés, le tribunal statue sur leurs mérites lors de l'audience éventuelle. L'audience éventuelle est publique. L'affaire est enrôlée et invoquée à l'audience ordinaire des affaires civiles du tribunal ou de la chambre du tribunal, à la date fixée. Ce qui implique pour le poursuivant de se rapprocher du greffe pour prendre connaissance du calendrier des audiences. La date fixée devra correspondre à une date des audiences du tribunal. Le rôle de chaque audience étant arrêté par le greffier en chef de la juridiction ou le greffier en chef en charge de la chambre. L'avocat poursuivant devra veiller à ce que l'affaire soit effectivement enrôlée à la date prévue, afin de faire l'économie des contestations.

Il peut arriver qu'un incident de la saisie immobilière ayant vocation à être déféré devant le juge du fond statuant en audience éventuelle soit porté devant le président du tribunal. Celui-ci peut renvoyer l'affaire à la formation compétente du tribunal, la CCJA estimant que ce renvoi constitue un mode d'administration judiciaire[172].

§3. L'issue de l'audience éventuelle

134. L'audience éventuelle peut aboutir à l'annulation des poursuites (A) ou à leur continuation. Si la continuation des poursuites est ordonnée, le poursuivant doit accomplir des formalités préparatoires à l'adjudication de l'immeuble.

---

[171]TGI Brazzaville, audience éventuelle, jugement du 02 décembre 2011, rôle civil N°890, Répertoire N°730, Aff. Collectifs des clients de MIDEC Congo c/ Conseil Supérieur Islamique du Congo (inédit).

[172] CCJA, 2e ch. arrêt n°35 du O3 juillet 2008, Aff. Standard Chartered Bank Cameroon S A, C/ 1° Société Industrielle des Tabacs du Cameroun S A dite SITABAC, 2° Société Azur Finances dite AZUR FINANCES S.A, Le Juris Ohada n°4/2008, p. 24, Ohadata J-9-74

A. L'annulation des poursuites

135. À l'issue de l'audience éventuelle, si le tribunal fait droit à une demande de nullité introduite par la partie saisie, la nullité des poursuites est prononcée. L'annulation des poursuites est consécutive à l'annulation d'un acte de poursuites. Ce peut être la nullité du commandement aux fins de saisie immobilière[173], de la sommation de prendre communication du cahier des charges[174], la nullité du cahier des charges et biens d'autres griefs.

B. La continuation des poursuites

136. La continuation des poursuites fait suite au rejet des prétentions du disant. Si le débiteur n'a pas déposé les dires, la continuation des poursuites est ordonnée lorsque, à l'issue du contrôle exercé sur le cahier des charges, le tribunal juge la procédure régulière. En ordonnant la continuation des poursuites, le tribunal renvoie le dossier à l'audience d'adjudication dont il fixe la date[175]. L'audience éventuelle est suivie des quelques formalités.

§4. Les formalités postérieures à l'audience éventuelle

137. L'audience éventuelle est suivie des formalités de transcription du jugement sur le cahier des charges (A) et celle de la signification dudit jugement (B).

A. La transcription du jugement sur le cahier des charges

138. La transcription du jugement est une exigence édictée à l'article 274 de l'AUPSRVE. Selon ce texte, « *la décision judiciaire rendue à l'occasion de l'audience éventuelle est transcrite sur le cahier des charges par le greffier* ». Cette formalité permet de fixer les parties sur les conditions définitives de vente de l'immeuble. Le jugement rendu à l'audience éventuelle peut avoir bouleversé les

---

[173] TGI Menoua, jugement n°16 du 14 mars 2005, Aff. Epoux KENFACK c/ Crédit Lyonnais Cameroun (CLC) précité

[174] TGI Menoua, jugement n°11 du 14 mars 2005, Aff. Société de recouvrement des Créances du Cameroun(SRC) c/ TSOGBONY PANKA Paul, www.ohada.com/jurisprudence/Ohadata J-07-39 précité ;

[175] TRHC Dakar, jugement n°1725 du 27 septembre 2000, Cheikh Gadiaga c/ Banque Islamique du Sénégal, www.ohada.com/jurisprudence/Ohadata J-03-02.

clauses contenues dans le cahier des charges. Il en est ainsi lorsque le tribunal a fait droit à un dire tendant à la modification de la mise à prix fixée par le poursuivant. De ce fait, relativement à ce chef de demande, ce jugement devient partie intégrante du cahier des charges, qui s'impose aussi bien au poursuivant, au créancier inscrit qu'à la partie saisie.

En pratique, cette formalité est rarement accomplie par le greffe dont les diligences se limitent à la matérialisation de la décision rendue. La transcription du jugement sur le cahier des charges semble ne pas intégrer les usages des greffes.

B. La signification du jugement

139. Le jugement rendu à l'audience éventuelle est levé et signifié à la demande de la partie la plus diligente. Cette formalité a le mérite de porter la décision à la connaissance de la partie qui aurait abandonné la procédure. Le non accomplissement de cette formalité entraîne l'invalidé de la procédure. Ainsi, il a été jugé que lorsque le jugement rendu à l'audience éventuelle n'a pas été signifié au débiteur conformément à l'article 274 AUPSRVE, l'adjudication intervenue doit être annulée[176].

Section 2. Les formalités préparatoires à l'adjudication

140. Prélude à l'adjudication de l'immeuble, le créancier poursuivant doit procéder aux formalités de publicités (§1) et solliciter une ordonnance aux fins de taxation des frais des poursuites (§2).

§1. La publicité en vue de la vente

141. La saisie immobilière doit faire l'objet d'une publicité dans les conditions permettant au public d'en être informé. La publicité doit être suffisante pour assurer la plus large diffusion de la vente. Elle est destinée à l'information du plus grand nombre d'enchérisseurs potentiels en permettant à toute personne susceptible de se porter adjudicataire, d'être informée de la prochaine vente aux enchères de

---

[176] TGI du Moungo, Jugement n°13/Civ. du 21 Février 2008, Aff. SAMBALIS Dimitris et SAMBALIS Alexandre C/ La Compagnie Financière de l'Estuaire dite COFINEST, www.ohada.com/jurisprudence/Ohadata J-09-236.

l'immeuble saisi[177]. Cette formalité favorise également la vente de l'immeuble au meilleur prix.

La publicité englobe deux formalités distinctes et cumulatives à savoir : l'insertion dans un journal d'annonces légales (A) et l'apposition des placards (B).

A. L'insertion dans un journal d'annonces légales

142. En se référant à l'article 276 AUPSRVE, un extrait du cahier est publié, sous la signature de l'avocat poursuivant, par insertion dans un journal d'annonces légales. Le support de cette publication est le journal d'annonces légales paraissant dans la ville de la situation de l'immeuble. Lorsque cette ville ne dispose pas d'un journal recevant la publicité, elle peut être faite dans la ville voisine de cette localité.

La publicité est également effectuée par apposition de placards à la porte du domicile du saisi, du tribunal devant lequel aura lieu l'adjudication ou du notaire convenu si la vente a lieu par-devant notaire. On ajoutera qu'il est procédé à l'apposition des placards dans les lieux officiels d'affichage de la commune de la situation des biens.

143. L'article 277 AUPSRVE réglemente le contenu des placards et de l'extrait du cahier des charges à publier dans le journal. Selon ce texte, ces actes doivent contenir à peine de nullité :

1) les noms, prénoms, professions, domiciles ou demeures des parties et de leurs avocats ;

2) la désignation des immeubles saisis telle qu'elle est insérée dans le cahier des charges ;

3) la mise à prix ;

4) l'indication des jour, lieu et heure de l'adjudication, de la juridiction compétente ou du notaire convenu devant qui elle se fera.

Pour justifier l'accomplissement de la publicité, le créancier poursuivant doit produire un exemplaire du journal, signé de l'imprimeur.

144. La publicité en vue de la vente est une formalité substantielle dont l'inobservation entraîne la nullité de la procédure. L'annulation de la procédure pour défaut de publicité préalable ne requiert pas la démonstration d'un préjudice par celui qui l'invoque.

---

[177] G. COUCHEZ, *Voies d'exécution*, op.cit. p.241

Dans l'exercice de son pouvoir de contrôle, le tribunal peut d'office, prononcer l'annulation des poursuites pour défaut de publicité. C'est le sens de cette décision qui a jugé que l'absence de publicité en vue de la vente constitue une formalité légale substantielle dont la violation entraîne la nullité de la procédure de saisie immobilière[178]. La publicité est effectuée dans le délai précis.

B. L'apposition des placards

145. L'apposition des placards est une formalité complémentaire à l'insertion de l'extrait du cahier des charges dans un journal d'annonces légales. Les placards sont apposés par un huissier de justice à la porte du domicile du débiteur saisi, du tribunal compétent ou du notaire convenu ainsi que dans les lieux officiels d'affichage de la commune de la situation des biens. La production du procès-verbal d'apposition des placards permet de justifier de l'accomplissement de cette formalité.

L'apposition des placards au domicile du débiteur est source d'altercation avec ce dernier, qui a la fâcheuse habitude d'arracher systématiquement ces placards. Pour autant, cela ne doit pas inciter le créancier poursuivant à se soustraire à l'accomplissement de cette formalité substantielle.

Généralement, l'huissier instrumentaire prend la précaution de prendre des photographies de la porte du domicile du débiteur après y avoir apposé les placards. La même précaution est de mise en d'autres lieux. Il n'est pas exclu qu'un débiteur retors élève des contestations en tirant argument du défaut d'affichage des placards en ces lieux, alors qu'il les aurait soigneusement arrachés après le passage de l'huissier de justice.

Il arrive que le poursuivant fasse également apposer les placards à son propre domicile, au cabinet de l'avocat poursuivant, en l'étude de l'huissier instrumentaire, au tableau d'affichage de la Cour d'appel lorsque celle-ci est logée à l'étage supérieur du bâtiment abritant le tribunal compétent, à l'instar de la Cour d'appel de Brazzaville. L'apposition des placards en ces lieux n'est pas exigée par la loi. Ces formalités constituent en réalité, une publicité supplémentaire,

---

[178] TGI de Moungo, jugement n°60CIV/ du 1er novembre 2007, Aff. La Caisse Populaire Coopérative, MONTHE Justin, KOUAKAM Michel c/ KAFO représentée par SIMO Jean, précité, www.ohada.com/jurisprudence/Ohadata J-09-238.

laquelle ne peut être accomplie que sur ordonnance du président du tribunal compétent conformément à l'article 286 de l'AUPSRVE.

FORMULE 10

INSERTION PUBLICITAIRE

CABINET D'AVOCAT…

VENTE SUR SAISIE IMMOBILIÈRE

Il est porté à la connaissance du public qu'il sera procédé à la vente aux enchères publiques le… à… heures,

Devant le Tribunal de Grande Instance de Lubumbashi…. dans la salle ordinaire des audiences, sise au palais de justice de ladite ville (ou *en L'Office de Maître... notaire... office sis...*) de l'immeuble objet du titre foncier n°…appartenant... ;

À LA REQUÊTE DE

La Société…siège social sis…immatriculée au registre de commerce et du Crédit mobilier de ladite ville sous le numéro…poursuites et diligences de son représentant légal,... Directeur Général domicilié en cette qualité au siège social de ladite société,

Représentée et plaidant par Maître…Avocat au barreau de Lubumbashi, ayant tout pouvoir à l'effet des présentes ;

Lequel a élu domicile en notre Cabinet sis…

AGISSANT EN VERTU :

1.De la copie en bonne et due forme exécutoire…..

2.D'un commandement aux fins de saisie immobilière établi par acte de Maître…Huissier de justice près la Cour d'appel du Haut-Katanga en date du….et servi à…. *indication du débiteur saisi en date du*…puis publié pour valoir saisie par Le Conservateur de la propriété foncière le…

DESIGNATION :

Une propriété immobilière bâtie sise à Lubumbashi...(*adresse* complète), cadastrée : section...bloc... d'une superficie de...objet du titre foncier n°...

MISE A PRIX

Les enchères seront reçues sur la mise à prix de...FC
Et ce, sous réserve de toutes autres charges, clauses et conditions insérées au cahier des charges dressé par Maître....Avocat à la Cour et déposé le.... au greffe du Tribunal de Grande Instance de Lubumbashi auquel il peut être consulté.

Fait à Lubumbashi le...
Par Maître...Avocat poursuivant

FORMULE 11
Entête de l'Etude

PROCES-VERBAL DE CONSTAT D'APPOSITION DES PLACARDS

Etude de Maître...Commissaire de justice près la Cour d'appel d'Abidjan ;
Compléter l'adresse complète de l'étude
L'an.....et le...... A......heures.

À LA REQUETE DE

La Société...siège social sis...immatriculée au registre de commerce et du Crédit mobilier de ladite ville sous le numéro...poursuites et diligences de son représentant légal,....... Directeur Général domicilié en cette qualité au siège social de ladite société,
Représentée et plaidant par Maître...Avocat à la Cour.. cabinet sis....;

AGISSANT EN VERTU

1.De la copie en bonne et due forme exécutoire d'un acte portant convention de prêt avec affectation hypothécaire conclue le.....

2.D'un commandement aux fins de saisie immobilière établi par acte de notre ministère et servi à.... *indication du débiteur* saisi en date du.......

3.De la sommation de prendre communication du cahier des charges servie à...... en date du........

4.De l'insertion légale datée du.......... sous la signature de Maître......Avocat poursuivant parue dans la livraison n°...... du journal (*préciser s'il s'agit d'un quotidien ou hebdomadaire*)......

5.Et de l'article 276 de l'Acte uniforme portant organisation des procédures simplifiées de recouvrement et des voies d'exécution ;

J'ai...... Commissaire de justice, près la Cour d'appel d'Abidjan..... titulaire d'un office sis....., y demeurant, soussigné ;

CERTIFIE AVOIR :

Apposé et constaté ce jour, mois et an que dessus l'affichage des placards relatifs à la vente aux enchères sur saisie immobilière, de l'immeuble ci-après :

Propriété bâtie sise à....(*adresse complète*), cadastrée : section.... bloc....parcelle, d'une superficie de........objet du titre foncier n°...

Tel au surplus cette propriété existe, s'étend, se poursuit et se comporte avec toutes les aisances, dépendances et appartenances, sans aucune exception ni réserve ;

Ce placard a été affiché aux endroits ci-après :

- Sur le mur de la propriété saisie sise....
- Sur le tableau d'affichage du tribunal première instance de......... sis au Palais de justice de...... ;
- Sur le tableau d'affiche de la Mairie de..., commune de la situation des biens ;

Le tout valant placard écrit sur une page format A, annexé au verso du présent procès-verbal, en tout semblable à celui sur lequel est rédigé le présent procès-verbal et annonçant qu'il sera procédé à une vente aux enchères publiques selon les indications contenues dans ledit placard ;

Vente sur saisie immobilière au plus offrant et dernier enchérisseur

Avis de vente aux enchères publiques d'immeubles

Propriété bâtie sise à....(*adresse complète),* cadastrée : section.... bloc....parcelle d'une superficie de...objet du titre foncier n°...appartenant à...

Lieu d'adjudication : salle d'audience du Tribunal de première instance d'Abidjan-Plateau sis au Palais de justice de cette ville (*ou l'adresse du notaire*) ;

Date et heures d'adjudication : le... A...heures

Mise à prix...F CFA ;

LARGE DIFFUSION
En foi de quoi nous avons rédigé le présent procès-verbal pour servir et valoir ce que de droit./-
Employé pour original...feuilles de papier de la dimension du timbre à... somme incluse dans le coût du présent acte.

Le Commissaire de justice

C. Le délai de publicité

146. En vertu de l'article 276 AUPSRVE, les formalités de publicité doivent être accomplies trente jours au plus tôt et quinze jours au plus tard avant l'adjudication. Ce délai est prescrit à peine de déchéance. Il s'agit *« d'un délai à rebours »*[179] qui se calcule en remontant le temps en partant de la date de l'adjudication pour déterminer le point de départ.

Ce délai est largement tributaire de la tenue ou non de l'audience éventuelle. Si l'audience éventuelle a été reportée, la publicité sera accomplie en tenant compte de la nouvelle date d'adjudication fixée par le tribunal. Lorsque l'adjudication intervient à la suite d'une procédure en appel ou un pourvoi en cassation, le délai de publicité est

[179] L'expression est du professeur Anne LEBORGNE

déterminé en tenant compte de la fixation de la nouvelle date d'adjudication. Compte tenu de la nature et de la valeur des biens saisis, la publicité peut faire l'objet d'un aménagement.

§2. L'aménagement de la publicité légale

147. En considération de la nature de l'immeuble et de sa valeur vénale, le président du tribunal peut aménager les mesures de publicité. À cet effet, il peut restreindre la publicité (A) ou l'accroître (B). En tout état de cause, l'ordonnance prise à cet effet est insusceptible de recours.

A. La restriction de la publicité

148. La restriction de la publicité est souvent sollicitée pour réduire les coûts de la publicité légale lorsque le prix projeté ne peut suffire pour désintéresser le créancier, au regard de la valeur vénale de l'immeuble mis en vente. Le juge peut donc limiter la publicité légale à l'insertion dans un journal d'annonces légales ou l'apposition des placards à certains endroits.

Le juge devra s'assurer de la pertinence de la requête, et qu'il ne s'agit pas d'une manœuvre destinée à vendre l'immeuble à vil prix, par manque d'enchérisseurs[180], en donnant à la vente un caractère privé.

L'aménagement de la publicité peut conduire le juge, en tenant compte des circonstances particulières de la procédure, à exclure par exemple, le nom du débiteur saisi sur les placards destinés à l'information du public affichés dans les lieux indiqués par la loi. La mention de l'indication de l'adresse et la description de l'immeuble étant jugées suffisantes pour informer le public.

---

[180] Il n'est pas exclu que le créancier profite de la restriction de la publicité dans le dessein inavoué d'attirer un nombre restreint d'acquéreurs potentiels, puis d'être déclaré adjudicataire sur la mise à prix par lui fixée. Devenu propriétaire, il revend l'immeuble à un prix plus élevé, réalisant, au passage, une plus-value confortable.

FORMULE 12

ORDONNANCE AUX FINS DE RESTRICTION DE PUBLICITÉ

Nous...Président du Tribunal de première instance de Lomé ;
Vu la requête aux fins de restriction de publicité introduite par...... ;
Vu le dossier de la procédure introduite devant le tribunal de grande instance de....... aux fins de saisie immobilière portant sur l'immeuble sis à Lomé, parcelle.... Rue.... cadastrée section.... bloc....parcelle....arrondissement....d'une superficie de....objet du titre foncier n°....propriété de...... ;
Vu le cahier des charges dressé en date du..... par Maître...Avocat du créancier poursuivant et déposé au greffe du Tribunal de Céans le....... ;
Vu la sommation de prendre communication dudit cahier des charges dresse par Maitre...... Huissier de justice ;
Attendu que le poursuivant sollicite une restriction de la publicité légale en la cantonnant à l'apposition des placards afin de réduire les frais de poursuite ;
Que tenant compte de la pertinence des arguments développés par (*indication du débiteur)*... il y a lieu de faire droit à cette demande ;

EN CONSÉQUENCE

Vu l'article 279 de l'Acte uniforme portant organisation des procédures simplifiées de recouvrement et des voies exécution ;

Restreignons la publicité légale à l'apposition des placards la publicité en vue de la vente de l'immeuble bâti sis à.... parcelle.. rue....cadastrée...section...,bloc...arrondissement..... d'une superficie de..... objet du titre foncier n°...à l'opposition des placards ;

Disons que notre ordonnance est exécutoire sur minute et avant enregistrement est insusceptible de recours ;

Fait en notre cabinet, au Palais de justice de Lomé, le...

Le Président

B. La publicité élargie

149. Le président du tribunal peut, suivant ordonnance sur requête, accroître la publicité. Cette ordonnance, dit l'article 279 AUPSRVE est insusceptible de recours. Il peut ordonner que les mesures de publicités soient accomplies par d'autres modes de communication qu'il indique notamment dans les médias ou sur supports électroniques.

Le coût de cette publicité supplémentaire étant compris dans les frais de poursuites, le juge veillera à ce qu'il ne soit pas exorbitant et qu'ils n'obèrent davantage le prix de vente de l'immeuble. Si la publicité réalisée est suffisante, la demande aux fins de publicité supplémentaire sera rejetée. Et lorsque cette publicité a été réalisée sans l'autorisation du juge, et en violation de l'article 279 AUPSRVE, les débours exposés par le poursuivant resteront à sa charge et ne seront pas compris dans les frais de poursuites.

FORMULE 13

ORDONNANCE AUX FINS D'ACCROISSEMENT DE LA PUBLICITÉ

Nous……Président du Tribunal de grande Instance de… ;
Vu la requête aux fins de restriction de publicité introduite par… ;
Vu le dossier de la procédure introduite devant le tribunal de grande instance de… aux fins de saisie immobilière portant sur l'immeuble sis à…objet du titre foncier n°…. ;
Vu le cahier des charges dressé en date du….. par Maître……Avocat du créancier poursuivant ;
Vu la sommation de prendre communication dudit cahier des charges ;
Attendu que le poursuivant sollicite l'accroissement de la publicité légale afin d'atteindre un public plus large, par le recours aux supports électroniques, à la radiodiffusion et télé diffusion, outre l'insertion dans un journal d'annonces légales et l'apposition des placards aux lieux indiqués par la loi ;

Attendu que les motifs invoqués sont pertinents, il y a lieu d'y faire droit ;

EN CONSÉQUENCE

Vu l'article 279 de l'Acte uniforme portant organisation des procédures simplifiées de recouvrement et des voies exécution et tenant compte de la pertinence des arguments développés ;

Ordonnons l'accomplissement de la publicité en vue de la vente de l'immeuble bâti sis à..., objet du titre foncier n°.. par voie de presse audiovisuelle et en ligne en complément de l'insertion de l'extrait du cahier des charges dans un journal d'annonces légales et l'apposition des placards aux lieux indiqués par la loi ;
Disons que la présente ordonnance est insusceptible de recours et exécutoire sur minute et avant enregistrement ;
Fait en notre cabinet sis au palais de justice de,..... le...

Le Président

§3. La taxation des frais de poursuites

150. La taxation des frais de poursuite est un préalable à la vente de l'immeuble. La procédure (A) et les opérations de taxation (B) appellent quelques explications.

A. La procédure

151. En vertu de l'article 280 AUPSRVE, au jour indiqué pour l'adjudication, il est annoncé publiquement le montant des frais de poursuite préalablement taxés par le président de la juridiction compétente. La taxation des frais de poursuites relève de la compétence exclusive du président du tribunal ayant plénitude de juridiction compétent. Celui-ci est saisi par requête de l'avocat poursuivant.

Cette procédure consiste à fixer les frais et émoluments exposés dans l'accomplissement des actes pour parvenir à la vente de l'immeuble. L'expression « *frais des poursuites* » englobe les frais de la procédure, les débours, les honoraires d'avocats, les frais de notaire et d'huissier de justice. La taxation est faite selon la procédure indiquée par la loi nationale[181].

L'obligation de taxer ces frais découle de cette disposition qui prescrit au poursuivant d'indiquer publiquement le montant des frais préalablement taxés par le président de la juridiction. La pratique judiciaire consistant, en guise de taxe, à majorer le prix de vente de 12 % au titre des frais de poursuite est contraire à l'article 280 AUPSRVE. De même, une simple mention des frais de poursuites dans le dispositif du jugement d'adjudication, sans aucune ordonnance de taxation ne satisfait pas aux exigences de l'article 280 AUPSRVE

Enfin, l'état des frais produit à l'audience d'adjudication puis examiné de manière lapidaire à l'audience ne peut, faire l'objet d'un examen sérieux, pour des raisons évidentes. Les conditions matérielles ne s'y prêtant pas. Le tribunal ne peut se borner à indiquer dans le dispositif, que les frais de poursuites seront payés par privilèges en sus du prix[182]sans une taxation préalable desdits frais. Seuls les frais taxés par le président de la juridiction sont considérés comme frais de poursuite et prélevés par privilège sur le prix de vente. Le président de la juridiction doit faire preuve de rigueur et examiner avec minutie, tous les frais.

La taxation des frais doit faire l'objet d'une saisine du président, lequel rend une ordonnance à cet effet, préalablement à l'audience d'adjudication.

B. Les opérations matérielles de taxation

152. Le créancier qui sollicite la taxation dresse un état de frais des diligences effectuées en précisant le décompte desdits frais. La requête est accompagnée des pièces justificatives. Il s'agit en réalité d'un relevé détaillé des différents actes de procédure et des frais y afférents avec indication des bases de calcul. La taxation s'effectue par le contrôle de l'état des frais produit. À l'état de chaque acte ou article, l'avocat produit sous bordereau les pièces justificatives correspondantes : exploits d'huissier, quittance du trésor, du greffe,

---

[181] Articles 348 et suivants du Code sénégalais de procédure civile,

[182] TPI Bafoussam, jugement n°19/ civ. 15 novembre 2005, Aff. Afriland First Bank C/ TEZEM Jules et Dame TEZEM, www.ohada.com/jurisprudence/Ohadata J-07-63.

etc. La vérification s'effectue aussi sur la nécessité des actes accomplis. Il est recommandé que l'état des frais soit établi d'après l'ordre chronologique des différents actes accomplis dans la procédure.

Le président vérifie que l'acte produit correspond à la procédure, s'assure que les débours réclamés ont été effectivement exposés et le calcul des émoluments est effectué conformément aux tarifs en vigueur[183]. Il apprécie que le montant des honoraires ne soit pas excessif et qu'il corresponde aux diligences effectuées. Ce faisant, il peut rejeter les émoluments non-conformes au tarif en vigueur ou en réduire le quantum.

153. Plutôt que de rejeter les frais d'un acte litigieux, le président du tribunal peut provoquer les explications orales ou écrites de l'avocat, exiger la production des pièces justificatives ou des documents comptables. Cette rigueur se justifie par le fait que les frais de poursuites sont sources des déconvenues pour la partie saisie. Ils peuvent absorber une part importante du prix de l'adjudication, empêchant de ce fait, de désintéresser totalement le créancier. Le débiteur restant redevable malgré le traumatisme engendré par la vente de son immeuble avec le sentiment d'avoir été victime d'une injustice.

---

[183]En droit sénégalais, le décret n° 2009-503 du 29 mai 2009 abrogeant et remplaçant le décret 84-1239 du 29 octobre 1984 portant tarif des huissiers de justice en matière civile et commerciale, règlemente de manière détaillée les frais d'huissier. On peut lire à l'article premier. III. - Procédure de Saisie Immobilière. *Article 1-12.*- Il est alloué à l'huissier de Justice pour le commandement valant saisie réelle :▸ original : 25.000 francs▸ double original : 10.000 francs▸ copie : 3.000 francs Il est en outre alloué pour le dépôt et le retrait pour visa à la conservation foncière ou l'autorité compétente la somme de 5.000 francs pour chaque vacation., *Article 1-13.* - Il est alloué à l'huissier audiencier : ▸ pour la publication du cahier des charges et de tous dires modificatifs ainsi que les frais de bougie une vacation de 15.000 francs à la charge de l'adjudicataire. ▸ En cas d'adjudication une vacation de 35.000 francs par lot à la charge de l'adjudicataire. ▸ Lorsque, après ouverture des enchères, l'adjudication n'aura pas eu lieu, il sera alloué à l'huissier de Justice y compris les frais de bougie, par lot et quel qu'en soit le nombre, 30.000 francs à la charge du poursuivant.▸ En cas d'adjudication, il est alloué à l'huissier de Justice ayant procédé à la saisie un droit de recettes de cinq pour cent du prix d'adjudication à la charge de l'adjudicataire.▸ Le droit de recette est immédiatement dû lorsqu'intervient un accord ou un moratoire judiciaire ou conventionnel entre les parties avant adjudication. Ce droit de recette est à la charge du débiteur. Les frais seront taxés au moment de l'adjudication
Le jugement et le prix d'adjudication ne pourront être libérés qu'après règlement des frais dus aux huissiers de justice entre les mains du greffier en chef à charge pour lui de les reverser à ces derniers.

À l'instar du législateur sénégalais, le législateur ivoirien encadre les émoluments et frais alloués aux avocats, notaires, pour tous les actes autres que ceux rémunérés par les honoraires proprement dits, des huissiers de Justice, commissaires-priseurs, pour les actes de leur ministère, les frais de greffe des Cours d'appel, des tribunaux de première instance et des sections de Tribunaux pour les actes de leurs attributions suivant décret n° 2013-279 du 24 avril 2013 portant tarification des émoluments et frais de justice en matière civile, commerciale, administrative et sociale[184]. Précisons que la loi ivoirienne n° 2018-974 du 27 décembre 2018 portant statut des commissaires de justice, transforme l'appellation "huissier de justice" en "*commissaire de justice*" et fusionne les fonctions de commissaire-priseur et d'huissier de justice dans la profession de commissaire de justice.

154. L'ordonnance de taxe est une récapitulation de toutes ces opérations. Le créancier doit indiquer le libellé de chaque acte dont il sollicite la taxe avec la date de l'accomplissement de la diligence. Le même exercice sera fait pour la taxation d'honoraires des avocats puis pour les autres frais et débours.

Suivant le procédé adopté, le président peut écrire sur chaque pièce le mot taxé suivi de son paraphe. En bas de l'état des frais, le président fixe la somme totale suivant la formule : taxée par nous à la somme de… s'ensuivent la date et la signature. Si la célérité autorise le recours à ce procédé, il est cependant recommandé la prise d'une ordonnance ainsi qu'il a été dit. La minute de l'ordonnance de taxe est remise par le greffier à l'avocat poursuivant, une copie est versée au dossier. Le montant global taxé est rendu public à l'audience avant l'ouverture des enchères.

---

[184]L'article 27 de ce texte indique : Pour toute adjudication mobilière ou immobilière retenue à la barre du Tribunal, l'émolument global des avocats en cause est calculé comme il est dit à l'article 134 (152°a), au titre du tarif des notaires. Il n'est rien dû en sus de cet émolument pour la rédaction ou la confection du cahier des charges, ni pour les dires qui peuvent y être faits à la suite. Cet émolument exclut également la perception de tout droit de papeterie ou correspondance visé au chapitre des déboursés. Lorsque la vente est poursuivie selon la procédure d'expropriation forcée, l'émolument rémunère tous les actes de la procédure. Il s'applique, de même, aux ventes judiciaires de biens de mineurs prévues à l'article 97 de la loi du 3 août 1970 sur la minorité. L'émolument, dont le minimum est égal au droit fixe, est calculé sur le montant de la mise à prix fixée au cahier des charges.

FORMULE 14

ORDONNANCE DE TAXE DES FRAIS DE POURSUITES

Nous…Président du Tribunal de grande de Pointe-Noire

Vu la requête introduite par Maitre….aux fins de taxation des frais de poursuites ;
Vu l'entier dossier de la procédure introduite de saisie immobilière portant sur l'immeuble sis …. objet du titre foncier n°….propriété de… ;
Attendu qu'aux termes de l'article 280 de l'Acte uniforme portant organisation des procédures simplifiées de recouvrement et des voies d'exécution, le montant des frais de poursuite est préalablement taxé par le président de la juridiction ;

Attendu que la somme de… sollicitée au titre des frais…est injustifiée, en ce que d'une part, aucune preuve de cette diligence n'est produite au dossier de la procédure, et d'autre part, cette diligence, même accomplie, n'a aucun lien avec la saisie encours, de sorte que les débours exposés ne peuvent être considérés comme frais de poursuite, il y a lieu de rejeter cette demande ;

Quant à la somme de…. sollicitée par Maître… au titre d'honoraires de résultat, elle est exagérée il convient de la ramener à des justes proportions conformément à l'article… en la fixant à la somme de…
Qu'au regard de tout ce qui précède, et en conséquence ;
Rejetons les sommes sollicitées au titre de… et…

TAXONS LES FRAIS DE POURSUITE AINSI QU'IL SUIT :

1. Commandement aux fins de saisie immobilière du…, taxé à la somme de…. F CFA ;

2. Signification aux fins de saisie immobilière, taxée à la somme de…. F CFA ;

3. Exploit de sommation de prendre communication du cahier

des charges du…., taxé à la somme de…. F CFA ;

4. Procès-verbal de description de l'immeuble, taxé à la somme de…. F CFA

5. Procès-verbal d'apposition des placards daté du…, taxé à la somme de…. C CFA ;

6. Signification de l'ordonnance, taxé à la somme de…. F CFA

7. Droit de criée, taxé à la somme de…. F CFA ;

8. Honoraire forfaitaire de l'avocat, taxé à la somme de… F CFA ;

9. Frais de rédaction du cahier des charges, taxés à la somme de…. F CFA ;

10. Droit proportionnel de l'avocat, taxé à la somme de…… F CFA

11. Publicité du commandement aux fins de saisie immobilière, taxée à la somme de…. F CFA ;

12. Frais d'insertion de l'extrait du cahier des charges, taxée à la somme de…. F CFA

13. Frais d'expertise, taxée à la somme de…. F CFA ;

14. Ordonnance aux fins d'autorisation d'accès à l'immeuble en vue de l'expertise ;

15. Dépôt du cahier des charges au greffe ;

Soit la somme totale de……………F CFA

Disons que le montant des frais ainsi taxés sera annoncé publiquement lors de l'ouverture des enchères publiques.

Disons que la présente ordonnance est exécutoire sur minute, avant enregistrement ;

Fait en notre cabinet, au palais de justice de Pointe-Noire le….

Le Président

Chapitre 4. L'adjudication de l'immeuble

155. La vente est poursuivie devant la juridiction ayant plénitude de juridiction dans le ressort où se trouve l'immeuble. La vente forcée des immeubles dépendant d'une même exploitation et situés dans le ressort de plusieurs juridictions se poursuit devant l'une quelconque de celles-ci (art.247 AUPSRVE).

On rappellera qu'en application de l'article 268 AUPSRVE la tenue de cette audience est fixée 45 jours au plus tôt et 90 jours au plus tard après le dépôt du cahier des charges.

Section 1. La vente forcée de l'immeuble

156. La vente forcée de l'immeuble est poursuivie devant le tribunal (§2) ou en l'office du notaire (§1). Lorsque la vente est poursuivie devant le tribunal, le déroulement de l'audience fait l'objet d'une réglementation particulière.

§1. La vente poursuivie par-devant notaire

157. Elle fait souvent suite à une réalisation d'hypothèque. Au moment de la constitution d'hypothèque, les parties conviennent du notaire devant lequel sera réalisée l'hypothèque en cas de défaillance du débiteur.

L'article 267al. 3 AUPSRVE indique que le cahier des charges doit contenir l'indication de la juridiction ou du notaire convenu entre le poursuivant et le saisi devant qui l'adjudication est poursuivie. Cette indication est prescrite à peine de nullité. En application de cette disposition, il a été jugé que lorsqu'il est clairement spécifié dans la convention d'ouverture de crédit que la vente sera poursuivie devant notaire, le créancier qui a poursuivi la vente devant le tribunal a violé une clause substantielle du contrat liant les parties et l'article 267-3 AUPSRVE, justifiant l'annulation des poursuites[185].

La difficulté peut surgir lorsque le saisi conteste le notaire choisi par le créancier poursuivant, lorsque la vente ne résulte pas d'une

---

[185] TRHC Dakar, jugement n°1.653 du 298 septembre 2000, Aff. Emmanuel Senghor C/ BICIS, www.ohada.com/jurisprudence/Ohadata J-03-10.

réalisation d'hypothèque. L'Acte uniforme n'a pas abordé la question, directement. Néanmoins, cette préoccupation trouve sa réponse dans les dispositions de l'article 298 de l'AUPSRVE. Le disant devra saisir le tribunal pour décider du lieu de l'adjudication et juger si la vente se fera à la barre ou devant tel notaire[186].

La vente poursuivie devant notaire a l'avantage de la simplicité. Le poursuivant n'opte pour cette modalité que lorsqu'il a une offre concrète d'achat et l'acquéreur connu de lui. L'Acte uniforme n'a pas réglementé l'adjudication poursuivie devant notaire pour des raisons évidentes. Il a cependant réglementé le déroulement de celle tenue devant le tribunal.

§2. La vente de l'immeuble à la barre du tribunal

158. Elle obéit à un rite particulier que le juge des criées doit faire respecter scrupuleusement. Pour la bonne conduite du rituel de l'adjudication (B) le juge doit accorder une attention particulière à la préparation de l'audience (A). Il sera précisé que la vente est faite sur réquisition, même verbale aux fins l'adjudication (C).

A. La préparation de l'audience

159. L'audience d'adjudication n'est pas une audience ordinaire. À ce titre, elle doit faire l'objet d'une préparation minutieuse. Cette préparation s'effectue en premier dans l'étude du dossier. Le magistrat devra examiner son dossier afin de ne pas être surpris à l'audience par la survenance d'une difficulté procédurale ou un incident d'audience prévisible. Le juge passe en revue les difficultés, anticipe les incidents, pour réagir avec sérénité.

L'examen du dossier terminé, le président donne des instructions utiles au greffier audiencier relatives à l'aspect matériel de l'audience. À cet effet, il instruit le greffier audiencier qui apprête des bougies et des allumettes. Si le cahier des charges comporte une clause visant à encadrer les enchères, par la consignation d'une somme avant de porter les enchères, le président devra s'assurer de la production au

[186] Civ. 2e, 17 déc.1957, JCP N 1958, II, 10004, obs. Blin ; Civ. 1er, 19 févr. 1958, Bull. civ. I, n° 106.

dossier, des récépissés délivrés à cet effet, à tout consignataire[187]. Le défaut de consignation pouvant susciter des contestations de l'avocat poursuivant. Préalable à l'audience, et au regard de la complexité de l'affaire, un examen collégial du dossier peut s'avérer utile. Lorsque le tribunal a statué sur les incidents préalablement à l'ouverture des enchères, il arrive que le saisi débouté, s'oppose à l'ouverture des enchères et indique verbalement relever appel de la décision *in situ*[188].

Au-delà du caractère parfois dilatoire que peut revêtir une telle démarche, le tribunal doit suspendre l'audience pour statuer sur l'incident. Dans le secret de leur délibéré, les juges seront confrontés à un dilemme : ordonner un sursis à l'adjudication en renvoyant l'affaire *sine die* ou rejeter la demande de sursis en procédant à l'adjudication[189].

B. Le rituel de l'adjudication

160. Le procès figure avant tout, comme l'expression d'un rituel, un répertoire des formules et des paroles, de temps et de lieux consacrés par les lois[190]. L'adjudication de l'immeuble à la barre du tribunal fait l'objet d'un rituel particulier dérogatoire au rituel judiciaire ordinaire tant dans la scénographie que dans la mise en scène. Le charme de l'audience d'adjudication réside dans sa scénographie prodigieuse

[187]La somme consignée est restituée à l'issue de l'audience d'adjudication à l'enchérisseur qui n'a pas été déclaré adjudicataire.

[188] Il soutiendra que le tribunal ne peut procéder à l'adjudication sans violer les droits de la défense et vider de sa substance l'appel qu'il vient d'interjeter dont la recevabilité ne relève pas, au demeurant, de la compétence du tribunal.

[189] TGI de la Menoua, jugement n°13/CIV/TGI du 12 déc. 2005, Aff. FOUNGOU Fidèle née WOUTEDEM Cécile, Dame FOUNGOU née FOZING Nadège c/ Afriland First Bank Anciennement dénommée CCEI-Bank S.A, www.ohada.com/jurisprudence/Ohadata J-07-46 précité. Dans cette espèce, à l'audience d'adjudication, le tribunal a statué sur les contestations soulevées par les saisis avant de procéder à l'adjudication de l'immeuble. Les saisis ont introduit une demande en annulation du jugement d'adjudication devant le tribunal au motif entre autre, de la violation des droits de la défense par le juge qui a ignoré leur droit d'appel prévu par l'article 300 AUPSRVE en fixant l'adjudication le même jour qu'il s'est prononcé sur les contestations. Pour rejeter ce moyen, le tribunal a considéré que les articles 280 et 281 AUPSRVE autorisent le tribunal à procéder à la vente au jour indiqué pour l'adjudication sur réquisition même verbal de l'avocat du poursuivant sans qu'il ne soit obligé de remettre l'adjudication si ce n'est pour cause grave et légitimes dûment déférées à la juridiction compétence à la requête des saisis, il ne résulte pas de la procédure que les demandeurs en annulation ont saisi la juridiction compétente à cette fin, en procédant à l'adjudication au jour fixé pour l'adjudication, le juge n'a violé aucun droit(*nous y reviendrons*)

[190] A. GARAPON, *Bien juger. Essaie sur le rituel judiciaire,* Paris, Odile Jacob, coll. « Opus », 1997,351 p.

marquée par des images empreintes de symboles et parfois de religiosité.

Le président de la juridiction a la police de l'audience. À l'appel de la cause, le président procède à une ultime vérification. Il vérifie les placards et les autres pièces du dossier puis s'assure que le dossier est en l'état d'être jugé. Si le créancier avait initié la procédure sans titre foncier, ce serait l'occasion de vérifier que le titre foncier a bien été obtenu, faute de quoi l'immeuble ne pourra être adjugé. Il vérifie également que l'ordonnance de taxation des frais des poursuites a bien été prise.

Bien entendu, il s'agit ici d'une vérification sommaire, le dossier ayant déjà fait l'objet d'un examen approfondi avant l'audience. Cette vérification sommaire effectuée, il est procédé à l'adjudication, sur réquisition, même verbale de l'avocat poursuivant.

C. La réquisition aux fins de l'adjudication de l'immeuble

160. Conformément à l'article 280 AUPSRVE, à l'ouverture de l'audience, il est procédé à la vente sur la réquisition, même verbale, de l'avocat du poursuivant ou de tout créancier inscrit. Il s'agit d'une formalité substantielle et obligatoire sans laquelle la vente ne peut avoir lieu. Le poursuivant peut avoir été désintéressé pour abandonner les poursuites, cette réquisition traduit sa volonté de poursuivre la procédure jusqu'à son terme.

Il n'est pas exclu que l'avocat poursuivant prenne des réquisitions écrites pour accomplir cette formalité. La formulation de l'article 280 AUPSRVE permet au poursuivant d'accomplir cette formalité par écrit.

Seul l'avocat poursuivant peut requérir la vente de l'immeuble. Il faut que la vente soit requise pour que s'ouvrent les enchères. Si elle n'est pas requise, le tribunal ne peut ordonner l'ouverture des enchères, même d'office. C'est là encore une particularité de la procédure de saisie immobilière : la vente, audiencée, n'est pas ordonnée d'office par le tribunal, elle est requise[191].

161. Il arrive qu'à l'ouverture de l'audience, l'avocat poursuivant requiert l'abandon des poursuites et la radiation de l'affaire du rôle.

---

[191] A. LEBORGNE, « *Audience d'adjudication* », in S. GUINCHARD, T. MOUSSA (dir), *Droit et Pratique des Voies d'exécution,* op.cit, p.1386.

L'avocat du créancier inscrit, peut immédiatement s'opposer à cette radiation et requérir la vente de l'immeuble. Le créancier inscrit supplantant de ce fait, le créancier poursuivant sans que ne lui soit opposé l'absence de dires déposés au greffe dans le délai légal et sollicitant la continuation des poursuites[192]. Dans cette espèce, le créancier poursuivant qui sollicitait la radiation de la procédure faisant remarquer au tribunal que le créancier inscrit ne pouvait s'opposer à la demande de radiation et requérir la continuation des poursuites dès lors qu'il n'avait pas déposé des dires en ce sens. Pour rejeter la demande de radiation, le tribunal avait répondu, qu'en application de l'article 280 AUPSRVE, le créancier inscrit est fondé à solliciter la vente à la barre même du tribunal sans qu'il n'ait besoin au préalable, de déposer des dires dans ce sens.

Ce genre d'incident d'audience ne nécessite pas la mise en délibéré de l'affaire pour être vidée à une prochaine audience. Le tribunal devra vider l'incident sur le siège, après une brève suspension de l'audience, le temps nécessaire pour le délibéré.

---

[192]*Ibidem*

[192] TRHC Dakar, jugement n°881 du 8 mai 2001, Aff. Souleymane Sow C/ Yéro Mbaye Konaté, Obs. Ndiaw DIOUF, www.ohada.com/jurisprudence/Ohadata J-03-59

FORMULE 15

REQUISITION DE L'AVOCAT AUX FINS DE L'ADJUDICATION DE L'IMMEUBLE OBJET DU TITRE FONCIER N°

Je soussigné, Maitre.... Avocat à la Cour, agissant pour le compte de....

Requiert par les présentes, le président du tribunal de grande instance de...de procéder ce jour..., selon les clauses et conditions du cahier des charges dressé par nos soins et déposés au greffe du Tribunal de Céans, en vue de parvenir à la vente au plus offrant et dernier enchérisseur, de l'immeuble sis...objet du titre foncier...propriété de....

Rappelons que :

- La mise à prix est fixée à.......
- Les offres seront portées par ministère d'avocats postulants ou par les enchérisseurs en personne ;
- L'adjudicataire est tenu de payer le prix principal d'acquisition ainsi que tous les frais déboursés entre les mains du greffier en chef du Tribunal de grande instance de... dans les vingt (20) jours de l'adjudication sans mise en demeure préalable, d'après la taxe dont le montant sera annoncé publiquement lors de l'ouverture des enchères ;
- S'il ne survient pas d'enchère après que l'on ait allumé successivement trois bougies, le poursuivant est déclaré adjudicataire pour la mise à prix

Fait à Brazzaville, le....

D. La conduite des enchères

162. Les enchères ouvertes et aussitôt le montant de la mise à prix annoncé, il est allumé une bougie. Si pendant la durée d'une bougie, il survient une enchère, celle-ci ne devient définitive et n'entraîne l'adjudication que s'il n'en survient pas une nouvelle avant l'extinction de deux bougies[193].

L'enchérisseur cesse d'être obligé si son enchère est couverte par une autre, alors même que l'enchère nouvelle serait déclarée nulle. S'il ne survient pas d'enchère après que l'on ait allumé successivement trois bougies, le poursuivant est déclaré adjudicataire pour la mise à prix à moins qu'il ne demande la remise de l'adjudication à une autre audience sur une nouvelle mise à prix conforme aux dispositions de l'article 267-10. La remise de l'adjudication est de droit. Les formalités de publicité doivent être réitérées.

163. Les enchères sont portées par ministère d'avocat ou par les enchérisseurs conformément aux dispositions de l'article 282 AUPSRVE. Pour respecter les prescrits de cette disposition, l'enchérisseur doit être présent à la vente ou se faire représenter par son avocat[194]. A défaut d'enchérisseur, l'immeuble est adjugé au créancier poursuivant pour la valeur de la mise à prix[195]. La CCJA considère que les dispositions de l'article 283 AUPSRVE qui réglementent les enchères au cours de la vente n'obligent pas le tribunal d'adjuger l'immeuble au prix de vente au seul créancier poursuivant à l'exclusion d'autres acquéreurs éventuels. En plus, l'article 287 n'interdit nullement au créancier poursuivant de faire une enchère ou une surenchère au cours d'une procédure de vente forcée de l'immeuble[196].

Signalons que l'article 284 AUPSRVE édicte une restriction à la liberté des enchères. Les avocats ne peuvent enchérir pour les membres du tribunal devant lequel se poursuit l'adjudication ou de l'étude du notaire devant laquelle se poursuit la vente. L'avocat ne peut davantage enchérir pour le saisi ni pour les personnes

---

[193] Article 283 AUPSRVE

[194] CCJA, arrêt n°O28/2009 du 30 avril 2009, Aff. Société ROMEO INTERNATIONAL c/ MEROUTH Réda, recueil de jurisprudence n°13, janvier-juin 2009, p.85, www.ohada.com/jurisprudence/Ohadata J-10-35-72 ;

[195] TGI de Moungo, déclaration judiciaire n°16/CIV du 21 février 2008, Aff. TIENTCHEU Maurice c/ PENGOU ODON, Ohadata J-09-254. Dans le même sens, TGI de MIFI, jugement n°027/CIV du 03 juin 2008, Aff. CA SCB Cameroun c/ SCTCB BRUMES Sarl TAKAM Bonaventure, Dame TAKAM née DJONZO Elise, www.ohada.com/jurisprudence/Ohadata J-09-232;

[196] CCJA, 1ère ch, arrêt n°002 du 05 février 2009, Aff. Héritiers de feu D c/ Monsieur N, AFRILAND FIRST BANK, Juris Ohada n°2/2009, avril-juin 2009, p.4, www.ohada.com/jurisprudence/Ohadata J-09-275

notoirement insolvables ni se rendre personnellement adjudicataire. Cette disposition est prescrite à peine de nullité de l'adjudication

164. Précisons enfin que si un enchérisseur se manifeste au moment où la 2e bougie est allumée, pour que cette enchère soit définitive et emporte adjudication de l'immeuble, il faut que deux autres bougies soient allumées et éteintes sans que ne survienne une autre enchère. La même exigence est de mise lorsqu'un enchérisseur se manifeste à l'allumage de la 3e bougie.

Section 2. Les obstacles temporaires à l'adjudication

165. Plusieurs situations peuvent constituer des obstacles temporaires à l'adjudication de l'immeuble. Ce peut être la remise de l'adjudication (§1) ou le sursis à l'adjudication de l'immeuble (§2).

§1. La Remise de l'adjudication

166. Les enchères peuvent être remises à une date ultérieure. Il convient d'opérer une fine distinction entre la remise des enchères pour causes graves et légitimes (A) et le report d'office de l'adjudication (B).

A. La remise de l'adjudication pour causes graves et légitimes

167. Aux termes de l'article 281 de l'AUPSRVE, les enchères peuvent être remises pour causes graves et légitimes par décision judiciaire motivée rendue sur requête déposée cinq jours au moins avant le jour fixé pour la vente. Le délai de cinq jours indiqué par ce texte est prescrit à peine de déchéance en application de l'article 297 AUPSRVE.

L'expression « *décision judiciaire motivée* » indiquée à l'article 281 de l'Acte uniforme a pu faire croire à une ordonnance rendue sur requête[197]. Il s'agit plutôt d'un jugement de remise qui doit fixer de nouveau, le jour de l'adjudication qui ne peut être éloigné de plus de soixante jours. Le créancier poursuivant procédant à une nouvelle publicité. En matière de saisie immobilière, le président de la

---

[197] TGI de Brazzaville, ordonnance n°170 du 15 mars 2018, Aff. HASSAN BAYDOUN c/ OTTO MBONGO Pierre, inédit

Cour d'appel n'ayant pas pouvoir pour décider d'une remise de l'adjudication ou de la discontinuation des poursuites[198].

Pour être admise, la requête doit invoquer un motif grave et légitime pouvant justifier la remise. Le texte de l'article 281 AUPSRVE n'indique pas le titulaire de l'action de remise. Généralement, ce sera le débiteur, mais le poursuivant ou toute autre partie ayant qualité et intérêt à agir peut également solliciter la remise de l'adjudication, dès lors qu'elle justifie d'un motif grave et légitime[199]. L'examen de la gravité du motif invoqué relève de l'appréciation souveraine du juge et comme tel, échappe au contrôle de la CCJA[200].

168. Constitue un motif grave et légitime justifiant la remise, l'indisponibilité du tribunal, le mouvement de grève des magistrats et des greffiers ayant entraîné un ralentissement de l'activité juridictionnelle[201]. De même, il a été jugé que constitue un motif grave, justifiant la remise de l'adjudication, le fait pour le créancier qui, connaissant bien la nouvelle adresse de son débiteur, lui a volontairement servi les actes de poursuite par la voie de l'autorité administrative après les avoir envoyés aux anciennes adresses, l'empêchant ainsi de prendre connaissance, à temps, du dépôt du cahier des charges pour y consigner des dires de contestation dans le délai légal[202]. Dans cette espèce, le tribunal a considéré aussi comme motif grave justifiant la remise de l'adjudication, le fait pour le débiteur de faire des propositions de paiement par un échéancier.

169. La remise de l'adjudication ne peut être accordée par simple inscription d'une mention au dossier. Elle doit être accordée par une décision motivée. En réalité, il s'agit d'un jugement rendu par le

---

[198]CCJA, 3e ch, n°2017 du 23 novembre 2017, UBA Benin contre Dame Edmonde DORIS ALPINI

[199] En droit français, en application de l'article 703 ACPC dont la rédaction est similaire à celle de l'article 281 AUPSRVE, il a été retenu que le gérant d'une société en liquidation des biens est ainsi, en raison de son dessaisissement, sans qualité pour invoquer ce droit (remise de l'adjudication), com, 22 juin 1981, n°77-11.364, Bull. civ IV, n°285.

[200] CCJA, Ass. Plén. arrêt n°061 bis/2015 du 29 avril 2015, Aff. BIRAHIM DIAGNE c/ 1) HOUTINKINE LOPY ; 2) Société Nationale de Recouvrement, www.ohada.com/jurisprudence/Ohadata J-16-64.

[201] TPI Libreville, jugement répertoire n°01/2001-2002 du 30 avril 2002, Aff. SOGACA et SOCABAIL c/ Léon MEBIANE, www.ohada.com/jurisprudence/Ohadata J- 04-138.

[202] THCDK, jugement du 11 février 2003, Babacar NIANG et Entreprise EBEN c/ BST, www.ohada.com/jurisprudence/Ohadata J-03-103 ;

tribunal ayant plénitude de juridiction. Ce jugement est insusceptible de recours, sauf si le tribunal a méconnu le délai de 60 jours prévu par ce texte. Dans ce cas, l'appel est recevable dans les conditions prévues par l'article 301 AUSRVE.

170. La remise de l'adjudication est sollicitée dans un délai de cinq jours au moins avant le jour fixé pour la vente. En pratique, cette demande est examinée le jour de l'adjudication et vidée sur le siège. La question se pose de savoir si la décision de remise peut intervenir après la date fixée initialement pour l'adjudication. L'audience n'ayant pu se tenir en raison de la cause grave et légitime justifiant la demande de remise de l'adjudication[203]. Au regard des contestations élevées et de la complexité de l'affaire, le tribunal peut mettre l'affaire en délibéré pour être vidée à la prochaine audience. La décision de remise interviendra à une date postérieure à celle initialement fixée. Lorsque la remise de l'adjudication est ordonnée, le poursuivant doit se soumettre aux formalités de publicité édictées à l'article 276 AUPSRVE dans le délai imparti. La remise de l'adjudication peut être ordonnée d'office par le tribunal

B. Le Renvoi d'office de l'adjudication

171. L'adjudication peut être renvoyée d'office à une date ultérieure à celle initialement fixée. Il faut distinguer le renvoi d'office de l'adjudication de la remise de l'adjudication pour cause grave, du fait qu'il s'agit de deux situations distinctes en dépit de leur filiation sémantique.

Le renvoi d'office de l'adjudication est ordonné par le tribunal sans que la décision ne soit sollicitée par une partie. La pratique révèle que l'adjudication peut toujours être renvoyée dans l'intérêt d'une bonne administration de la justice. Le renvoi de l'adjudication peut être ordonné lorsque le tribunal considère que le dossier ne peut être retenu au jour indiqué ou qu'il n'est pas en l'état d'être jugé. Il peut arriver que le dossier soit effectivement retenu cependant, à l'ouverture de l'audience, le tribunal constate qu'une procédure collective est ouverte à l'encontre du créancier poursuivant, ou encore, la survenance du

[203]TPI Libreville, jugement répertoire n°01/2001-2002 du 30 avril 2002, Aff. SOGACA et SOCABAIL c/ Léon MEBIANE, www.ohada.com/jurisprudence/Ohadata J- 04-138 précité.

décès de l'une des parties du créancier. Dans ces cas, le renvoi d'office de l'adjudication est ordonné.

172. Le renvoi est matérialisé par une simple inscription de la mention au dossier, sans qu'il soit nécessaire pour le tribunal, de rendre une décision motivée. Cette décision constitue une mesure d'administration judiciaire, prérogative dévolue à la juridiction, et comme telle, insusceptible de recours. À la question de savoir si la remise de l'adjudication est synonyme du renvoi d'office de l'adjudication décidé par le tribunal, la CCJA répond par la négative. Selon la Haute Juridiction, le renvoi d'office de l'adjudication décidé par le tribunal est différent de la remise de l'adjudication pour causes graves et légitimes qui oblige le poursuivant de procéder à une nouvelle publicité[204].

§2. Le sursis à l'adjudication de l'immeuble

173. Diverses hypothèses peuvent conduire le tribunal à surseoir à l'adjudication. Le sursis opère une suspension provisoire du cours de l'instance pour une durée indéterminée, jusqu'à la résolution de l'incident cause du sursis. Le tribunal n'est pas maître du calendrier des circonstances ayant justifié le sursis pour fixer une date, même lointaine pour l'adjudication.

Le sursis à l'adjudication peut être ordonné du fait de l'exercice des voies de recours (A), d'une action résolutoire d'une vente antérieure (B), pour cause de la valeur de l'immeuble (C), du principe le criminel tient le civil en l'état (D), pour case de l'ouverture d'une procédure collective (E).

A. Le sursis tiré de l'exercice des voies de recours

174. L'exercice des voies de recours est l'une des causes qui contribue à la suspension de l'adjudication. Lorsqu'une partie, généralement la partie saisie, a relevé appel du jugement vidant les contestations à l'audience éventuelle, l'adjudication doit être suspendue.

L'adjudication étant paralysée par l'appel interjeté, le renvoi du dossier à l'audience d'adjudication sera suspendu jusqu'à l'issue de la

---

[204] CCJA, 1ere ch, arrêt n°061/2008 du 30 décembre 2008, Aff. El Hadj Mamadou Alseyni BAH c/ El Hadj Lamine DIALLO, Recueil de jurisprudentielle de la CCJA n°12, juillet-décembre2008, P.95www.ohada.com/jurisprudence/Ohadata J-10-35;

procédure pendante devant la Cour d'appel[205]. Le sursis de l'adjudication tiré de l'exercice des voies de recours découle de l'application de droit national notamment du caractère suspensif de l'appel édicté par le droit national de chaque Etat partie[206].

B. Le sursis tiré de l'exercice d'une action résolutoire d'une vente antérieure

175. L'article 271 AUPSRVE indique, s'il a été formé régulièrement une demande en résolution d'une vente antérieure, ou d'une folle enchère, il est sursis aux poursuites en ce qui concerne les immeubles frappés de l'action résolutoire ou de la folle enchère. La demande en résolution est, dans tous les cas, portée devant la juridiction où est poursuivie la vente sur saisie. Elle est assujettie aux formes, délais et voies de recours applicables en matière de demande en distraction.

Il en découle que l'action résolutoire initiée entraîne la suspension de la procédure d'adjudication. Cette suspension peut être fondée également sur une cause relative à la valeur de l'immeuble.

C. Le sursis pour cause de la valeur de l'immeuble

Le sursis ordonné sur le fondement de la valeur de l'immeuble englobe deux situations : le sursis tiré de la valeur disproportionnée des immeubles saisis et celui fondé sur la valeur locative de l'immeuble.

1) Le sursis tiré de la valeur disproportionnée de l'immeuble

176. Aux termes de l'article 264 AUPSRVE, lorsque la valeur des immeubles saisis dépasse notablement le montant de la créance, le débiteur saisi peut obtenir de la juridiction compétente qu'il soit sursis aux poursuites sur un ou plusieurs des immeubles désignés dans le

---

[205] TRHC Dakar, jugement du 13 juin 2000, Aff. Pape Ndiongou Fall C/ Citibank, www.ohada.com/jurisprudence/Ohadata J-04-21. Dans le meme sens, TRHC Dakar, jugement du 24 septembre 2002, Aff. Consorts Sada SOUARE, Adja Tiranke SOUARE et autres c/ Massata MBAYE, www.ohada.com/jurisprudence/Ohadata J-03-51. ; TRHC Dakar, jugement du 11 avril 2000, Aff. Saliou Mbengue dit Gaston et Marieme Wade C/ Crédit Sénégalais, www.ohada.com/jurisprudence/Ohadata J-03-327.

[206] L'article 85 du CPCCAF indique que hors le cas où l'exécution provisoire a été légalement ordonnée, aucun jugement ne peut être mis en exécution en cas d'appel. Il en est de même pendant le délai d'appel

commandement sans que cette demande n'empêche la publication du commandement. Avant le dépôt du cahier des charges, la demande est formée devant la juridiction compétente par simple acte d'avocat à avocat ; après le dépôt du cahier des charges, elle est formulée par un dire reçu comme il est dit à l'article 272. La demande de sursis introduite sur le fondement de ce texte n'est recevable que lorsque la saisie porte sur plusieurs immeubles saisis sur un même débiteur et désignés dans le commandement. Une telle demande est irrecevable lorsque la mesure ne porte que sur un immeuble, nonobstant sa valeur vénale disproportionnée au regard de la modicité des créances à recouvrer.

177. À l'appui de sa demande, et en application de l'article 264 al. 3 AUPSRVE, le débiteur doit justifier que la valeur des biens, sur lesquels les poursuites seront continuées est suffisante pour désintéresser le créancier saisissant et tous les créanciers inscrits. La preuve de la valeur des biens incombant au débiteur saisi, il lui appartient, de produire des éléments probants, objectifs et pertinents, susceptibles d'établir la valeur prétendument élevée de son bien.

La demande de sursis ne peut être introduite dans le dessein d'obtenir la désignation d'un expert pour évaluer la valeur du bien. Bien au contraire, l'expertise doit être réalisée en amont pour servir de justificatif à la demande de sursis. Le jugement accordant le sursis indique les immeubles sur lesquels les poursuites seront suspendues. Après l'adjudication définitive, le créancier peut reprendre les poursuites sur les biens provisoirement exceptés, si le prix des biens adjugés ne suffit pas pour le désintéresser.

2) Le sursis tiré de la valeur locative de l'immeuble saisi

178. Si l'immeuble saisi fait l'objet d'un bail, le débiteur saisi peut obtenir la suspension des poursuites en offrant la délégation de loyers au créancier poursuivant. Aux termes de l'article 265 AUPSRVE, si le débiteur justifie que le revenu net et libre de ses immeubles pendant deux années suffit pour le paiement de la dette en capital, frais et intérêts, et s'il en offre la délégation au créancier, la poursuite peut être suspendue suivant la procédure prévue à l'article 264 AUPSRVE. La poursuite peut être reprise, s'il survient quelque opposition ou obstacle au paiement.

La demande de délégation de loyers doit reposer sur les éléments objectifs et probants. On pense à la production d'un contrat de bail couvrant toute la période, avec justificatifs des versements réguliers du loyer par le preneur à bail. Les revenus locatifs de l'immeuble, pendant 24 mois, doivent couvrir le paiement de la dette en capital, frais et intérêts. Le débiteur saisi doit remplir les conditions idoines pour une délégation sans heurts des revenus locatifs au poursuivant.

Dans une procédure où le débiteur saisi sollicitait la suspension des poursuites fondée sur une offre de délégation des loyers, pour rejeter cette demande, le tribunal a relevé le défaut d'élément pouvant établir le sérieux d'une délégation de loyer au créancier, notamment la production des pièces pertinentes susceptibles d'établir que le débiteur entendait déléguer la gestion des loyers au créancier poursuivant d'une et d'autre part, l'absence d'élément sur les revenus locatifs allégués[207].

On notera que le débiteur qui offre de déléguer au créancier les droits locatifs, sur l'immeuble objet de la saisie immobilière, doit d'abord rapporter la preuve que l'immeuble produit des revenus net, libres et suffisants pour désintéresser le créancier. À défaut, les poursuites ne peuvent être suspendues[208]. La tendance du débiteur à formuler cette demande sans justificatif conduit au rejet de la demande. Au visa de l'article 265 AUPSRVE la CCJA déclare irrecevable, la demande tendant à obtenir la suspension des poursuites, s'il n'est pas établi que les revenus de l'immeuble saisi pendant deux années suffisent pour le paiement de la dette en capital, frais et intérêts et en offrir la délégation au créancier[209].

D. Le sursis tiré du principe le criminel tient le civil en l'état

179. Le débiteur saisi peut actionner le créancier devant le juge pénal pour tirer argument de cette plainte pour solliciter la suspension des poursuites devant le juge de la saisie immobilière. La question qui se

[207] TGI de Brazzaville, audience éventuelle, jugement n°359 du 05 oct.2012, Aff. La Banque congolaise de l'Habitat dite BCH c/ La Société Hyper Impex, précité.

[208] TGI du Mfoundi, jugement civil n°141 du 10 janvier 2002, Aff. ONGOLO Jean Pierre c/ BICEC, www.ohada.com/jurisprudence/Ohadata J-04-457.

[209] CCJA, arrêt n°030/2012 du 22 mars 2012, Aff. Amity Bank Cameroun SA c/ TASHA LOWEH Lawrence, Recueil de la jurisprudence de la CCJA n°18, Janvier-juin 2012, p.135, www.ohada.com/jurisprudence/Ohadata J-14-155.

pose est celle de savoir, si le principe *« le criminel tient le civil en l'état »* est-il applicable à la saisie immobilière.

Les particularités procédurales qui accompagnent le principe selon lequel *« le criminel tient le civil en l'état »* conduisent le juge des criées, de façon majoritaire, à répondre par la négative. Il considère que le principe le criminel tient le civil en l'état ne concerne que l'action civile et non la poursuite d'une voie d'exécution[210].

Pourtant, cette réponse n'épuise pas pleinement la question lorsque la contestation porte effectivement sur le titre exécutoire sur le fondement duquel les poursuites sont entreprises. Le saisi arguant de faux, l'acte notarié d'ouverture de crédit assortie d'une affectation hypothécaire, sur le fondement duquel les poursuites sont entreprises[211]et sollicite un sursis à statuer devant le juge de la saisie immobilière jusqu'à l'intervention d'une décision définitive sur l'action publique.

180. Le principe le criminel tient le civil en l'état ne s'applique pas à la saisie immobilière lorsque la procédure pénale n'a aucune incidence sur la saisie encours. Il a été décidé qu'il n'y a pas lieu à ordonner le sursis à la vente lorsque le créancier saisissant est inculpé pour non-respect des termes du procès-verbal de conciliation qui a la base de la procédure de saisie, les conditions d'application de la règle *« le criminel tient le civil en l'état »* n'étant pas réunies en raison de l'absence d'incidence de l'inculpation sur la procédure encours[212].

Toutefois, compte tenu des circonstances, et lorsque la procédure pénale peut avoir une incidence sur la procédure d'adjudication encours, le sursis à l'adjudication peut être ordonné. En effet, l'article 1319 du code civil indique, l'acte authentique fait pleine foi de la convention qu'il renferme entre les parties contractantes et leurs héritiers ou ayants cause. Néanmoins, en cas de plainte en faux principal, l'exécution de l'acte argué de faux sera suspendue par

---

[210] Civ 2e, 18 fev.1999, n°96-21.O45, Bull. civ I, n°35, JCP 1999, 10139, obs. Rusquec.

[211]Le débiteur introduit devant le juge d'instruction une plainte avec constitution de partie civile pour faux en écriture publique, sur le fondement de l'article 146 et suivants du Code pénal congolais. Ce texte punit des travaux forcée à perpétuité tout fonctionnaire ou officier public, qui en rédigeant des actes de son Ministère, en aura frauduleusement dénaturé la substance ou les circonstances soit en écrivant des conventions autres que celles qui auraient été tracées ou dictées par les parties, soit en constatant comme vrais des faits faux, ou comme avoués des faits qui ne l'étaient pas.

[212] TRHCDK, jugement n°881 du 08 mai 2001, Souleymane Sow c/ Yéro Mbaye Konaté, www.ohada.com/jurisprudence/Ohadata J-03-59, précité.

l'inculpation ; et, en cas d'inscription de faux faite incidemment, les tribunaux pourront, suivant les circonstances, suspendre provisoirement l'exécution de l'acte. Selon les circonstances, le juge des criées pourra donc décider ou non de suspendre la saisie immobilière[213].

E. Le sursis tiré de l'ouverture d'une procédure collective

181. L'ouverture d'une procédure collective contre un débiteur dont l'immeuble fait l'objet d'une saisie immobilière a une incidence sur la saisie encours. Les répercussions d'une procédure collective diffèrent selon qu'il s'agisse d'une procédure de règlement préventif[214], du redressement judiciaire ou de la liquidation des biens. Lorsqu'une procédure de règlement préventif est ouverte à l'endroit du débiteur, la décision d'ouverture ordonne la suspension des poursuites individuelles des créanciers. Cette interdiction s'impose même lorsque l'admission du débiteur au bénéfice de règlement préventif intervient après la tenue de l'audience éventuelle mais, avant l'adjudication de l'immeuble.

L'ouverture de la procédure de règlement préventif entrainant la suspension des poursuites individuelles et collectives pour les créances nées antérieurement à la décision d'ouverture. Le tribunal ne peut passer outre l'ouverture de règlement préventif et subséquemment l'interdiction des poursuites individuelles, prise en application des articles 8 et 9 de l'Acte uniforme portant organisation des procédures collectives d'apurement du passif, pour procéder à l'adjudication de l'immeuble. C'est ainsi qu'a été infirmé, le jugement

---

[213] A. LEBORGNE, *« Phase de poursuite : préparation de la vente »*, in S. GUINCHARD, T. MOUSSA (dir), *Droit et Pratique des Voies d'exécution*, Op.cit, p.1354.

[214]Selon l'article 6, de l'Acte Uniforme portant organisation des Procédures collectives d'Apurement du Passif révisé du 10 septembre 2015, le règlement préventif est ouvert au débiteur qui, sans être état de cessation des paiements, justifie de difficultés financières ou économiques sérieuses. La juridiction compétente est saisie par une requête du débiteur ou par une requête conjointe de ce dernier avec u ou plusieurs de ses créanciers, déposée au greffe contre récépissé. Dans cette requête, le débiteur expose ses difficultés financières ou économiques ainsi que les perspectives de redressement de l'entreprise et d'apurement de son passif. Aucune requête en ouverture d'un règlement préventif ne peut être présentée par le débiteur : si un concordat préventif ou de redressement est encore en cours d'exécution ; avant l'expiration d'un délai de trois(03) ans à compter de l'homologation d'un précèdent concordat préventif ; avant l'expiration d'un délai de dix-huit(18) mois à compter de la fin d'un règlement préventif n'ayant pas abouti à un concordat préventif.

d'adjudication, intervenu postérieurement à une ordonnance de règlement préventif rendue au bénéfice du débiteur poursuivi après l'audience éventuelle[215].

182. La CCJA a apporté des précisions nécessaires à la bonne compréhension des dispositions des articles 8 et 9 de l'AUPCAP. Elle retient que, la décision de suspension des poursuites, interdit aussi bien aux créanciers chirographaires qu'à ceux nantis de sûretés de pratiquer des mesures conservatoires ou d'exécution sur les biens du débiteur. Même lorsque le débiteur n'a pas respecté l'échéancier convenu, le fait pour le débiteur de ne plus honorer ses engagements n'autorise pas une remise en cause de la décision de la suspension des poursuites ainsi que les délais de paiement consentis par les créanciers. La seule possibilité reconnue au créancier dont les intérêts sont lésés par la défaillance du débiteur est d'obtenir la résolution du concordat. Préalable indispensable à la mise en œuvre des mesures conservatoires ou d'exécution forcée[216].

183. Avec la révision de l'AUPCAP, le bénéfice de la suspension des poursuites s'étend désormais à la caution hypothécaire, aux coobligés à compter de la décision d'admission en redressement judiciaire[217]. Il s'ensuit qu'aucune procédure de saisie immobilière ne peut être initiée à l'encontre du débiteur admis au bénéfice règlement préventif ni à l'endroit de la caution hypothécaire ou de ses coobligés. S'agissant du débiteur en liquidation des biens, une distinction est de mise selon que le créancier a actionné le débiteur avant le prononcé de la décision de liquidation ou après la décision.

Section 3. Les formalités postérieures à l'adjudication

184. L'adjudication peut être considérée comme la fin d'une étape lorsque la procédure s'est déroulée sans incident. Elle constitue également le point de départ pour l'accomplissement de certaines

[215] CA, Abidjan, arrêt n°254 du 07 mars 2002, Société Comptoir Ivoirien C/ SGCI, www.ohada.com/jurisprudence/Ohadata J-03-294 ; J. ISSA-SAYEGH, répertoire quinquennal OHADA, 2006-2010, p.360.

[216] CCJA, arrêt n°023/2006 du 16 novembre 2006, Aff. Société Africaine de Crédit Automobile dite SAFCA et Société Africaine de Crédit-Bail dite SAFBAIL c/ Société Air Continental, Recueil de Jurisprudence n°8/2006, p.27, Le Juris Ohada, n°1/2007, p.19, www.ohada.com/jurisprudence/Ohadata J-08-96.

[217] Article art.75-1 AUPCAP

formalités consécutives à celle-ci. On distingue les formalités tendant à l'identité de l'adjudicataire (§1) à celles relatives à l'immeuble (§2).

§1. Les formalités relatives à l'identité de l'adjudicataire

Ces formalités se rapportent à la déclaration d'adjudicataire (A) et à la déclaration de command (B).

A. La déclaration d'adjudicataire

185. L'avocat, dernier enchérisseur est tenu de déclarer l'adjudicataire et de fournir son acceptation ou de représenter son pouvoir, lequel demeure annexé à la minute de la déclaration judiciaire ou notariée. A défaut d'accomplir cette formalité, il est réputé adjudicataire en son nom. Cette déclaration est faite dans les trois jours de l'adjudication. La brièveté de ce délai s'inscrit dans le souci de révéler l'identité de l'adjudicataire aux créanciers, lesquels peuvent soulever des contestations au cas où le preneur serait interdit de se porter adjudicataire en vertu de l'article 284 AUPSRVE.

L'avocat ne représentant que son client pendant l'audience, les parties ignorent pour qui, il s'est porté acquéreur avant cette déclaration. Il a été jugé que si les dispositions de l'AUPSRVE permettent à un mandataire d'acquérir l'immeuble vendu aux enchères au nom d'un tiers, ce mandataire, doit toutefois, conformément à l'article 286 AUPSRVE de l'acte, décliner l'identité de l'acquéreur dans un délai de trois jours faute de quoi, il sera déclaré adjudicataire pour son propre nom[218].

[218] TGI de la Menoua, jugement n°13/CIV. du 11 novembre 2002, Aff. Ngamyou Vincent et autres c/ Kwenda Jean, www.ohada.com/jurisprudence/Ohadata J-05-29;

FORMULE 16

DÉCLARATION D'ADJUDICATAIRE
AUPSRVE art. 286

(*NOM DE L'AVOCAT DÉCLARANT*), cabinet sis…

À Maître…Greffier en chef du Tribunal de première instance de Libreville, domicilié en cette qualité au palais de justice de Libreville

Je soussigné Maître…Avocat au barreau du Gabon, adjudicataire au prix de...de l'immeuble sis...objet du titre foncier n°…, à l'audience de saisie immobilière du tribunal de première instance de Libreville…tenue le……, déclare par la présente, faire connaître l'identité de l'adjudicataire pour le compte duquel j'ai porté les enchères.

Il s'agit de :….. dont le siège social est sis (***ADRESSE COMPLETE), RCCM N° (NUMÉRO).***

Je déclare en outre fournir copie de son acceptation (*ou de représenter son pouvoir)* laquelle demeure annexée à la minute de la présente déclaration.

Fait à Libreville, le……

Signature

Pièces jointes à la déclaration (sous bordereau)

-Acceptation de l'adjudicataire ou pouvoir aux fins d'adjudication délivré par l'adjudicataire à l'avocat.
- justificatif des noms, prénoms, dénomination sociale, domicile ou siège social, numéro d'immatriculation de l'adjudicataire.

B. La déclaration de command

186. L'obligation faite à l'avocat de révéler l'identité de l'adjudicataire s'impose également à l'adjudicataire qui s'est porté acquéreur pour un tiers. L'adjudicataire est tenu de faire connaître, par une déclaration dite *« de commande »* que ce n'est pas pour son compte qu'il s'est rendu acquéreur, mais pour le compte d'un tiers dont il révèle l'identité. Cette déclaration est faite dans les vingt-quatre heures (art. 286 al.2). L'on remarquera que ce délai est réduit en comparaison à celui imparti à l'avocat dernier enchérisseur (72 heures).

FORMULE 17

DÉCLARATION DE COMMAND
AUPSRVE art. 286

À Maître..., Greffier en chef du Tribunal de Grande Instance du Wouri (Douala) domicilié en cette qualité au palais de justice de....

Je soussigné... (***NOM DU DÉCLARANT***), adresse complète, adjudicataire au prix de...., de l'immeuble sis à,... objet du titre foncier n°...... , à l'audience de saisie immobilière du tribunal de grande instance de... tenue le...

Par la présente déclaration dite « de command », affirme que ce n'est pas pour mon compte que je me suis rendu acquéreur, mais pour le compte d'un tiers dont je révèle l'identité.

Il s'agit de :...... dont le siège social est sis (*adresse complète*)

Je déclare en outre fournir copie de son acceptation (ou de représenter son pouvoir) laquelle demeure annexée à la minute de la présente déclaration.

Fait à Douala, le......
Signature

Pièces jointes à la déclaration :

-Acceptation de l'adjudicataire délivrée par l'adjudicataire.

- justificatif des noms, prénoms, dénomination sociale, domicile ou siège social, numéro d'immatriculation de l'adjudicataire.

§2. Les formalités relatives à l'immeuble

187. Ces formalités se résument à la transcription de l'acte d'adjudication sur le cahier des charges (A), la publication de l'acte d'adjudication (B) ainsi qu'à la purge des garanties et radiation des inscriptions (C).

A. La transcription de l'acte d'adjudication sur le cahier des charges

188. En application des dispositions de l'article 290, après la vente, la décision judiciaire ou le procès-verbal d'adjudication notarié est porté en minute à la suite du cahier des charges. Selon le cas, une expédition en est délivrée par le greffier ou le notaire. La délivrance de cette expédition à l'adjudicataire intervient après paiement des frais de poursuite et du prix d'adjudication et après l'accomplissement des conditions du cahier des charges qui doivent être exécutées dans les vingt jours de l'adjudication.

Toutefois, si l'adjudicataire est le seul créancier inscrit ou privilégié du saisi, il n'est tenu de payer, outre les frais, que le montant du prix d'adjudication excédant sa créance. La quittance et les pièces justificatives sont annexées à la minute de la décision judiciaire ou du procès-verbal d'adjudication établi par le notaire et reproduites à la suite de l'expédition. L'adjudicataire qui n'apporte pas ces justifications dans les vingt jours de l'adjudication peut être poursuivi par la voie de la folle enchère sans préjudice des autres voies de droit.

Si l'adjudication comprend plusieurs lots, expédition de la décision judiciaire ou du procès-verbal d'adjudication établi par le notaire en la forme exécutoire est délivrée à chacun des adjudicataires.

B. La publication de l'acte d'adjudication

189. Lorsque l'adjudication est devenue définitive, une expédition de la décision judiciaire ou du procès-verbal d'adjudication établi par le notaire est déposée à la conservation foncière aux fins d'inscription. Le conservateur procède à la mention de cette publication en marge de la copie du commandement publié.

S'agissant de la saisie réalisée sur les impenses, l'article 295 AUPSRVE précise qu'une expédition de la décision judiciaire ou du procès-verbal notarié d'adjudication est déposée auprès de l'autorité administrative aux fins de mention en marge de la décision d'affectation.

190. La publication de l'acte d'adjudication est effectuée dans un délai de deux mois sous peine de revente sur folle enchère conformément à l'article 294 de l'AUPSRVE. L'on peut remarquer que l'article 295 n'impartit aucun délai s'agissant de la saisie réalisée sur les impenses.

Dans le silence de la loi, le délai prescrit à l'article 294 peut valablement être appliqué à la publication du jugement consécutif à une vente des impenses.

C. La purge des garanties et radiation des inscriptions

191. La purge des garanties et la radiation des inscriptions sont la conséquence logique de l'adjudication. En effet, après avoir procédé à la mention de la publication de l'acte d'adjudication en marge de la copie du commandement publié, le conservateur procède également à la radiation de tous les privilèges et hypothèques inscrits qui se trouvent purgés par la vente, même de ceux inscrits postérieurement à la délivrance des états d'inscription. Les créanciers n'ont plus d'actions que sur le prix (art.294 alinéa 3).

192. S'agissant des impenses visées à l'article 295 alinéa 1 de l'AUPSRVE, l'autorité administrative procède à la radiation de toutes les mentions opérées en marge de la décision d'affectation initiale et transfère l'affectation au profit de l'adjudicataire. Les créanciers n'ayant plus d'actions que sur le prix. L'adjudication, même publiée au bureau de la conservation foncière, ne transmet à l'adjudicataire d'autres droits réels que ceux appartenant au saisi de sorte que, la purge des garanties ne peut se produire pour autant que le saisi ait été le véritable propriétaire, les garanties constituées par le véritable propriétaire subsisteront[219]. Le tiers propriétaire qui n'aurait pas eu connaissance de la procédure de saisie pour formuler une demande en distraction dans les délais peut, valablement initier une action en revendication contre l'adjudicataire[220]sans que ne lui soit opposée la déchéance de son action sur le fondement de l'article 299 alinéa 2 de l'AUPSRVE.

193. Dans l'affaire opposant la Société TAMOIL BURKINA S.A contre SAWADOGO Pelga dit BOUKARY devant la Cour d'Appel de OUAGADOUGOU (*arrêt N° 20 du 18 février 2005*), le sieur BOUKARY ignorant l'existence d'une procédure d'expropriation entreprise sur son immeuble adjugé au profit de la Société TAMOIL

---

[219] A. LEBORGNE, « *vente judiciaire* », in S. GUINCHARD, T. MOUSSA (dir), *Droit et Pratique des Voies d'exécution*, op.cit, p.1649

[220] N. FRICERO, *Procédures Civiles d'exécution*, Gualino, lextenso, 2 éd. 2010 p.193

BURKINA au détriment de la société TANGUI, avait obtenu l'expulsion de l'adjudicataire.

Sur pourvoi de la Société TAMOIL, la CCJA a considéré qu'il est de règle que dans la procédure de saisie immobilière entre les parties, le transfert de propriété se réalise dès le prononcé du jugement d'adjudication, que toutefois, l'adjudication ne transmettant à l'adjudicataire d'autres droits de propriété que ceux appartenant au saisi, si celui-ci n'était pas le véritable propriétaire de l'immeuble adjugé, ce dernier pourrait légitimement exercer contre l'adjudicataire une action en revendication, dès lors que le revendiquant se fonde sur un droit réel incontestable qui, en raison de son caractère absolu, emporte droit de suite et droit de préférence[221].

194. En droit congolais, la mise en œuvre d'une action en revendication postérieurement à l'adjudication n'augure pas des perspectives reluisantes pour le revendiquant eu égard aux dispositions de la loi n° 17/2000 du 30 décembre 2000 précitée. En effet, en toute hypothèse, avant l'adjudication, l'immeuble à exproprier est immatriculé au nom du débiteur saisi. Or, dit l'article 12 de cette loi, *« l'immatriculation annule tous titres et purge tous droits antérieurs dès lors que ceux–ci ne sont pas mentionnés dans le registre de la propriété foncière. »*

Dans l'affaire MOMPELET contre NGAIBILI[222], pour actionner une procédure de saisie immobilière, le créancier poursuivant avait requis l'immatriculation de l'immeuble de son débiteur au nom de ce dernier. Parallèlement, le débiteur qui était également débiteur de Sieur ITOUA avait cédé sa propriété à ce dernier à la suite d'une transaction et à l'insu du créancier poursuivant. Alors que Sieur ITOUA se disant propriétaire, avait réalisé d'importants travaux de réfection, il sera surpris de constater que son ex-débiteur, était également débiteur d'un autre créancier, lequel venait d'initier une procédure de saisie immobilière sur la propriété en cause ; élevant des contestations, sieur ITOUA sollicitait la distraction du bien en articulant que l'immeuble dont s'agit était devenu sa propriété.

---

[221] CCJA, Arrêt N° 011/2009 du 26 février 2009, Aff. Société TAMOIL BURKINA S.A C / SAWADOGO Pelga dit BOUKARY, Recueil de Jurisprudence n°13, Janvier-Juin 2009, p.121 ;www.ohada.com/jurisprudence/Ohadata J-10-82.

[222] TGI, Brazzaville, audience éventuelle, jugement n°09 du 08 février 2013, Aff. MOMPELET Roger C/ NGAIBILI Albert inédit.

Pour rejeter cette demande, le tribunal a décidé que l'action en distraction, doit, pour aboutir, établir de manière incontestable le droit de propriété du tiers revendiquant sur l'immeuble en cause, qu'en application de l'article 12 (*loi n° 17/2000 du 30 décembre 2000 suscitée*) l'immatriculation de la parcelle objet des poursuites au nom du sieur NGAIBILI, débiteur saisi, avait purgé tous les droits antérieurs dont pouvaient se prévaloir le sieur ITOUA, tiers revendiquant, sur la propriété disputée.

195. Il convient de nuancer cette décision au regard de l'interprétation actuelle proposée par les chambres réunies de la Cour suprême du Congo qui exclut du bénéfice des dispositions de l'article 12 de la loi n° 17/2000 du 30 décembre 2000 suscitée les immatriculations irrégulières intervenues en fraude des droits des tiers. La portée exacte de ce texte a été précisée par les chambres réunies de la Cour suprême par deux arrêts[223]. Ce dernier arrêt cité est particulièrement instructif : la Haute juridiction y retient que, le droit de demander l'immatriculation d'un terrain et s'en faire délivrer un titre foncier ne fait pas échec aux droits du véritable propriétaire qui seul peut valablement demander l'immatriculation et l'obtenir[224]. Par cette évolution, la Cour suprême opère un revirement jurisprudentiel relativement au statut juridique du titre de propriété[225] et considérant que le titre foncier n'est pas un titre constitutif de droit de propriété mais plutôt un acte déclaratif destiné simplement à conforter une situation juridique préexistante en lui conférant un caractère définitif. Certains s'interrogent si cette solution devrait s'appliquer dans tous les autres cas, en présence d'un seul titre foncier face à un acte de vente ou un permis d'occuper. La loi ne saurait avoir pour objet ni pour effet de couvrir des acquisitions frauduleuses ou irrégulières,

---

[223] C.S, ch. réunies arrêt n°05/GCS du 10 juillet 2019, Aff. La Succession EBINA c/ La Société immobilière Africaine dite SCIA-SCI,

[224] C.S, ch. réunies arrêt n°05/GCS du 10 juillet 2019, Aff. La Succession EBINA c/ La Société immobilière Africaine dite SCIA-SCI, Journal de publication intégrales des arrêts de la Cour suprême, n°01, juillet 2019, P.18 à 21

[225] NONGOU E.J.P., LOKO-BALOSSA E.J., *La mutation du statut juridique du titre foncier dans la jurisprudence congolaise: du titre constitutif de droit de propriété à l'acte déclaratif de droit*, in Annales de l'Université Marien NGOUABI, Sciences juridiques et politiques, Vol. 20, année 2020, p.

l'immatriculation de l'immeuble d'autrui ne devrait permettre à un tiers d'en devenir propriétaire[226].

Ceci étant, l'adjudication de l'immeuble peut être remise en cause par la survenance d'une surenchère afin de permettre d'obtenir le meilleur prix du bien saisi.

Section 4. L'éventualité d'une surenchère

196. La surenchère s'entend d'un acte par lequel l'adjudication est remise en cause, entraînant par la même occasion une nouvelle mise aux enchères[227]. Elle est faite au greffe du tribunal qui a ordonné la vente ou devant le notaire ayant procédé à l'adjudication, par le surenchérisseur lui-même ou par ministère d'avocat, qui se constitue pour le surenchérisseur, étant précisé que la surenchère ne peut être rétractée. Elle est mentionnée, sans délai, au cahier des charges. La surenchère est soumise aux conditions, tenant à la fois, à la personne du surenchérisseur et au délai.

§1. Les conditions tenant au surenchérisseur

197. Aux termes de l'article 287 AUPSRVE, toute personne peut faire une surenchère pourvu qu'elle soit du dixième au moins du prix principal de la vente. La liberté de surenchère reconnue à toute personne, doit être mise en relief avec les restrictions à la liberté des enchères indiquées à l'article 284 de l'AUPSRVE, qui excluent des enchères certaines personnes en raison soit de leurs fonctions, de leur implication dans la procédure ou de leur réputation. De ce fait, les personnes interdites d'enchérir ne peuvent davantage surenchérir.

198. L'avocat poursuivant qui ne peut se rendre personnellement adjudicataire ne peut se porter surenchérisseur à peine de nullité de la surenchère et de dommages-intérêts envers toutes les parties. Cependant, cette restriction ne s'applique pas au créancier poursuivant qui entend faire une surenchère. C'est du moins ce que retient la CCJA, lorsqu'elle considère que la faculté de surenchérir au moins au dixième du prix initial n'interdit pas au créancier poursuivant de faire

---

[226] Cabinet d'Avocats Kalina, *La cour suprême précise sa jurisprudence en matière de contentieux foncier,* https://www.cabinetKalina.com; LEXCONGO, *Deux titres fonciers, un terrain,* article blog du 28 juillet 2020, récupéré de https://facebook.com/lexcongo

[227] G. COUCHEZ, Voies d'exécution, Op. cit, p.254

une surenchère au cours d'une procédure de vente forcée d'un immeuble[228].

§2. Le délai pour surenchérir

199. La déclaration de surenchère doit intervenir dans les dix jours qui suivent l'adjudication. Ce délai emporte forclusion et s'agissant d'un délai franc, il se calcule conformément aux dispositions de l'article 335 de l'AUPSRVE. La déclaration intervenue plus de dix jours après l'adjudication sera déclarée forclose et la surenchère jugée irrecevable. Pour la computation des délais, le jour de l'adjudication ne sera pas pris en compte outre les hypothèses déjà évoquées lorsque le dernier jour est non ouvrable. Dans ce cas, il y a une prorogation des délais jusqu'au premier jour ouvrable.

200. Après avoir fait sa déclaration, le surenchérisseur dispose d'un délai de cinq jours pour la dénoncer à l'adjudicataire, au poursuivant et à la partie saisie. Mention de cette dénonciation est faite sur le cahier des charges dans un délai de cinq jours[229]. Faute de dénonciation ou de mention de cette dénonciation dans lesdits délais par le surenchérisseur, le poursuivant, le saisi ou tout créancier inscrit ou sommé peuvent faire la dénonciation et sa mention dans les cinq jours qui suivent ; les frais seront supportés par le surenchérisseur négligent[230].

201. Le défaut de dénonciation de la surenchère donne lieu, de la part du créancier poursuivant, du saisi, du créancier inscrit ou sommé, de suppléer à la carence du surenchérisseur défaillant, lequel devra tout de même, supporter les frais de sa négligence, en application de l'article 288 alinéa 4 AUPSRVE.

202. Le délai de cinq jours imparti au poursuivant, à la partie saisie, aux créanciers inscrits ou sommés, pour suppléer à la carence du surenchérisseur, court à l'expiration du dernier délai de cinq jours imparti au surenchérisseur pour la dénonciation. De sorte que la

---

[228] CCJA 1ère Chambre, arrêt N°002 du 05 février 2009, Héritiers de feu Mamadou DIABATE c/ SALAH NIARE, Recueil de jurisprudence n°13, janvier-juin 2009, p.38 ; www.ohada.com/jurisprudence/Ohadata J-10-59.

[229] Article 288 alinéas 2 et 3 AUPSRVE.

[230] Article 288 alinéa 4

suppléance ne puisse être mise en œuvre qu'après la défaillance avérée du surenchérisseur constaté à l'expiration du délai à lui imparti.

§3. La fixation des audiences

203. En vertu de l'article 288 al.5 et 6 AUPSRVE, la dénonciation de surenchère indique la date de l'audience éventuelle au cours de laquelle seront jugées les contestations de la validité de la surenchère. Cette audience ne peut être fixée avant l'expiration d'un délai de vingt jours à compter de la dénonciation. Elle fixe également la date de la nouvelle adjudication, laquelle ne peut avoir lieu plus de trente jours après celle de l'audience éventuelle.

Il en résulte qu'entre la dénonciation de surenchère et la date de l'audience éventuelle, il doit s'écouler un délai minimum de vingt jours. L'audience éventuelle ne pouvant être fixée qu'après l'expiration de ce délai. En outre, l'Acte uniforme fixe une date butoir de trente jours, après l'audience éventuelle, date au-delà de laquelle l'audience d'adjudication ne pourra être fixée. De ce fait, entre l'audience éventuelle et l'adjudication, il ne peut s'écouler plus de trente jours. Cette disposition n'est pas sans rappeler l'article 270 al 2 AUPSRVE qui prescrit la tenue de l'audience d'adjudication entre le trentième et le soixantième jour après l'audience éventuelle.

204. La validité de la surenchère est contestée par conclusions déposées et communiquées. Ces conclusions sont mentionnées à la suite de la mention de la dénonciation (art.289 al.1). La particularité des contestations de la surenchère réside en ce que le disant est tenu de communiquer ses conclusions à l'autre partie, ce qui n'est pas le cas dans la procédure initiale où le dépôt des dires au greffe est suffisant. Il en découle que toute personne qui entend élever des contestations après avoir reçu dénonciation de la surenchère, est tenue de le faire par conclusions déposées et communiquées jusqu'au cinquième jour précédant l'audience éventuelle. La communication dans ce même délai est une condition de leur recevabilité. Il s'agit d'une véritable fin de non-recevoir dont l'inobservation est sanctionnée par la forclusion conformément à l'article 297 AUPSRVE[231].

---

[231] S. I. SOW, *Le traitement judiciaire des incidents de la saisie immobilière*, op. cit p. 92

205. Le juge devra faire preuve de vigilance pour vérifier que la surenchère a été faite dans le délai imparti par l'article 289 AUPSRVE d'une part, et que le disant qui conteste la validité de la surenchère a, lui-même, communiqué ses dires avant le cinquième jour précédant l'audience sur surenchère sous peine de forclusion. Le surenchérisseur, défendeur à la contestation devra opposer la déchéance au disant lorsqu'il établit que celui-ci n'a communiqué les dires dans le délai de cinq jours précédant l'audience éventuelle sur surenchère. Par ailleurs, si la surenchère n'est pas contestée ou si elle est validée, la nouvelle adjudication est précédée de l'apposition de placards, huit jours au moins avant la vente, conformément aux dispositions des articles 276 à 279.

L'adjudication sur surenchère ne devient une adjudication définitive que pour autant que le surenchérisseur ait satisfait aux conditions exigées par l'article 289 de l'AUPSRVE. L'adjudicataire qui n'apporte pas ces justifications dans les vingt jours de l'adjudication peut être poursuivi par la voie de la folle enchère sans préjudice des autres voies de droit. Cette adjudication emporte les mêmes effets que lors de la première adjudication. La surenchère faisant suite à une adjudication consécutive à la saisie immobilière, le jugement rendu dans ce cadre constitue une décision judiciaire rendue en matière de saisie immobilière au sens de l'article 300 de L'AUPSRVE. Doit être déclaré irrecevable, l'appel interjeté contre un jugement statuant en matière de surenchère, les jugements pouvant faire l'objet de l'appel étant ceux qui statuent conformément aux dispositions de l'article 300 AUPSRVE[232].

[232] CA de Dakar, ch. civ. &com. Arrêt du 28 novembre 2002, Abdoul Diallo c/ Ibrahima DIA, www.ohada.com/jurisprudence/Ohadata J-03-90.

FORMULE 18

DÉCLARATION DE SURENCHÈRE

L'an deux mil… Et le…
Devant nous…greffier en chef du Tribunal de grande de Ouagadougou soussigné ;

A COMPARU

Maître… Avocat au barreau du Burkina Faso, cabinet sis… rue…… au cabinet duquel il est fait élection de domicile, agissant en sa qualité d'avocat constitué pour le compte de…
Lequel nous a déclaré faire une surenchère et offre à payer le dixième du prix de l'adjudication principal… CFA, en sus des charges, moyennant lequel a été adjugé à l'audience de la saisie immobilière du… l'immeuble sis à Ouagadougou *(adresse complète)*… objet du titre foncier n°… au profit…. adjudicataire ;
La nouvelle mise à prix est donc fixée à la somme de… outre les frais et charges, étant entendu que le montant de l'adjudication initiale est de…
La présente déclaration de surenchère vaut demande de fixation d'une audience de surenchère.

Dont acte, qui après lecture, a été signé par Maître…..Avocat du surenchérisseur et par nous,… Greffier en chef du Tribunal de grande instance de Ouagadougou.

Le surenchérisseur Le greffier

DEUXIÈME PARTIE

Les incidents de la saisie immobilière

206. La saisie immobilière est souvent émaillée des contestations. Il est en effet très exceptionnel que le poursuivant déclenche une procédure de saisie immobilière sans que le saisi ou des tiers ne se manifestent pour élever des contestations sur la validité de celle-ci[233]. Pour faire échec à l'expropriation forcée de l'immeuble, la partie saisie s'emploie à contester la régularité de la procédure, en recherchant méthodiquement toutes les irrégularités, la nullité et/ou la déchéance de tel acte, indépendamment des moyens de fond. Cette tâche fastidieuse se révèle souvent efficace pour obtenir l'arrêt des poursuites, du moins momentanément.

L'examen des différents incidents de la saisie immobilière (chapitre 2), sera précédé de l'analyse du cadre procédural de l'intervention du juge (chapitre 1). Ces différents incidents élagués et l'adjudication poursuivie jusqu'à son terme, les créanciers doivent encore procéder à la distribution du produit de la vente (Chapitre 3). Les voies de recours feront l'objet d'un dernier chapitre (chapitre 4).

---

[233] S.I. SOW, traitement judiciaire des incidents de la saisie immobilière, op. cit. p. 28

Chapitre 1. Le cadre procédural de l'intervention du juge

207. L'acte uniforme accorde au juge un rôle primordial dans la mise en œuvre de la saisie immobilière. L'intervention du juge permet de résoudre les difficultés techniques inhérentes à cette procédure. L'examen du cadre procédural du procès (section 2) est précédé de la détermination de la juridiction compétente pour connaître les incidents de la saisie immobilière (section 1).

Section 1. La détermination de la juridiction compétente

208. Les règles de compétences sont rigoureuses, il est donc important de déterminer la juridiction devant connaître de la saisie immobilière. Aux termes de l'article 248 AUPSRVE, la juridiction devant laquelle la vente est poursuivie est celle ayant plénitude de juridiction dans le ressort territorial où se trouve l'immeuble objet des poursuites. Il relève de la compétence de cette même juridiction de connaître les contestations soulevées à l'occasion de la mise en œuvre de cette procédure (§1). Dans certains cas relativement très limités, compétence est dévolue au président du tribunal de prescrire des mesures nécessaires au bon déroulement de la procédure (§2).

§1. La juridiction ayant plénitude de juridiction

209. La notion de plénitude de juridiction désigne l'aptitude de la juridiction à connaître du litige dans toutes les composantes tant de fait que de droit[234]. L'identification de juridiction ayant plénitude de juridiction (A), devra être déterminée, au regard de la législation nationale de chaque État partie[235]. Il revient à cette juridiction de connaître du contentieux de la saisie immobilière (B).

[234] S. GUINCHARD, Th. DEBARD, *Lexique des termes juridiques,* 19e édition, 2012
[235]S.I. SOW, *traitement judiciaire des incidents de la saisie immobilière*, op. cit. p. 49

A. L'identification de la juridiction ayant plénitude de juridiction

210. En vertu de l'article 248 AUPSRVE, l'identification de la juridiction ayant plénitude de juridiction implique de se référer à la législation nationale de chaque État partie au traité de l'OHADA.

211. Au Congo, la juridiction ayant plénitude de juridiction est le tribunal de grande instance tel qu'il ressort de l'article 62 de la loi n° 19-99 du 15 août 1999, modifiant et complétant certaines dispositions de la loi n° 022-92 du 20 août 1992 portant Organisation du pouvoir judiciaire[236]. L'article 360 de la loi n° 51-83 du 21 avril 1983 portant Code de procédure civile, commerciale, administrative et financière apporte une précision supplémentaire. Ce texte dispose que la vente des immeubles saisis est poursuivie devant les tribunaux populaires de district ou d'arrondissement[237] de leur situation. Cette disposition située au titre X consacré à l'exécution des jugements et autres décisions de justice et des actes, chapitre V, section II, les saisies immobilières, fournie des indications précieuses sur la compétence matérielle et territoriale du tribunal compétent en matière de saisie immobilière.

212. Dans l'organisation judiciaire du Congo, du Sénégal, du Burkina Faso, du Cameroun, de la République Centrafricaine et du Niger, la juridiction ayant plénitude de juridiction est le Tribunal de grande

---

[236] Selon ce texte le Tribunal de Grande Instance est compétent pour juger toutes les demandes principales, incidentes, reconventionnelles ou en compensation. A ce titre, il connait, en premier ressort et à charge d'appel, toutes les actions civiles dont le montant en capital est supérieur à un million (1.000.000) de francs CFA et 300.000 francs CFA en revenus, rente ou prix de bail. Par cette compétence d'attribution générale, le tribunal de grande instance est institué, juge de droit commun pour les actions personnelles ou réelles. L'article 69 de cette loi indique sauf pour les matières pour lesquelles la loi a attribué compétence à d'autres juridiction, les tribunaux de grande instance sont juges de droit commun en matière civile dans leur ressort. Ils sont également compétents en matière sociale, administrative et commerciale dans les localités où il n'existe pas des tribunaux de travail, de tribunaux administratifs. L'expression plénitude de juridiction est présente à l'article 64 de la même loi qui indique qu'en matière pénale, le tribunal de grande instance connait des infractions punies des peines correctionnelle et des contraventions qui leur sont connexes. Il a au cours des instances dont il est saisi plénitude de juridiction et pour interpréter les décisions des diverses autorités administratives et en apprécier la régularité juridique, à la demande de l'une des parties.

[237] Devenu tribunal de grande instance, suivant acte n°076 du 21 juin 1991de la Conférence Nationale Souveraine, portant changement des appellations des juridictions

instance. S'agissant des Comores, du Cameroun, de la Côte d'Ivoire, du Bénin, du Gabon, du Tchad, le tribunal compétent dont s'agit est le Tribunal de première instance (TPI).

B. La compétence du tribunal ayant plénitude de juridiction

213. Il résulte des dispositions de l'article 248 AUPSRVE, que le juge compétent pour connaître les incidents de la saisie immobilière est la juridiction ayant plénitude de juridiction du lieu de la situation des immeubles. La CCJA précise qu'il ressort des dispositions des articles 248 al. 1 et 298 al. 2 AUPSRVE que l'identification de la juridiction compétente pour connaître du contentieux des incidents de la saisie immobilière relève de l'organisation judiciaire de chaque État partie au traité de l'OHADA. En examinant en chambre de conseil l'incident de saisie immobilière dont était saisi son président, le tribunal de grande instance de Wouri à Douala n'a fait qu'aménager le fonctionnement de l'audience des incidents de saisie immobilière conformément aux considérations internes de la pratique judiciaire camerounaise et n'a commis aucun excès de pouvoir[238].

214. Le caractère laconique de l'article 248 a pu inciter certains plaideurs à se référer aux dispositions de l'article 49 AUPSRVE qui désigne le président du tribunal statuant en matière d'urgence, pour statuer sur tout litige ou toute demande relative à une mesure d'exécution forcée. D'autant que le texte de l'article 248 ne fait pas référence expressément au contentieux pouvant surgir à l'occasion de la mise en œuvre de la saisie immobilière. Et pour ajouter un zeste de complexité à la difficulté, l'article 298 AUPSRVE alinéa 2 qui régit la procédure de règlement des incidents de la saisie immobilière indique qu'en cette matière, les affaires sont instruites et jugées d'urgence.

215. Faisant œuvre de pédagogie, la CCJA a dû préciser de façon constante que les incidents de la saisie immobilière relèvent de la compétence du tribunal ayant plénitude de juridiction dans le ressort territorial où se trouve l'immeuble saisi. Le juge des référés étant

---

[238] CCJA, 2e ch. arrêt n°35 du 03 juillet 2008, Aff. Standard Chartered Bank Cameroon S A, C/ 1° Société Industrielle des Tabacs du Cameroun S A dite SITABAC, 2° Société Azur Finances dite AZUR FINANCES S.A, Le Juris Ohada n°4/2008, p. 24, www.ohada.com/jurisprudence/Ohadata J-9-74 précité.

incompétent pour connaître les incidents de la saisie immobilière[239]. Quoique les incidents de la saisie immobilière soient instruits et jugés d'urgence, conformément à l'article 298 AUPSRVE, le président du tribunal statuant sur le fondement de l'article 49 AUPSRVE, n'a pas vocation à connaître des contestations de la saisie immobilière. Seule la juridiction ayant plénitude de juridiction devant laquelle une instance de saisie immobilière est pendante, demeure compétente pour connaître des incidents y relatifs[240].

La plénitude de juridiction reconnue au tribunal de la situation de l'immeuble, peut laisser entendre que la compétence de ce tribunal est exclusive. Toutefois, en dépit de cette exclusivité, le président dudit tribunal conserve quelques prérogatives juridictionnelles résiduelles pour ordonner certaines mesures.

§2. La compétence résiduelle du président du tribunal

216. Malgré ses termes généraux, l'article 248 AUPSRVE ne régit pas toutes les questions liées à la saisie immobilière et qui requièrent l'intervention du juge. Dans les faits, toutes les demandes ne conduisent pas nécessairement devant le tribunal ayant plénitude de juridiction. Des passerelles existent entre ce tribunal et le président dudit tribunal qui, compétemment saisi d'une difficulté, peut la résoudre sans trancher les incidents de la saisie immobilière, réservés au tribunal ayant plénitude de juridiction. Le président de ce tribunal a reçu du législateur OHADA, des attributions nombreuses pour ordonner des mesures diverses et variées.

A. La prescription des mesures

217. Plusieurs dispositions de l'AUPSRVE renvoient les parties à saisir le président du tribunal ayant plénitude de juridiction ; pour obtenir une autorisation, ou la résolution d'une difficulté particulière. L'on citera l'autorisation de poursuivre la vente simultanée des immeubles situés dans les ressorts de juridictions différentes (art. 252 AUPSRVE), la taxation des frais de poursuites (art. 280 AUPSRVE), l'aménagement de la publicité légale (art. 279 AUPSRVE), la mise

---

[239] CCJA, 1ere ch, n°119/ 2018 du 31 mai 2018 ;

[240] CCJA, 2e ch. N°107/2018 du 17 mai 2018, Aff. La BIAO contre la SN CHOCODI ; TPI Bafang, ord. ref. n°25/ORD/CIV/TPI 03-04 du 04 mai 2004, Aff. Ngeukam Jean C/ Poudeu Noé www.ohada.com/jurisprudence/Ohadata J-07-143.

sous séquestre des loyers (art. 263 AUPSRVE), l'autorisation délivrée à l'huissier de pénétrer dans l'immeuble afin de recueillir les renseignements utiles à la rédaction du commandement (art. 256 AUPSRVE), ou encore l'opposition à la délivrance du certificat attestant de la défaillance de l'adjudicataire en cas de folle enchère (art. 316 AUPSRVE).

218. On indiquera que l'intervention du juge en la matière n'est pas toujours assujettie à la contestation, étant précisé que cette compétence n'emporte pas la connaissance du contentieux de la saisie immobilière. L'office du président du tribunal se limite à la prescription des mesures non-contentieuses par principe, indispensables au bon déroulement de la procédure. L'on s'interroge sur le cadre procédural devant conduire le président du tribunal à ordonner les mesures dans le cadre de la saisie immobilière, chaque fois que le plaideur est renvoyé à saisir ce magistrat.

B. Le choix du cadre procédural

219. Le président du tribunal a reçu l'onction du législateur Ohada pour prescrire certaines mesures. L'articulation des dispositions attribuant compétence au président du tribunal ne permet pas de savoir avec précision si le président doit statuer sur requête ou en référé. Ce qui peut engendrer des complications procédurales dans les faits, le président saisi pouvant statuer sur requête des situations qui pourraient également relever des pouvoirs du juge des référés[241].

1) Les mesures prises par ordonnance sur requête

220. Lorsqu'il n'est pas indiqué comme souvent, que la décision est rendue sur requête d'une part, et lorsque d'autre part, la mesure sollicitée est susceptible d'être prise en l'absence de tout débat contradictoire, le président rend une ordonnance sur requête.
Le président du tribunal statue par ordonnance sur requête dans plusieurs hypothèses ainsi qu'il a été dit. Il en est ainsi lorsque le créancier sollicite l'autorisation de poursuivre la vente simultanée des immeubles situés dans les ressorts de juridictions différentes (art. 252

---

[241] X.VUITTON, J. VUITTON, *Les référés,* LexisNexis, coll. Droit & Professionnels, 3e éd.2012, 406 p.

AUPSRVE), la taxation des frais de poursuites (art. 280 AUPSRVE), l'aménagement de la publicité légale (art. 279 AUPSRVE), l'autorisation délivrée à l'huissier de pénétrer dans l'immeuble afin de recueillir les renseignements utiles à la rédaction du commandement (art. 256 AUPSRVE).

Le président ordonne suivant ordonnance sur requête, l'immatriculation préalable de l'immeuble (art. 253) ou encore, la désignation d'un expert afin d'évaluer la valeur vénale de l'immeuble (art. 272 al.2). Il statue par ordonnance sur requête lorsque la nature de la demande est incompatible avec la tenue d'un débat contradictoire.

2) Les mesures prises en référé

221. Le président du tribunal ayant plénitude de juridiction, statue « en la forme des référés » ou « comme en matière des référés[242] » si la mesure sollicitée, nécessite l'instauration d'un débat contradictoire qu'implique le référé.

Il ne peut être reproché au président une immixtion dans le choix du cadre procédural, un excès de pouvoir, pour ce pouvoir exceptionnel parfois assimilé à une violation du principe dispositif en raison de la modification du cadre de l'instance par le requérant a été reconnu par la CCJA qui estime que le changement du cadre procédural par le président ne constitue ni un excès de pouvoir (*constitué lorsque le juge a cessé de faire œuvre juridictionnelle pour se conduire en législateur, en administrateur ou pour commettre un abus de force*) ni une violation du principe dispositif, mais une mesure d'administration judiciaire et de distribution correcte de la justice[243].

222. Pour autant, si le président de la juridiction statue en la forme des référés, pour connaître des questions de la saisie immobilière, il n'est pas juge des référés. L'ordonnance prise en cette forme l'est au

---

[242] S. GUINCHARD, F. FERRAND, C. CHAINAIS, *Procédure civile*, Paris, Dalloz, 2e éd. 2011, 771 p.

[243] CCJA, 2e ch. arrêt n°35 du 03 juillet 2008, Aff. Standard Chartered Bank Cameroon S A, C/ 1° Société Industrielle des Tabacs du Cameroun S A dite SITABAC, 2° Société Azur Finances dite AZUR FINANCES S.A, Le Juris Ohada n°4/2008, p. 24, www.ohada.com/jurisprudence/Ohadata J-9-74; précité. Dans cette espèce, le requérant avait contesté la saisie immobilière en saisissant le président du tribunal de grande instance de Douala. Ce dernier avait renvoyé le dossier devant le tribunal de grande instance de Douala en formation collégiale.

principal et non au provisoire : elle a autorité de la chose jugée, ne bénéficie pas de l'exécution provisoire, sauf disposition contraire et ne peut être modifiée que selon les voies de recours ouvertes à son encontre, le régime des recours n'étant pas nécessairement celui des référés. Assez souvent la décision rendue est sans recours[244].

223. Le président statue en la forme des référés pour connaître des demandes relatives à la coupe des bois, à la désignation du séquestre des loyers de l'immeuble saisi (art. 263 al. 2,4 AUPSRVE). En cas de la survenance d'une folle enchère, le président statue également en la forme des référés lorsqu'il est saisi d'une demande aux fins de délivrance au fol enchérisseur du certificat attestant de la défaillance de l'adjudicataire en cas de folle enchère, après opposition de l'adjudicataire à la délivrance dudit certificat par le greffier ou le notaire (art. 316 AUPSRVE). Il en sera de même pour ordonner la consignation des sommes par le fol enchérisseur, pour faire face aux frais de la procédure de folle enchère (art. 320).

Pour la distribution de prix, c'est encore en la forme des référés que le président de la juridiction statue en cas de contestation dans la répartition du produit de la vente entre les créanciers (art. 326 AUPSRVE).

224. La tentation est grande de formuler de vœu, de voir, dans la réforme de L'AUPSRVE à venir, cette question clarifiée par le législateur OHADA, lequel devrait spécifier que telle demande devrait être introduite devant le président de la juridiction ayant plénitude de juridiction, statuant sur requête et telle autre demande devant le même magistrat statuant en la forme des référés. Ce serait une entreprise audacieuse dès lors qu'il est difficile, pour le législateur OHADA, d'identifier par avance, les demandes qui ne nécessitent pas *de jure* un débat contradictoire et celles qui n'exigeraient pas ce débat. Le risque de soumettre au contradictoire une demande qui ne devrait pas l'être est évident et vice-versa. Aussi, cette question, devrait-elle continuer à relever, du pouvoir d'appréciation du Président qui, par décision motivée, pourrait résoudre ces inquiétudes sous le contrôle des juridictions de recours.

---

[244] S. GUINCHARD, F. FERRAND, C. CHAINAIS, *ibidem*

C. La reprise de l'audience d'adjudication

225. L'adjudication n'a pas toujours lieu à la date initialement fixée dans la sommation de prendre communication du cahier des charges. Cela peut être dû à cause d'un appel interjeté contre le jugement rendu à l'audience éventuelle, d'un pourvoi en cassation régularisé devant la CCJA ou encore à la suite d'une décision ordonnant le sursis à l'adjudication.

Lorsque la cour d'appel confirme le jugement ayant ordonné la continuation des poursuites, par la vente de l'immeuble, ou la CCJA rejette le pourvoi, la procédure d'adjudication doit être reprise dans ces derniers errements.

La question se pose sur les modalités de la reprise de l'instance et par quel acte cette reprise, sera-t-elle régularisée. Lorsque le créancier poursuivant manifeste la volonté de reprendre l'instance suspendue, quelle formalité doit-il accomplir ? L'Acte uniforme est silencieux sur la question. En l'absence d'une disposition précise encadrant la reprise de l'adjudication, les pratiques judiciaires sont des plus divergentes.

226. En droit sénégalais, l'article 202 du Code de procédure civile dispose que l'instance est reprise par acte d'avocat ou par exploit d'assignation si l'une des parties n'est pas représentée par un avocat. Puisant dans les règles de procédure civile des États parties, certains plaideurs servent un avenir à comparaître suivant exploit d'huissier à la date de l'audience d'adjudication fixée par le poursuivant, conformément au calendrier des audiences du juge des criées, ou une saisine du juge par assignation[245]. En droit congolais, le créancier

---

[245] L'article 377 du décret n°99-254 du 15 septembre 1999 portant Code malien de procédure civile, commerciale et sociale dispose que l'instance peut être volontairement reprise dans les formes prévues pour la présentation des moyens de défense. A défaut de reprise volontaire, elle peut l'être par voie de citation. En droit comorien la reprise de l'instance est effectuée selon le même procédé. Aux termes de l'article 375 de l'Ordonnance n°01-011 du 19 juin 2001 portant nouveau Code de procédure civile des Comores l'instance peut être volontairement reprise dans les formes prévues pour la présentation des moyens de défense. A défaut de reprise volontaire, elle peut l'être par voie de citation. En droit Camerounais, la reprise de l'instance est effectuée conformément à l'article 371 de la loi n° 2001-022 du 09 avril 2003 portant Code de procédure civile. Selon ce texte la demande de reprise d'instance est formée et notifiée suivant les règles établies pour les actes introductifs d'instance. Conformément à l'article 115 l'instance est introduite soit par requête, soit par assignation. En droit Gabonais l'article 300 de l'ordonnance n°1/77/PR du 2 février 1977 portant adoption du Code de procédure civile. Indique que l'instance peut être volontairement reprise

saisissant devra solliciter du président du tribunal, une ordonnance de fixation de la date d'adjudication. Et ce, même lorsque l'adjudication sera poursuivie par-devant notaire.

227. L'autre difficulté pouvant surgir est relative au fondement légal de la décision de la fixation de la nouvelle date d'adjudication. Certains poursuivants visent sans convaincre l'article 281 AUPSRVE pour obtenir une ordonnance sur requête aux fins de fixation de la nouvelle audience d'adjudication, lorsque l'audience initialement fixée ne s'est plus tenue[246], d'autres fondent leur demande sur les dispositions de l'article 274 al.2 AUPSRVE.

Lorsque l'ordonnance est prise après la date d'adjudication initialement fixée, le juge ne peut fonder sa décision sur le fondement de l'article 281 alinéa 2[247], lequel régit la remise de l'adjudication étant précisé qu'en cette occurrence la saisine du juge doit intervient antérieurement à la date fixée pour l'adjudication et la décision devant être rendue cinq jours avant le jour fixé pour la vente, ce délai étant prescrit à peine de déchéance. Quoiqu'en pratique, l'ordonnance prise à cet effet, vise l'article 281 AUPSRVE, il ne s'agit pas d'un cas de report pour cause grave prévue par cette disposition. La décision de report ne pouvant intervenir après la date fixée pour l'adjudication, alors qu'en cette hypothèse, il s'agit d'une décision intervenant après la date initialement fixée. Il s'agit donc d'une reprise de la procédure suspendue par l'appel intervenu.

228. Lorsque le dossier est renvoyé au greffe du tribunal ayant connu le dossier, il appartient au créancier de solliciter devant le président du tribunal de grande instance sur le fondement des dispositions des articles 274 et 281 AUPSRVE la fixation d'une nouvelle date

---

dans les formes prévues pour la présentation des moyens de défense. A défaut de reprise volontaire, elle peut l'être par voie d'assignation.

[246] TGI de Brazzaville, ordonnance rép. n°170 du 15 mars 2018, Aff. HASSAN BAYDOUN c/ OTTO MBONGO Pierre (inédit)

[247] L'article 281 dispose : « Néanmoins, l'adjudication peut être remise pour causes graves et légitimes par décision judiciaire motivée rendue sur requête déposée cinq jours au moins avant le jour fixé pour la vente.

En cas de remise, la décision judiciaire fixe, de nouveau, le jour de l'adjudication qui ne peut être éloigné de plus de soixante jours. Le créancier poursuivant doit procéder à une nouvelle publicité.

La décision judiciaire n'est susceptible d'aucun recours sauf si la juridiction compétente a méconnu le délai prévu par l'alinéa précédent. Dans ce cas, l'appel est recevable dans les conditions prévues par l'article 301 ci-après ».

d'adjudication, la première initialement fixée ne pouvant être maintenue. Concrètement, le poursuivant saisi le président du tribunal d'une demande d'enrôlement de l'affaire en produisant copie de l'expédition de l'arrêt ayant statué sur l'incident objet de l'appel ou du pourvoi. Le président autorise la reprise de l'instance et fixe la nouvelle date d'adjudication[248].

[248] S. I. SOW op.cit. p.125, citant TRHDCK, jugement n°660 du 31 mars 2009, la Société des Grands Travaux de l'Ouest Africain dite GTO SA c/ Crédit du Sénégal ex- Crédit Lyonnais dit CLS SA (inédit),

Chapitre 2. Les principaux incidents

229. Le caractère judiciaire de la saisie immobilière génère un contentieux abondant dont la résolution relève de la compétence du tribunal ayant plénitude de juridiction. Généralement, ces contestations portent sur les questions de pure forme, et accessoirement sur le fond. Si le législateur n'a pas défini ce qu'il entendait par incident de la saisie immobilière, la jurisprudence a esquissé la définition de cette notion. Elle considère comme incident de la saisie immobilière, toute contestation née de la procédure de saisie ou qui s'y réfère directement et qui est de nature à exercer une influence immédiate et directe sur cette procédure[249]. Cette conception restrictive a depuis évolué puisqu'elle admet comme incident de la saisie immobilière toute contestation même si elle porte sur le fond du droit[250].

Quelques observations seront faites sur la procédure (section 1), avant d'examiner les différents types d'incidents prévus par l'Acte Uniforme (section 2) dont la liste n'épuise pas toutes les contestations pouvant être considérées comme incidents de la saisie immobilière. Leur gestion par le juge viendra clôturer ce chapitre (section 3).

Section 1. La procédure

230. On examinera tour à tour, la problématique de l'intervention du ministère public en matière de saisie immobilière (§1), le mode d'introduction des incidents, l'application du principe du contradictoire aux débats.

§1. L'intervention du ministère public

231. Nombreuses sont les dispositions nationales qui prévoient la communication des dossiers au Ministre public. Avec l'entrée en vigueur de l'AUPSRVE, la question s'était posée si cette exigence est toujours de mise. La réponse apportée la CCJA à cette préoccupation exclut, la communication des dossiers au Ministère public en matière

---

[249] Civ. 2e, 3 déc. 1980, n°79-10.285, Bull. Civ. II, n° 253 ; Gaz. Pal. 1980, 1, 317, obs. Viatte ; RTD civ. 1981, 909, obs. Perrot.

[250] Civ. 2e, 18 déc. 1996, n°94-22.035, Bull. Civ. II, n° 309

de saisie immobilière et plus généralement dans les voies d'exécution (A). D'ailleurs, même lorsque le dossier est communiqué au Ministère public, ses réquisitions ne peuvent être considérées comme des dires et observations (B).

A. Une procédure non-communicable au Ministère public

232. Les dispositions du droit interne qui prévoient l'obligation de communiquer au Ministère public, les causes concernant les litiges d'un certain montant ou d'une certaine nature, ne s'appliquent pas à la saisie immobilière[251]. Les procédures de saisie immobilière ne sont pas communicables au Ministère public. Plus généralement, la question s'était posée devant la CCJA si, dans les procédures d'exécution forcée, le tribunal était tenu de communiquer le dossier au Ministère public lorsque la loi nationale prescrit cette communication. Répondant à cette préoccupation, la Cour d'appel d'Abidjan a décidé que la communication de la procédure au Ministère public ne s'impose pas, car elle n'est pas prévue par l'Acte uniforme[252].

233. Dans une série de décisions, la CCJA a précisé que l'acte uniforme portant organisation des procédures simplifiées de recouvrement et des voies d'exécution contient des règles de fond et de forme et de procédure qui ont seule vocation à s'appliquer aux procédures de recouvrement des créances engagées après son entrée

---

[251] Article 106 de la loi n° 72-833 du 21 décembre 1972 portant du Code ivoirien de procédure civile commerciale et administrative. Sont obligatoirement communicables au ministère public trois jours au moins avant l'ordonnance de clôture ou avant l'audience, suivant les distinctions prévues à l'Art. 47, les causes suivantes :
• celles dans lesquelles l'ordre public, l'État ou les collectivités publiques sont intéressés ; • celles concernant le droit foncier ; • celles concernant l'état des personnes ou la nationalité ; • celles où des incapables ou des absents sont en cause ; • celles concernant la récusation des magistrats, les prises à partie, les demandes en rétractation ; • celles révélant que la demande résulte d'une infraction à la loi pénale ou concerne une procédure de faux ; • celles pour lesquelles l'assistance judiciaire a été accordée ; • celles concernant tous litiges de quelle, que nature que ce soit dont l'intérêt financier est égal ou supérieur à 25 000 000 de francs ; • celles concernant la liquidation judiciaire ou la faillite. Dans toutes les affaires communicables, le ministère public doit présenter des conclusions par écrit.

[252] CA Abidjan, arrêt n°927 du 19 juillet 2002, AFRIDRAG c/ SCI.C.C.T, www.ohada.com/jurisprudence/Ohadata J-03-25. Dans le même sens, CA Abidjan, arrêt civil contradictoire 5e Ch. B, arrêt civ&com. n°710 du 05 juillet 2005, Aff. Poste de Côte d'Ivoire c/ Saïdi Nehme Hassan Hussen et autres, www.ohada.com/jurisprudence/Ohadata J-08-37.; CA Abidjan, arrêt civil contradictoire n°128/CIV4/A Ch. civ&com. du 27 octobre 2006, Société AFRIPA TELECOM devenue ALINK-TELECOM c/ Colina SA, www.ohada.com/jurisprudence/Ohadata J-08-26.

en vigueur, les dispositions de droit interne d'un État partie qui prévoient l'obligation de communiquer les causes au ministère public sont contraires à la lettre et à l'esprit des dispositions des articles 28, 336 et 337 et l'AUPSRVE. Elle ne sont pas applicables au litige dès lors, que celui-ci n'a pas prévu, pour sa mise en œuvre, de procédure de communication de la cause au Ministère public[253]. Le même raisonnement a été adopté dans une procédure de saisie immobilière[254].

B. Les réquisitions du Ministère public ne constituent pas des dires

234. En dépit de cette jurisprudence devenue constante, il arrive que le dossier soit malgré tout, communiqué au Ministère dans une procédure de saisie immobilière. Ce qui génère d'autres difficultés procédurales.

L'on s'interroge si le Ministère public doit faire ses observations dans le délai prescrit à peine de déchéance ou s'il bénéficie d'un statut spécial et donc d'un régime dérogatoire qui ne trouve sa source dans aucun texte de droit communautaire. Les réquisitions du Ministère Public dans le cadre d'une saisie immobilière n'étant pas assimilées aux dires et observations, une partie ne peut reprocher au juge de ne lui avoir pas permis de faire des observations sur lesdites réquisitions[255].

À quoi servira donc la communication du dossier au Ministère public si le Parquet n'est plus qualifié, à soulever, au moyen de ses réquisitions, les irrégularités de la procédure de la saisie immobilière. À la vérité, la communication du dossier au Ministère, ne revêt pas d'intérêt. La CCJA retient que les réquisitions du Ministère public ne sauraient tenir lieu, de dires et observations, L'AUPSRVE dans une

---

[253] CCJA, arrêt n°16 du 29 avril 2004, Aff. Scierie d'Agnibilékrou c/ H.S, Le Juris Ohada, n°2/2004, juin-aout 2004, p. 47 note Brou Kouakou Mathurin-Recueil de jurisprudence de la CCJA, n°3, janvier-juin 2004, p.116, Penant n°851, avril-juin 2005, p.242, note Bakary Diallo, www.ohada.com/jurisprudence/Ohadata J-04-301; CCJA, arrêt n°023/2009 du 16 avril 2009, Aff. Etat de Côte d'Ivoire c/ Ayants droit de feu BAMBA Fétigué & AKOUANY Paul, Recueil de Jurisprudence n°13, janvier-juin 2009, p.77, www.ohada.com/jurisprudence/Ohadata J-10-70.

[254] CCJA arrêt 57 du 22 décembre. 2005, Aff. Société Générale de Banques au Cameroun c/ ESSOH Grégoire (Esgreg Voyages), juridis Périodique n°69/2007, p. 51 note Yikam Jérémie ; www.ohada.com/jurisprudence/Ohadata J-08-69

[255] CCJA, 3e ch. arrêt n°119 /2019 du 11 avril 2019.

saisie immobilière aucune communication de la cause au Ministère public[256].

§2. L'introduction des incidents

235. En se référant au formalisme qui entoure les actes de procédure de la saisie immobilière, l'introduction des incidents doit obéir à la forme indiquée (A) et dans le délai imparti (B).

A. Le mode d'introduction des incidents

236. Aux termes de l'article 298 de l'AUPSRVE, toute contestation ou demande incidente relative à une poursuite de saisie immobilière formulée postérieurement à la signification du commandement est formée par simple acte d'avocat contenant les moyens et conclusions. Elle est formée, contre toute partie n'ayant pas constitué d'avocat, par requête avec assignation. Cette disposition pose une règle générale pour élever des contestations en distinguant selon que la partie contre laquelle la contestation est élevée a constitué avocat ou non. Dans le premier cas, la contestation est formée par simple acte d'avocat. Dans le second cas, la contestation est élevée par requête avec assignation.

Si l'acte d'avocat -encore appelé acte de palais- s'entend d'un acte de procédure rédigé et signé par l'avocat de la partie contestataire et communiqué à l'avocat occupant pour la partie adverse[257]. En pratique, la partie constituée avocat élève la contestation par un dire[258]. Il s'infère de l'article 298 AUPSRVE, que les contestations ne peuvent être élevées par déclaration verbale au greffe ou à l'audience. Toute contestation formulée au mépris du formaliste édictée par cette disposition est irrecevable. Bien entendu, il faut réserver le cas des dires formulés verbalement à l'audience en application de l'article 280 AUPSRVE par le créancier poursuivant ou inscrit tendant à requérir, même verbalement la vente de l'immeuble[259].

---

[256] (CCJA arrêt 57 du 22 décembre. 2005, Aff. Société Générale de Banques au Cameroun c/ ESSOH Grégoire (Esgreg Voyages), juridis Périodique n°69/2007, p. 51 note Yikam Jérémie, www.ohada.com/jurisprudence/OhadataJ-08-69, voir aussi www.ohada.com/jurisprudence/Ohadata J-06-44.

[257] P-G. POUGOUÉ, F. TEPPI KOLLOKO, *La saisie immobilière dans l'espace OHADA*, op.cit. p.106

[258] *Ibidem*

[259] TRHC Dakar, jugement n°881 du 8 mai 2001, Aff. Souleymane Sow C/ Yéro Mbaye Konaté, Obs. Ndiaw DIOUF, www.ohada.com/jurisprudence/Ohadata J-03-59 précité.

Dans une espèce où les tiers étaient intervenus volontairement à la procédure par exploit d'huissier, pour déclarer leur intervention volontaire irrecevable, la Cour d'appel a retenu que toute contestation postérieure à la signification du commandement doit être faite dans les formes prescrites à l'article 298 de l'AUPSRVE[260]. Le plaideur qui entend solliciter la distraction de l'immeuble saisi est tenu d'introduire sa demande par acte d'avocat. La demande en distraction de l'immeuble saisi formulée par les débiteurs sous forme orale au mépris des dispositions de l'article 298 de l'AUPSRVE doit être déclarée irrecevable[261].

237. Les contestations peuvent être soulevées par assignation, il a été jugé qu'après-notification du commandement et avant le dépôt du cahier des charges, une partie intéressée peut saisir le tribunal en assignant en annulation du commandement sans passer par les dires, sans violer l'article 311 de l'AUPSRVE[262]. On notera que l'assignation ne doit pas être utilisée pour élever la contestation lorsque la partie envers qui la contestation est élevée n'a pas constitué d'avocat. Au cas contraire, il faudrait recourir à l'acte d'avocat.

B. Le délai

238. Le délai imparti au plaideur pour élever les contestations varie selon le moment où l'incident est soulevé. L'article 299 al. 1 de l'AUPSRVE, dispose, qu'à peine de déchéance, toutes les contestations doivent être soulevées avant l'audience éventuelle. En se référant à l'article 270 -3°, tout incident doit être soulevé par un dire et annexé au cahier des charges cinq jours, au plus tard, avant la date fixée pour cette audience. Ce délai est prescrit à peine de déchéance.

---

[260] CA Centre, arrêt n°211/civ du 15 mai 2002, TAGNE Olivier Mme TCHUNGO Adrienne, Mme WADJAEYA Marie, Mme MADINKO Georgette c/ CCEI Bank, J. ISSA-SAYEGH, *Répertoire quinquennal OHADA 2000-2005*, p.97

[261] CCJA, 1ère chambre, arrêt n°OO4 du 28 février 2008, Aff. Compagnie Bancaire de l'Atlantique Cote d'ivoire dite COBACI c/ 1)-Epoux A, 2)- Epoux M, Le Juris-Ohada n°2 Avril-Mai-juin 2008, p.6, Le Recueil de Jurisprudence de la CCJA N°11, Janvier-Juin 2008 P.82 ; www.ohada.com/jurisprudence/Ohadata J-09-27 précité.

[262] TGI de Yaoundé, jugement civil n°687 du 17 septembre 2003, Aff. Société d'Exploitation agro-industrielle c/ Projet de renforcement de la PME Camerounaise, www.ohada.com/jurisprudence/Ohadata J-04-464.

239. Par contre, si l'incident est soulevé postérieurement à l'audience éventuelle, relativement à un fait révélé ou survenu après cette audience et tend à faire prononcer la distraction de tout ou partie des biens saisis, la nullité de tout ou partie de la procédure suivie à l'audience éventuelle ou la radiation de la saisie, l'incident peut être soulevé jusqu'au huitième jour avant l'adjudication conformément à l'article 299 al. 2 de l'AUPSRVE.

Le délai indiqué par cette disposition étant prescrit à peine de déchéance, les tribunaux se montrent rigoureux dans l'application de ce texte[263]

Le règlement des différents incidents se fait dans le respect du principe du contractoire.

§3. Le principe du contradictoire à l'audience éventuelle

240. Le principe du contradictoire implique la communication à chacun des plaideurs, de l'ensemble des écritures et pièces régulièrement versées au dossier de la procédure, afin qu'elles soient soumises à la discussion contradictoire des parties[264]. Appliquée à la saisie immobilière, le respect du principe du contradictoire est assuré par la mise à disposition des dires et pièces au greffe (A). Il n'est pas exigé du disant de communiquer les pièces à l'autre partie (B).

A. La mise à disposition des dires et pièces par dépôt au greffe

241. Aux termes de l'article 272 AUPSRVE, les dires et observations sont jugés après échange des conclusions motivées des parties, qui doit être effectué dans le respect du principe du contradictoire. Ce qui implique que les parties au procès doivent être mises en mesure de s'opposer mutuellement et d'opposer les moyens et les preuves dont elles disposent. Elles doivent, sous la supervision du tribunal faire connaître mutuellement les moyens de fait sur lesquels elles fondent leurs prétentions, les éléments de preuve qu'elles produisent et les

---

[263] S. I. SOW, *Le traitement judiciaire des incidents de la saisie immobilière*, op.cit.p 94, citant TRHCDK, 11 février 2003, Merry c / SNR ; TRHCDK, jugement N 1850 du 10 octobre 2006, Cheikh SECK c/ BST

[264] J.HERON, Th.LE BARS, *Droit judiciaire privé*, LGDJ, 6e éd. coll. Lextenso, 2015, 941 p. selon les auteurs, les parties au procès doivent être mises en mesure de s'opposer mutuellement, sur les moyens et les preuves, sous la supervision du tribunal, et faire connaître les moyens de fait sur lesquels elles fondent leurs prétentions, les éléments de preuve qu'elles produisent et les moyens de droit qu'elles invoquent.

moyens de droit qu'elles invoquent[265]. Aucune pièce ne peut être produite au dossier, ni aucun moyen ne peut être développé devant le juge sans que l'autre partie en ait pris connaissance. Le juge doit faire respecter le principe du contradictoire[266]. D'ailleurs, ce principe s'impose à lui-même, lorsqu'il entend d'office, modifier le montant de la mise à prix en application de l'article 275 AUPSRVE. La CCJA rappelant que toute partie au procès doit être mise en mesure de discuter les pièces sur lesquelles le jugement prononçant sa condamnation est fondé[267]. Reste à savoir si en matière de saisie immobilière, le principe du contradictoire suppose la communication obligatoire des dires à l'autre partie. Concrètement, la partie qui dépose les dires au greffe est-elle tenue, avant la date de l'audience, de les communiquer au créancier à l'autre partie. Il faut répondre par la négative.

En effet, si l'article 270 AUPSRVE prescrit l'insertion des dires et observations dans le cahier des charges, cette disposition n'impose pas de communiquer préalablement lesdits dires et observations à l'avocat du poursuivant avant leur dépôt au greffe de la juridiction saisie[268]. On peut encore se demander, dans l'hypothèse où le disant a communiqué avant l'audience, ses dires à l'autre partie, celle-ci devra y répondre en communiquant ses écritures au disant, ou devra-t-elle les déposer au greffe sans communication préalable à l'autre partie. Et quelle sera l'attitude du tribunal, lorsque l'autre partie qui n'a pas reçu communication des dires en temps utile sollicite un renvoi afin de

---

[265] J. Héron, Th. Le bars, *ibidem*,

[266] L'article 15 du Code malien de procédure civile, commerciale et sociale dispose que « Les parties doivent se faire connaître mutuellement en temps utile, se faire communiquer les moyens de fait sur lesquels elles fondent leurs prétentions, les éléments de preuve qu'elles produisent et les moyens de droit qu'elles invoquent afin que chacun soit à même d'organiser sa défense ». Ce principe s'impose également au juge puisque l'article 16 du même code précise « le juge doit en toutes circonstances faire observer et observer lui-même le principe de la contradiction. Il ne peut fonder sa décision sur les moyens de droit qu'il a relevés d'office sans avoir au préalable invité les parties à présenter leurs observations ». Dans le même sens, l'article 15 du nouveau Code de procédure civile des Comores indique les parties doivent se faire connaître mutuellement en temps utile les moyens de fait sur lesquels elles fondent leurs prétentions, les éléments de preuve qu'elles produisent et les moyens de droit qu'elles invoquent, afin que chacune soit à même d'organiser sa défense.

[267] CCJA, arrêt n°047/2014 du 23 avril 2014, GIB-CACI SA c/ NICOGEN ALIMCO DAMA Niger SA, www.ohada.com/jurisprudence/Ohadata J-15-138.

[268] TGI Moungo, jugement n°60/CIV du 1er novembre 2007, Aff. La Caisse populaire Coopérative, MONTHE Justin, KOUAKAM Michel c/ Famille KAFO représentée par SIMO Jean, www.ohada.com/jurisprudence/Ohadata J-09-238

faire valoir ses moyens de défense en soutenant la violation du principe du contradictoire, motif pris de ce que le tribunal ne peut fonder sa décision sur les arguments développés par le disant et refuser de donner au poursuivant, la possibilité de présenter ses moyens de défense. Cet argument a parfois conduit certains tribunaux à accorder un renvoi à l'autre partie. Advenue la date du renvoi, le débiteur saisi qui a reçu communication des écritures de l'autre partie, sollicite à son tour, un renvoi pour y répondre, puis s'instaure le jeu des renvois pouvant durer plusieurs mois. « *Chaque juridiction s'accommodant d'entorses au principe, soit en renvoyant purement et simplement l'audience, soit en mettant en continuation, lorsqu'un incident est soulevé*[269] ».

242. On notera qu'il n'est pas prévu une mise en état du dossier notamment par l'échange des conclusions entre les parties. En matière de saisie immobilière, le principe du contradictoire est respecté lorsque les dires et les pièces ont été mis à la disposition de la partie adverse par leur dépôt au greffe[270]. De sorte que, l'avocat poursuivant qui a pris connaissance des dires, ne peut solliciter un renvoi pour y répondre. Il ne peut être reproché au tribunal, la violation du principe du contradictoire pour avoir rejeté la demande de renvoi.

B. Absence d'obligation de communication des pièces déposées au greffe

243. Une partie ne peut soulever une exception de communication des pièces, pour ne pas avoir reçu communication des dires pièces déposées au greffe. On notera qu'aucune disposition ne fait obligation au disant, de communiquer à l'autre partie, les dires insérés au cahier des charges avant la tenue de l'audience éventuelle.

Dans une espèce où le créancier poursuivant soulevait une exception de communication des pièces, il a été décidé que l'article 272-1 AUPSRVE n'ayant prévu aucun délai pour l'échange des dires et des conclusions, il y a lieu de rejeter l'exception de communication des pièces, lorsque que l'adversaire du disant avait la latitude de prendre connaissance des dires déposés au greffe, au moins 15 jours avant, et qu'il n'a pas contesté en avoir reçu connaissance la

[269] S. GUICHARD, T. MOUSSA (dir) op. cit, p.1355
[270] S. I. SOW, op. cit p. 119

veille de l'audience[271]. Il est dès lors aisé, de considérer, qu'il n'y a pas violation du principe de contradictoire dès lors que la partie a été mise dans les conditions de se défendre et, a même présenté ses dires et observations. Il en est ainsi lorsque la sommation de prendre communication du cahier des charges a été signifiée à son domicile et réceptionnée par son boy cuisinier[272].

Section 2. Les demandes en nullité et la pluralité de créanciers

244. Il convient de distinguer les incidents tirés des demandes en nullités (§1) aux incidents tirés de la pluralité des créanciers (§2). L'étude de ces incidents sera complétée par le régime des déchéances (§3).

§1. Les demandes en annulation

245. Les demandes en nullité visent les irrégularités formelles. La nullité de la saisie vise à faire invalider l'acte vicié ou la procédure selon le cas (A). L'acte uniforme consacre un régime de nullité avec grief (B). Toutefois, pour l'inobservation d'une formalité substantielle, le plaideur est dispensé de l'obligation de justifier d'un grief (C).

A. La nullité de la saisie

246. Les demandes en nullité visent à faire sanctionner un acte irrégulier ou l'omission d'une formalité prescrite à peine de nullité. Etant donné que nombreuses sont des formalités prescrites à peine de nullité, ce genre d'incidents sont de loin les plus fréquents et les plus nombreux. Il faut distinguer selon que la demande en nullité porte sur un acte ou sur la procédure suivie avant l'audience éventuelle, après cette audience ou encore sur la décision rendue à l'audience d'adjudication ou sur le procès-verbal notarié d'adjudication. En tout état de cause, les délais varient selon l'objet de la demande.

---

[271] TRHCDK, jugement n°1651 du 27 septembre 2000, Moustapha Gaye c/ Banque Islamique du Sénégal, Ohadata J-03-09, J. ISSA-SAYEGH, Répertoire quinquennal OHADA 2000-2005, p.349 ; www.ohada.com/jurisprudence/Ohadata J-03-9;

[272] CA d'Abidjan, chambre civile et commerciale, arrêt n°563 du 27 mai 2005, Aff. B.S c/ FEGECE, le Juris-Ohada n°4/2006, p.51, www.ohada.com/jurisprudence/Ohadata J-07-37 précité

Selon l'article 311 AUPSRVE, les moyens de nullité tant en la forme qu'au fond, doivent être soulevés, cinq jours avant la tenue de l'audience éventuelle, et ce, à peine de déchéance. Toutefois dit l'article 299, lorsque la demande en nullité est fondée sur un fait ou un acte survenu ou révélé postérieurement à cette audience ou lorsque le demandeur sollicite la nullité de tout ou partie de la procédure suivie à l'audience éventuelle, la demande peut encore être présentée jusqu'au huitième jour avant l'adjudication.

247. L'article 313 AUPSRVE permet de soulever la nullité du jugement d'adjudication ou du procès-verbal notarié d'adjudication. En effet, selon ce texte, la nullité de la décision judiciaire ou du procès-verbal notarié d'adjudication ne peut être demandée par voie d'action principale en annulation portée devant la juridiction compétente dans le ressort de laquelle l'adjudication a été faite que dans un délai de quinze jours suivant l'adjudication. Elle ne peut être demandée que pour des causes concomitantes ou postérieures à l'audience éventuelle, par tout intéressé, à l'exception de l'adjudicataire.

L'action en nullité introduite contre la décision d'adjudication en violation du délai de 15 jours indiqué par cette disposition est irrecevable pour forclusion. L'action en annulation est introduite devant le tribunal qui a prononcé l'adjudication de l'immeuble. Seule la juridiction qui a rendu la décision d'adjudication est compétente pour connaître de l'action en annulation de cette décision de sorte que toute autre juridiction saisie de cette fin est incompétente.

248. Lorsque l'adjudication intervient après le rejet des contestations soulevées par le disant, celui-ci ne peut interjeter appel du jugement d'adjudication. En contestant le jugement d'adjudication, il est fréquent que le saisi qui a été débouté soulève à nouveau, les moyens déjà soumis au même juge lors de l'audience d'adjudication. La question qui se pose est celle de savoir, si le juge peut opposer au demandeur en annulation, l'irrecevabilité de ses moyens tirée de l'autorité de la chose jugée, en ce que le jugement d'adjudication contesté s'était déjà prononcé sur les mêmes moyens. Peut-on considérer que l'action en annulation du jugement d'adjudication est indépendante de la précédente procédure de sorte que le juge saisi puisse statuer sur tous les moyens soulevés y compris, ceux déjà tranchés par le jugement contestés ?

En pratique, le juge de l'annulation considère que les mêmes moyens ne peuvent plus être soulevés. Pour déclarer ces moyens irrecevables, il décide que le juge de l'annulation ne peut sans violer la règle de l'autorité de la chose jugée, examiner à nouveau les causes des nullités tirées de la violation des articles 276 et 277 AUPSRVE, lesquelles ont été soulevées par les saisis devant le juge de l'adjudication, débattues, puis tranchées.

B. Les nullités avec grief

249. La nullité sanctionne l'absence ou l'imperfection d'un élément essentiel à la validité d'un acte. Elle affecte la validité la procédure pour inobservation des formes ou pour des irrégularités de fond[273]. La violation des conditions requises par la loi pour la validité des actes de procédure peut être sanctionnée par la nullité de l'acte[274].

Contrairement au régime de nullité de plein droit ou nullité automatique[275]régissant les autres mesures d'exécution instituées par l'Acte uniforme portant organisation des procédures simplifiées de recouvrement et des voies d'exécution, en matière de saisie immobilière[276], l'Acte uniforme consacre le régime des nullités avec grief. Le moyen tiré de la nullité articulé contre un acte vicié, ne peut être accueilli que, lorsque l'irrégularité a eu pour effet de causer un préjudice aux intérêts de celui qui l'invoque. La tendance moderne du droit procédural étant de rendre difficile l'annulation des actes de

[273]S. GUINCHARD, F. FERRAND, C. CHAINAIS, *Procédure civile*, op. cit. p.263

[274] *Ibidem p.264*

[275] M. ADJAKA, « réflexion sur le régime des nullités consacré par l'Acte uniforme de l'OHADA portant Organisation des Procédures Simplifiées de Recouvrement et des Voies d'Exécution », www.ohada.com/Doctrine/Ohadata D-11-25.

[276] Dans son avis du 07 juillet 1999, la CCJA a retenu que l'Acte uniforme portant organisation des procédures simplifiées de recouvrement et des voies d'exécution a expressément prévu que l'inobservation de certaines formalités prescrites est sanctionnée par la nullité. Toutefois, pour quelques-unes de ces formalités limitativement énumérées *(en matière de saisie immobilière notamment)*, cette nullité ne peut être prononcée que si l'irrégularité a eu pour effet de causer un préjudice aux intérêts de celui qui l'invoque. Hormis ces cas limitativement énumérés, le juge doit prononcer la nullité lorsqu'elle est invoquée s'il constate que la formalité prescrite à peine de nullité n'a pas été observée sans qu'il soit alors besoin de rechercher la preuve d'un quelconque préjudice. CCJA, avis n°001/99/JN du 07 juillet 1999, RJCCJA spécial, janvier 2003, P.70. Pour une analyse approfondie voir notre ouvrage, G.S TSETSA, *Pratique des saisies mobilières en droit Ohada*, op.cit. 98 ; voir aussi, F. ONANA ETOUNDI, *Grandes Tendances Jurisprudentielles de la CCJA en matière d'interprétation et d'application du Droit OHADA* (1997-2010), éd. Spécial oct.2011, p.273

procédure, voire de toute la procédure, si un droit fondamental des parties n'est pas concerné[277].

250. Aux termes de l'article 297 AUPSRVE, les formalités prévues aux articles 254, 259, 266, 267 268, 269, 270, 276, 277 281, 287, 288 alinéas 7 et 8 et 289 ne sont sanctionnées par la nullité que si l'irrégularité a eu pour effet, de causer un préjudice aux intérêts de celui qui l'invoque. Il s'en déduit qu'en matière de saisie immobilière, et dans le contexte de l'article 297 AUPSRVE, il n'y a pas de nullités sans grief. Les formalités prescrites par les articles 254,267 et 277 ne sont sanctionnées par la nullité que si l'irrégularité a eu pour effet, de causer un préjudice aux intérêts de celui qui l'invoque[278].

L'exigence d'un grief permet d'atténuer les effets fâcheux d'un régime de nullité trop rigide permettant au débiteur retors d'échapper aux poursuites. Un acte ne sera annulé que si la démonstration du grief causé par son irrégularité de forme est démontrée[279]. Il en résulte que les dispositions de l'article 297 AUPSRVE ont le caractère de *lex specialis* et l'emportent sur les règles générales édictées par l'acte uniforme auxquelles se réfère implicitement la CCJA dans son avis du 07 juillet 1999.

251. Rappelons que les formalités prescrites à peine de nullité par les dispositions indiquées à l'article 297 AUPSRVE se rapportent aux actes aux formalités suivantes : le contenu du commandement aux fins de saisie immobilière (art.254) ; à la publication du commandement (art.259) ; la rédaction et au dépôt de cahier des charges (art.266) ; contenu du cahier des charges (art.267), la fixation de la date de vente (art.268), la sommation de prendre communication du cahier des charges (art.269), contenu de la sommation (art.270) ; la publicité en vue de la vente (art.276), l'extrait publiée en vue de la vente (art.277), la remise de l'adjudication (art.281), la surenchère (art.287), la fixation de la date de l'audience éventuelle et d'adjudication en matière de

---

[277] J. VINCENT, S. GUINCHARD, *Procédure civile*, n°691, p.602

[278] TPI Bamako, jugement du 2 avril 2008, Agri 2000 c/ Yara West et Yara-France, Penant n°866, p.116, note Bakary DIALLO, www.ohada.com/jurisprudence/Ohadata J-09-66.

[279] J. HERON, Th. LE BARS, *Droit judiciaire privé*, op. cit. n°1112, p.608. Selon ces auteurs, la difficulté est que, comme pour tous les autres vices de forme, le prononcé de la nullité resterait subordonné à l'établissement du grief que l'irrégularité a causé à celui qui demande la nullité de l'acte. Or, dans la majorité des cas, il serait difficile de dire quel pourrait bien être le grief concret causé par l'omission de telle formalité.

surenchère (art.288 alinéas 7 et 8), la validité de la surenchère (art.289).

C. La nullité pour violation d'une formalité substantielle

252. La violation d'une formalité substantielle entraîne la nullité de la procédure, sans que la partie qui l'invoque puisse justifier d'un préjudice. La nullité attachée à la violation d'une formalité substantielle est prononcée même lorsqu'il n'est pas établi un préjudice par celui qui l'invoque. L'obligation faite à l'article 297 al 2 AUPSRVE à celui qui se prévaut de la nullité d'établir l'existence d'un préjudice ne s'applique guère la nullité ayant le caractère d'ordre public, découlant de la violation d'une formalité substantielle.

La nullité est prononcée pour violation des formalités obligatoires ne requiert pas la justification d'un grief. Ce peut être une nullité pour défaut du commandement aux fins de saisie immobilière, du pouvoir spécial aux fins de saisie ou encore pour défaut de publicité légale en vue de la vente.

§2. Le concours des saisies

253. Lorsqu'un débiteur fait l'objet de plusieurs procédures de saisies initiées par divers poursuivants, en pareil cas, le principe est celui de l'unité des poursuites, principe qui est la conséquence de la règle « Saisie sur saisie ne vaut »[280]. La pluralité des saisies engendre deux hypothèses. Dans un premier temps, il y a concours des saisies (A). Dans un second cas, il y aura subrogation dans les poursuites (B).

A. La jonction des poursuites

254. La pluralité des saisies visant le même débiteur ne peut donner lieu à des procédures séparées. Un créancier ne pouvant saisir un immeuble ayant déjà fait l'objet d'une saisie pour mener une seconde procédure indépendante de la première[281]. Les poursuites doivent être continuées par un seul poursuivant au moyen d'une jonction des poursuites. La jonction des poursuites est ordonnée dans les conditions édictées à l'article 302 de l'AUPSRVE aux termes duquel,

---

[280] G. COUCHEZ, *Voies d'exécution*, op. cit p.259

[281] ASSI-ESSO (A.M), DIOUF (N), OHADA, *Recouvrement des créances*, op. cit. p. 232

si deux ou plusieurs saisissants ont fait publier des commandements relatifs à des immeubles différents appartenant au même débiteur et dont la saisie est poursuivie devant la même juridiction, les poursuites sont réunies à la requête de la partie la plus diligente et continuées par le premier saisissant. Si les commandements ont été publiés le même jour, la poursuite appartient au créancier dont le commandement est le premier en date et, si les commandements sont de même jour, au créancier le plus ancien.

255. L'article 303 indique que si un second commandement présenté à la conservation foncière comprend plus d'immeubles que le premier, il est publié pour les biens non compris dans le premier. Le second poursuivant dénonce le commandement publié au premier saisissant qui est tenu de diriger les poursuites pour les deux saisissants si elles sont au même état ; si elles ne sont pas au même état, le premier saisissant sursoit à la première poursuite et suit la deuxième jusqu'à ce qu'elle soit au même degré. Elles sont, alors, portées devant la juridiction de la première saisie.

La question peut se poser s'agissant des poursuites engagées par plusieurs créanciers sur le même immeuble du débiteur, l'article 302 de l'AUPSRVE n'envisageant que l'hypothèse d'une saisie pratiquée sur les immeubles différents appartenant au même débiteur et dont la saisie est poursuivie devant le même tribunal. Dans cette hypothèse, la procédure est poursuivie par le premier créancier dont le commandement a été publié à la conservation foncière dans l'intérêt de tous les créanciers. Un autre créancier ne pouvant initier une saisie immobilière en marge et indépendamment des poursuites entreprises par le premier poursuivant, sous peine d'irrecevabilité[282] et subséquemment de la mainlevée du commandement publié. Les autres créanciers dont les commandements ont été mentionnés en marge de la première inscription veillent sur la procédure.

Ils peuvent s'opposer à la radiation de la saisie. Celle-ci ne pouvant être opérée sans le consentement des créanciers inscrits. Et faute par le créancier poursuivant de requérir l'adjudication, il peut y être procédé sur la demande de l'un des créanciers inscrits[283].

[282] S. I. SOW, op. cit. p. 429, citant TRHCDK, jugement n°1767 du 05 septembre 2006, Crédit Lyonnais Sénégal c/ Alassane Abdoul SECK et SGBS
[283] TRHC Dakar, jugement n°881 du 8 mai 2001, Aff. Souleymane Sow C/ Yéro Mbaye Konaté, Obs. Ndiaw DIOUF, www.ohada.com/jurisprudence/Ohadata J-03-59, précité

256. Une fois la jonction des poursuites ordonnée, les poursuites sont réunies et conduites par le premier saisissant. Ce qui se traduit par la jonction des deux dossiers au greffe. Les poursuites sont dirigées par le premier saisissant pour les deux saisissants lorsqu'elles sont au même niveau d'avancement. Si elles ne sont pas au même état, le premier saisissant sursoit à la première saisie la plus avancée jusqu'à ce que la seconde soit au même degré. Le second créancier remet au premier les titres exécutoires et autres copies indispensables pour la bonne conduite des poursuites.

Le jugement ordonnant la jonction des poursuites peut également apporter des modifications au cahier des charges. S'agissant de la mise à prix, elle ne devrait être modifiée qu'avec l'accord du premier saisissant, qui dirige désormais, la procédure ; puisque c'est lui qui sera adjudicataire en cas de carence d'enchères[284].

B. La subrogation

257. La subrogation sanctionne la défaillance du premier poursuivant. Les poursuites étant dirigées par un seul créancier, il arrive que celui-ci ne joue pas le rôle et se désintéresse de la procédure. Il peut même paralyser intentionnellement la procédure à la suite d'un accord frauduleux avec le débiteur[285]. La subrogation fait l'objet de l'article 304 de l'AUPSRVE. Selon ce texte, faute pour le premier saisissant d'avoir poursuivi sur la seconde saisie à lui dénoncée, le second saisissant peut, par un acte écrit adressé au conservateur de la propriété foncière, demander la subrogation.

258. La subrogation ne sanctionne pas toujours la défaillance du poursuivant, puisque l'article 305 indique que la subrogation peut être également demandée s'il y a collusion, fraude, négligence ou autre cause de retard imputable au saisissant, sans préjudice de dommages-intérêts envers qui, il appartiendra. La subrogation permet de veiller à l'aboutissement de la procédure initiée par le premier saisissant en donnant les moyens de pression au second créancier.

259. Conformément à l'article 305 AUPSRVE, un créancier ne peut demander la subrogation que huit jours après une sommation restée

---

[284] A. LEBORGNE, *Phase de poursuite : droits du saisi et des créanciers inscrits* in S. GUINCHARD et T. MOUSSA (dir.) *Droit et Pratique des Voies d'exécution*, op.cit, p.1380

[285] G. COUCHEZ, *Voies d'exécution*, op. cit p.261

infructueuse de continuer les poursuites, faite par acte d'avocat à avocat, aux créanciers dont les commandements ont été antérieurement mentionnés au bureau de la conservation foncière. Le saisi n'est pas mis en cause. Il s'en déduit que la subrogation ne s'opère pas de plein droit, il faut au préalable, que le second saisissant qui entend subroger le premier poursuivant somme ce dernier à continuer les poursuites, faute de quoi, il sera subrogé dans les poursuites. À l'expiration de ce délai, le second saisissant porte la demande de subrogation devant le tribunal après la sommation restée infructueuse de continuer les poursuites ainsi qu'il a été dit. La partie qui succombe sur la contestation est condamnée personnellement aux dépens.

Le poursuivant contre lequel la subrogation a été prononcée est tenu de remettre, contre récépissé, les pièces de la poursuite au subrogé qui poursuit la procédure à ses risques et périls. Par la seule remise des pièces, le poursuivant subrogé est déchargé de toutes ses obligations ; il n'est payé de ses frais de poursuite qu'après l'adjudication, soit sur le prix, soit par l'adjudicataire (art.306).

FORMULE 19

JUGEMENT DE SUBROGATION

PAR CES MOTIFS

Statuant publiquement, contradictoirement, en matière de saisie immobilière, et en premier ressort

Subroge la société A...dans les poursuites de saisie immobilière dont s'agit à partir du dernier acte valable de la procédure, les actes nuls restant à la charge de monsieur X premier poursuivant

Ordonne à... et subséquemment à Maître... son avocat, de faire tenir à Maître.... Avocat de la société A, sur récépissé, dans les quarante-huit heures du prononcé du présent jugement, les pièces de la procédure, sous peine de dommages-intérêts à fixer ultérieurement ;

Condamne personnellement ....aux dépens de l'incident ;

§3. Le régime des déchéances

260. La déchéance sanctionne l'inobservation des délais de procédure. L'écoulement d'un délai fait perdre le droit d'agir et constitue une cause d'irrecevabilité que sanctionne une fin de non-recevoir[286]. En matière de saisie immobilière, nombreux sont des délais prescrits à peine de déchéance. L'article 297 AUPSRVE dispose en effet que, les délais prévus aux articles 259, 266, 268, 269, 270, 276, 281, 287, 288 alinéas 7 et 8 et 289 sont prescrits à peine de déchéance. La déchéance est une sanction infligée au plaideur qui n'a pas fait valoir son droit ou accompli un acte dans le délai imparti. Elle est acquise de plein droit à l'expiration du délai fixé pour l'accomplissement de l'acte. La déchéance sera soulevée d'office par le juge, même lorsqu'une partie a omis de le faire. Les délais prescrits à peine de déchéance entraînent une forclusion d'ordre public excluant toute forme de régularisation. Pour prononcer la déchéance, il n'est pas requis la démonstration d'un grief.

L'article 311 AUPSRVE indique que les moyens de nullité, tant en la forme qu'au fond, à l'exception de ceux visés par l'article 299 alinéa 2, contre la procédure qui précède l'audience éventuelle doivent être soulevés, à peine de déchéance, par un dire annexé au cahier des charges cinq jours, au plus tard, avant la date fixée pour cette audience ; s'ils sont admis, la poursuite peut être reprise à partir du dernier acte valable et les délais pour accomplir les actes suivants, courent à la date de la signification de la décision judiciaire qui a prononcé la nullité.

Section 3. Les contestations relatives à la propriété du bien saisi

261. L'immeuble peut susciter des contestations. Celles-ci se focalisent sur les demandes en résolution (§1), les demandes en distraction de l'immeuble saisi (§2) et la folle enchère (§3).

---

[286] S. GUINCHARD, F. FERRAND, C. CHAINAIS, *Procédure civile*, op. cit. p.263

§1. La demande en résolution

262. L'action résolutoire est un privilège reconnu au vendeur de l'immeuble impayé résultant du droit des sûretés réelles. Le vendeur disposant d'un privilège spécial destiné à garantir le paiement du prix. Le fondement de cette action doit être précisé (A), sa mise en œuvre doit intervenir dans un délai précis (B).

A. Le fondement de l'action

263. La demande en résolution trouve son fondement dans les dispositions du Code civil. Aux termes de l'article 1654 dudit code, si l'acheteur ne paye pas le prix, le vendeur peut demander la résolution de la vente. Tout droit réel relatif à un immeuble immatriculé n'existant, à l'égard des tiers, que du fait et du jour de sa transcription sur le titre foncier par le conservateur des hypothèques (art.57 loi n° 17-2000 du 30 décembre 2000 portant régime de la propriété foncière) pour être opposable aux tiers, le vendeur doit faire inscrire ce privilège dans les livres de la conservation foncière dans le délai de deux mois à compter de l'acte de vente[287]. La résolution de la vente vise à obtenir l'anéantissement du contrat de vente passé entre le vendeur de l'immeuble objet des poursuites et le débiteur saisi. L'aboutissement de cette action a pour conséquence de sortir l'immeuble objet des poursuites du patrimoine du débiteur saisi, rendant ainsi la saisie sans objet.

B. Le délai de mise en œuvre

264. L'action résolutoire doit être exercée avant la vente de l'immeuble saisi. Le vendeur doit introduire la demande jusqu'au cinquième jour précédant l'audience éventuelle à peine de déchéance. L'article 270 AUPSRVE ajoute qu'à défaut de former et de faire mentionner à la suite du cahier des charges, dans ce même délai, la demande en résolution d'une vente antérieure, il sera déchu à l'égard de l'adjudicataire de son droit d'exercer ses actions.

S'il a été formé régulièrement une telle demande en résolution, il est sursis aux poursuites en ce qui concerne les immeubles frappés de

---

[287] Article 56 loi n°17-2000 du 30 décembre 2000 portant Régime de la propriété foncière.

l'action résolutoire. La demande en résolution est, dans tous les cas, portée devant la juridiction où est poursuivie la vente sur saisie. Elle est assujettie aux formes, délais et voies de recours applicables en matière de demande en distraction.

§2. La distraction de l'immeuble saisi

265. L'action en distraction est un incident permettant à un tiers propriétaire, copropriétaire, usufruitier ou à toute personne ayant un droit réel sur l'immeuble saisi, de le soustraire de l'assiette de la saisie, étant précisé que le demandeur à la distraction doit être un tiers à la procédure de saisie[288]. Le précédent vendeur impayé, qui au lieu d'agir en résolution de vente, peut choisir d'agir plutôt qu'en distraction de son bien. Il sera précisé la procédure (A) et le délai pour agir (B).

A. Procédure

266. La demande en distraction doit être portée devant la juridiction ayant plénitude de juridiction saisie, laquelle doit examiner sa pertinence en tenant compte des titres de propriété produits par le tiers revendiquant. Aucune forme particulière n'est requise pour introduire la demande en distraction. S'agissant d'un incident de la saisie immobilière, la demande en distraction est faite conformément à la forme indiquée à l'article 298 AUPSRVE, par simple acte d'avocat à avocat contenant les moyens et conclusions. Généralement, le tiers fera une intervention volontaire pour solliciter la distraction de son immeuble. Il ne peut lui être opposé l'irrecevabilité de son intervention pour défaut de qualité.

267. Pour fonder la distraction, ces titres doivent établir de manière incontestable, la propriété du tiers sur l'immeuble objet des poursuites. L'examen de l'état des droits réels inscrits sur l'immeuble concerné délivré par la conservation foncière à la date du commandement, peut constituer une preuve irréfutable du droit de propriété allégué.

---

[288] selon l'article 308 AUPSRVE le tiers qui se prétend propriétaire d'un immeuble saisi et qui n'est tenu, ni personnellement de la dette, ni réellement sur l'immeuble, pour le soustraire à la saisie, peut former une demande en distraction avant l'adjudication.

La qualité de tiers du demandeur à l'incident s'apprécie au regard des éléments du débat, ce qui exclut du bénéfice de cette qualité le créancier inscrit, le tiers détenteur ou la caution hypothécaire. Le tiers ne peut être partie à la procédure, même en qualité de tiers détenteur, ni être tenu personnellement de la dette cause de la saisie, en qualité de la caution. Lorsque le saisi sollicite la distraction de l'immeuble en faisant valoir que le bien appartient à un tiers, la demande doit être introduite dans le cadre d'une action en nullité, l'action en distraction étant exclusivement réservée à un tiers à la procédure.

B. Le délai pour agir en distraction

268. À peine de déchéance, la demande en distraction doit être présentée dans le délai indiqué à l'article 308 AUPSRVE, c'est-à-dire, jusqu'au huitième jour avant l'adjudication. Il importe de signaler que le tiers qui entend solliciter la distraction de son bien peut formuler cette demande à l'audience éventuelle dans le délai imparti à l'article 299 alinéa 1'AUPSRVE. Lorsque cette demande n'a pas été présentée à cette audience, le tiers a encore la possibilité de poursuivre la distraction de son bien jusqu'au huitième jour avant l'adjudication.

Néanmoins, dans le cadre d'une procédure de saisie immobilière, l'intervenant volontaire doit observer le délai imparti à l'article 308 AUPSRVE. Le tiers intervenant qui a reçu signification du commandement et sommation au tiers détenteur et qui n'a pas cru devoir introduire une demande en distraction des biens conformément aux articles 299 et 308 AUPSRVE est irrecevable en son intervention volontaire[289].

Section 4. La folle enchère

269. La folle enchère est un incident de la saisie immobilière tendant à mettre à néant l'adjudication en raison du manquement de l'adjudicataire à ses obligations. Cette procédure vise à provoquer une nouvelle vente aux enchères de l'immeuble. Sa mise en œuvre est réservée à certains plaideurs (§2), les conditions d'ouverture (§1) et la procédure appelle quelques observations (§3).

[289] CA Ouagadougou, arrêt n°61 du 7 juin 2002, Société TAMOIL Burkina S A c/ Société de Pétrole TAGUI SA, www.ohada.com/jurisprudence/Ohadata J-04-17.

§1. Les causes d'ouverture

270. Deux conditions, au demeurant non-cumulatives, peuvent justifier l'ouverture d'une folle enchère. Le défaut de paiement du prix et des frais (A) et le défaut de publication de l'acte d'adjudication (B).

A. Défaut de paiement du prix, des frais et manquements au cahier des charges

271. Aux termes de l'article 314 de l'AUPSRVE, « *la folle enchère est ouverte lorsque l'adjudicataire :*

1) ne justifie pas, dans les vingt jours suivant l'adjudication, qu'il a payé le prix, les frais et satisfait aux conditions du cahier des charges ;

2) ne fait pas publier la décision judiciaire ou le procès-verbal notarié d'adjudication à la conservation foncière dans le délai prévu à l'article 294[290] ». Cette disposition appelle quelques observations.

Lorsque l'adjudicataire a failli à l'une des obligations légales mises à sa charge, notamment par défaut du paiement du prix, des frais ou aux manquements aux conditions édictées par le cahier des charges, le bien adjugé peut être remis en vente suivant la procédure de folle enchère. Examinons en détail ces manquements.

1. Défaut de paiement du prix

272. Il arrive que l'adjudicataire ne paie pas le prix dans le délai de vingt jours suivant l'adjudication pour une raison légitime ou injustifiée. L'adjudicataire peut avoir effectué un paiement partiel du prix et refuse de solder le reliquat pour une raison objective[291]. Il peut avoir effectué le paiement entre les mains d'une personne non indiquée au cahier des charges[292]. Autant des situations qui peuvent

---

[290] Le délai prévu à l'article 294 est de deux mois

[291] S. I. SOW, op.cit., p.443, citant TRHCDK, ord. Réf. n°1391 du 14 juin 2006, BST c/ La Société foncière Côte d'Afrique, La Société Difor et Fasiyanabil CHAM

[292] Le cas du prix versé entre les mains de l'un des créanciers alors que selon les clauses du cahier des charges, le paiement devrait être effectué entre les mains du greffier en chef. Le paiement du prix est effectué selon la forme et les modalités fixées au cahier des charges. En pratique, le cahier des charges comporte une clause spécialement dédiée au paiement du prix. Cette clause indique que l'adjudicataire est tenu de payer le prix principal d'acquisition entre les mains du greffier en chef du Tribunal de grande instance, ou entre les mains du notaire, voire de l'avocat poursuivant, sans mise en demeure préalable.

justifier le déclenchement d'une procédure de folle enchère à l'encontre de l'adjudicataire défaillant.

En se portant adjudicataire de l'immeuble, l'adjudicataire a l'obligation de payer le prix. Le défaut de paiement du prix ouvre droit à la folle enchère. Par ailleurs, la partie qui initie la folle enchère en réclamant l'annulation du jugement attaqué doit prouver la violation des dispositions d'ordre public des articles 314 et suivants de l'AUPSRVE qui régissent la procédure de folle enchère[293].

2. Défaut de paiement des frais

273. L'adjudicataire est également tenu de payer les frais de poursuites taxés dans le délai imparti. L'adjudicataire qui n'a pas satisfait à cette obligation légale peut être poursuivi selon la procédure de folle enchère.

En pratique, la folle enchère est déclenchée lorsque l'adjudicataire n'a pas payé le prix et les frais. Il est difficilement envisageable qu'un adjudicataire qui paie le prix s'abstienne de payer les frais dont le quantum est relativement modeste par rapport au prix de l'adjudication.

3. Les manquements au cahier des charges

274. Le défaut d'exécution des obligations contenues dans le cahier des charges ouvre droit également à la folle enchère. Il incombe à l'adjudicataire de satisfaire toutes les obligations et clauses particulières du cahier des charges. L'inobservation de ces clauses déclenche la folle enchère, la sanction de l'inexécution des obligations de l'adjudicataire dans le délai prescrit est l'annulation de l'adjudication et la remise en vente de l'immeuble sur folles enchères[294].

---

[293] CCJA, arrêt n°028/2009 du 30 avril 2009, Aff. Société ROMEO INTERNATIONAL c/ MEROUEH Réda et autres, Recueil de jurisprudence n°13, janvier-juin 2009, p.85, www.ohada.com/jurisprudence/Ohadata J-10-72.

[294] TGI de Ouagadougou, jugement d'adjudication n°02 du 08 janvier 2003, TIENDREBEOGO BOUKARE c/ TIEMTORE Moumouni et TIEMTORE MAMADOU, www.ohada.com/jurisprudence/Ohadata J-04-337.

B. Défaut de publication de l'acte d'adjudication

275. En application de l'article 314-2 AUPSRVE, la folle enchère est ouverte lorsque l'adjudicataire ne fait pas publier la décision judiciaire ou le procès-verbal notarié d'adjudication à la conservation foncière dans le délai de deux mois suivant l'adjudication. L'adjudicataire est astreint à une obligation de diligence afin de faire publier le titre d'adjudication dans le délai prescrit. La délivrance de la grosse du jugement d'adjudication étant subordonnée au paiement du prix et des frais, l'obligation de faire publier le titre d'adjudication doit être comprise comme une exigence supplémentaire à l'obligation de paiement du prix.

§2. Les titulaires de l'action

276. L'action est réservée à certains plaideurs (A). La mise en œuvre de cette procédure requiert la preuve de la défaillance de l'adjudicataire (B).

A. Une action réservée

277. Aux termes de l'article 315 AUPSRVE, la folle enchère peut être intentée par le saisi, le créancier poursuivant et les créanciers inscrits et chirographaires. Elle est formée contre l'adjudicataire et éventuellement, ses ayants cause. Les créanciers ont intérêt à agir contre l'adjudicataire défaillant afin de remettre l'immeuble en vente et d'obtenir le paiement de leurs créances. Il a été jugé que l'héritier qui reste saisi de la dette de son auteur, peut parfaitement offrir de se libérer, il a qualité pour initier une procédure de folle enchère en application de l'article 315 susvisé puisqu'il recueille les droits et actions de son auteur[295].

En présence des créanciers hypothécaires et inscrits, le créancier chirographaire qui n'est pas assuré d'être désintéressé hésitera de déclencher une procédure de folle enchère.
Par contre, l'intérêt du débiteur saisi de recourir à la folle enchère contre l'adjudicataire est souvent justifié par le dessein inavoué de

[295] TRHCDK, Audience du 11 février 2003, jugement n°279, Agence Lamine SOW c/ Malick NIANG, www.ohada.com/jurisprudence/Ohadata J-05-35.

faire échec à l'adjudication définitive de son immeuble en multipliant des contestations.

B. La procédure de la folle enchère

278. La procédure de la folle enchère n'est soumise à aucune condition de délai. Elle peut être intentée tant qu'existe la cause de la folle enchère, mais dans la limite du délai de prescription de droit commun qui est de 30 ans[296]. Le fol enchérisseur doit établir la preuve de la défaillance alléguée dont l'appréciation relève de la compétence du juge.

La partie saisie qui entend initier une folle enchère doit, au préalable, se faire délivrer par le greffe ou le notaire ayant procédé à l'adjudication, « un certificat attestant que l'adjudicataire n'a pas justifié de l'exécution des clauses et conditions du cahier des charges[297]». La recevabilité de la procédure étant subordonnée à la production de ce certificat, l'adjudicataire s'oppose généralement à sa délivrance comme l'y autorise l'article 316 alinéa 2 AUPSRVE. En cas d'opposition, la partie la plus diligente saisit par requête, le président du tribunal compétent pour statuer sur les mérites de cette opposition. Il peut ordonner la délivrance dudit certificat par le greffier ou le notaire ou rejeter la demande de délivrance du certificat litigieux. En tout état de cause, sa décision est insusceptible de recours.

279. Le certificat est signifié à l'adjudicataire. Dans les cinq jours de cette signification, il est procédé à la publicité en vue de la nouvelle adjudication. Les affiches et insertions indiquent les nom, prénoms, domicile ou demeure du fol enchérisseur, le montant de l'adjudication, une mise à prix fixée par le poursuivant, et le jour auquel aura lieu, sur l'ancien cahier des charges, la nouvelle adjudication. Le délai entre la nouvelle publicité et la vente est de quinze jours au moins et de trente jours au plus[298].

280. Quinze jours au moins avant l'adjudication, signification est donc faite à l'adjudicataire, au saisi, au saisissant et aux créanciers, des

---

[296]P-G. PONGOUÉ, F. TEPPI KOLLOKO, La saisie immobilière dans l'espace OHADA, op.cit., p.95
[297] Article 316 AUPSRVE
[298] Article 317 AUPSRVE

jours, heure et lieu de l'adjudication. Cette signification est faite par acte d'avocat à avocat et, à défaut d'avocat, par exploit d'huissier. Si le titre d'adjudication a été délivré, le poursuivant à la folle enchère signifie à l'adjudicataire, avec commandement, une copie de la décision judiciaire ou un procès-verbal notarié d'adjudication. Cinq jours après cette signification, il peut procéder à la publicité de la nouvelle vente comme prévu à l'article 317 AUPSRVE.

281. Jusqu'au jour de la revente, si le fol enchérisseur s'exécute *in extremis* en justifiant de l'exécution des conditions de l'adjudication, les causes d'ouverture de cette action ayant disparu, la procédure de folle ne peut plus être poursuivie. L'article 320 AUPRVE permettant au fol enchérisseur de produire la preuve de l'accomplissement des formalités jusqu'au jour de la revente. Dans ce cas, le fol enchérisseur est excepté de l'obligation de communication préalable des pièces mise à sa charge, par la législation nationale[299]. Une somme suffisante, fixée par le président de la juridiction compétente, pour faire face aux frais de la procédure de folle enchère.

282. L'article 321 indique que les formalités et délais prévus par les articles 316 à 319 suscités sont observés à peine de nullité. Les moyens de nullité doivent être formulés cinq jours avant l'adjudication prévue à l'article 317. On peut noter une différence s'agissant des sanctions attachées à l'inobservation des délais. Alors que l'article 297 alinéa 1 sanctionne l'inobservation des délais par la déchéance, l'article 321 sanctionne de nullité le non-respect des délais.

283. S'agissant de la vente, l'article 322 dispose en effet, s'il n'est pas porté d'enchère, la mise à prix peut être diminuée, dans la limite fixée par l'article 267 AUPSRVE, par décision du président de la juridiction compétente. Si malgré cette diminution de la mise à prix, aucune enchère n'est portée, le poursuivant est déclaré adjudicataire pour la première mise à prix. Le fol enchérisseur ne peut enchérir sur la nouvelle adjudication.

Par ailleurs l'article 323 fait peser un certain nombre d'obligations sur le fol enchérisseur puisque aux termes de cette disposition, celui-ci

---

[299] CCJA, Ass.Plén. arrêt n°061 bis/2015 du 29 avril 2015, Aff. BIRAHIM DIAGNE c/ 1) HOUTINKINE LOPY ; 2) Société Nationale de Recouvrement, www.ohada.com/jurisprudence/Ohadata J-16-64. précité.

est tenu des intérêts de son prix jusqu'au jour de la seconde vente et de la différence de son prix et de celui de la deuxième adjudication lorsque celui-ci est plus faible. En outre l'alinéa 2 du même article précise que si le deuxième prix est plus élevé que le premier, la différence en plus ne lui profite pas. Il ne peut obtenir le remboursement des frais de procédure et de greffe ni les droits d'enregistrement qu'il a payés.

FORMULE 20

ORDONNANCE DE CONSIGNATION DES FRAIS DE FOLLE ENCHERE

Nous…Président du Tribunal de grande Instance de Brazzaville ;
Vu le dossier de la procédure introduite devant le tribunal de grande instance de… aux fins de saisie immobilière portant sur l'immeuble sis à Brazzaville, parcelle…. rue…. cadastrée section…. bloc….parcelle….arrondissement….d'une superficie de….objet du titre foncier n°….propriété de…… ;
Vu la requête aux fins de consignation des frais de folle enchère introduite par la Société….adjudicataire déclarée de l'immeuble sus-spécifié suivant jugement du tribunal de grande instance du……
Vu l'article 320 de l'acte uniforme portant organisation des procédures simplifiées de recouvrement et des voies d'exécution ;

EN CONSÉQUENCE

Fixons à…F CFA, la somme à consigner au greffe du tribunal de céans par la société…pour faire face aux frais de poursuites sur folle enchère ;
Disons que la consignation de cette somme emporte l'arrêt des poursuites et rend sans objet la nouvelle adjudication ;
Disons que la présente ordonnance est exécutoire sur minute et avant enregistrement ;
Fait en notre cabinet, au palais de justice de Brazzaville, le…

Le Président

Chapitre 3. La distribution du prix

284. La distribution du prix de vente de l'immeuble est l'ultime phase de la saisie immobilière. La saisie immobilière étant dénuée d'effet attributif, le concours des créanciers justifie l'existence d'une procédure spécifique. Ce n'est pas parce qu'un créancier a initié la procédure de saisie en premier qu'il peut prétendre être désintéressé en premier. Tout est fonction de sa sûreté et de son rang dans l'ordre de distribution du prix de la vente.

L'ordre de la distribution du prix est organisé par l'Acte uniforme portant organisation des sûretés. La distribution peut être amiable lorsque les créanciers parviennent à établir un projet de distribution amiable (section 1). L'échec d'une répartition amiable conduit à la saisine du juge pour obtenir une distribution judiciaire (section 2).

Section 1. La distribution amiable

285. L'Acte uniforme a privilégié une distribution amiable du produit de la vente afin de ne pas obérer davantage les frais de poursuite avec l'introduction d'une action en distribution du prix. Encore faut-il que les créanciers parviennent à un accord, l'intransigeance de certains créanciers pouvant ruiner les chances de parvenir à un accord.

On notera que la recherche préalable d'un accord n'est pas requise, un créancier pouvant saisir directement le juge de la distribution. Il a été jugé que le fait pour un créancier de saisir directement le juge de la distribution sans rechercher au préalable un accord pour parvenir à une répartition amiable ne peut être sanctionné par l'irrecevabilité de l'action. La seule obligation qui pèse sur le demandeur à la distribution est de respecter le délai d'un mois avant la saisine du juge[300]. La distribution amiable du produit de la vente peut être facilitée selon que l'on se trouve en présence d'un créancier unique (§1) ou de plusieurs créanciers (§2).

---

[300] TRHCDK, ordonnance de distribution du prix d'adjudication n°319 du 15 mars 2001, Société Général des Banque au Sénégal c/ S.N.R et Lobath FALL,www.ohada.com/jurisprudence/Ohadata J-03-266, précité

§1. Le créancier unique

286. En présence d'un créancier unique, le juge n'intervient pas[301]et la répartition est plus aisée. Le produit de la vente est remis à celui-ci jusqu'à concurrence du montant de sa créance, en principal, intérêts et frais. Cette remise est effectuée dans un délai de quinze jours, au plus tard, à compter du versement du prix de la vente. Dans le même délai, le solde est remis au débiteur. À l'expiration de ce délai, les sommes qui sont dues produisent intérêt au taux légal (art.324). La répartition devient plus délicate en présence de plusieurs créanciers.

§2. La pluralité des créanciers

287. S'il y a plusieurs créanciers inscrits ou privilégiés, ceux-ci peuvent s'entendre sur une répartition consensuelle du prix de la vente. Dans ce cas, ils adressent leur convention sous seing privé ou sous forme authentique au greffe ou à l'auxiliaire de justice qui détient les fonds.

Le règlement des créanciers est effectué dans le délai de quinze jours à compter de la réception de l'accord. Dans le même délai, le solde est remis au débiteur. À l'expiration de ce délai, les sommes qui sont dues produisent intérêt au taux légal. A défaut de parvenir à un accord, une action aux fins de distribution du prix est introduite.

Section 2. La distribution judiciaire

288. Elle n'intervient que si, dans le délai d'un mois qui suit le versement du prix, les créanciers ne sont pas parvenus à un accord. Le plus diligent d'entre eux saisit le président du tribunal compétent du lieu de la vente ou le magistrat délégué aux fins de répartition du prix. En se référant au cadre procédural de l'intervention du juge (§1) des précisions seront apportées sur la répartition du prix de vente (§2).

[301]I.SAMBE, Distribution du prix dans l'acte uniforme portant organisation des procédures simplifiées de recouvrement et voies d'exécution, www.ohada.com/Doctrine/Ohadata D-05-11

§1. Le cadre procédural

L'Acte uniforme ne spécifie pas le mode de saisine du juge (A). Généralement, le juge est saisi par dépôt de dires (B).

A. Le mode de saisine du juge

289. L'article 327 ne précise pas le mode de saisine[302]du juge compétent et la question n'est pas dénuée d'intérêt lorsque l'on sait l'importance que le législateur OHADA attache au respect du formalisme dans la procédure de la saisie immobilière.

À la lecture de l'article 327, il en ressort que c'est par voie d'assignation que le juge sera saisi puisque selon ce texte, cet acte de saisine indique la date de l'audience et fait sommation aux créanciers de produire, c'est-à-dire d'indiquer ce qui leur est dû, le rang auquel ils entendent être colloqués et de communiquer toutes pièces justificatives.

La sommation reproduit les dispositions de l'article 330. Dans une procédure ou le juge a été saisi au moyen d'un exploit valant opposition au prix de vente, le tribunal a déclaré la procédure irrecevable au motif que le juge n'était pas régulièrement saisi, qu'un tel ne pouvant valablement saisir le juge de la distribution[303].

290. Le mode de saisine du juge étant connu, il importe de préciser que l'exploit d'assignation est également signifié au saisi ; ce dernier ayant intérêt à assister à la distribution du prix. L'audience ne peut avoir lieu moins de 40 jours après la dernière signification. Les contestations sont élevées au moyen des dires.

Précisons que lorsque le débiteur fait l'objet d'une procédure collective, la répartition du prix est effectuée conformément à l'article 163 AUPCAP. En vertu de cette disposition, le Juge-commissaire ordonne, s'il y a lieu, une répartition des deniers entre les créanciers, en fixe la quotité et veille à ce que tous les créanciers en soient avertis. Dès la répartition ordonnée, le syndic adresse à chaque créancier admis, en règlement de son dividende, un chèque à son ordre tiré sur le compte ouvert dans les conditions de l'article 45 AUPCAP.

---

[302] I. SAMBE, op.cit, p.3

[303] TRHCDK, ordonnance de distribution du prix n°0318 du 15 mars 2001, SFE EX-SOGECA c/ ARIAL FARGEAS SY, www.ohada.com/jurisprudence/Ohadata J-03-265.

L'ordre de distribution des deniers provenant de la réalisation des immeubles est fixé conformément à l'article 166 AUPCAP[304].

B. Le dépôt des dires

291. La partie qui entend soulever des contestations est tenue de le faire au moyen des dires qui doivent être déposés, au plus tard, cinq jours avant l'audience. Ils doivent être communiqués aux autres parties (art.331). La communication des dires est une obligation légale dont l'inobservation est sanctionnée. Au vu des productions, dires et explications des parties, le juge de la distribution procède à la répartition du prix de la vente. Il peut, pour causes graves et dûment justifiées, accorder une remise de la répartition, et fixer le jour de la nouvelle audience.

292. Signalons que la décision judiciaire accordant ou refusant une remise n'est susceptible d'aucun recours (art.332). A contrario, en vertu de l'article 333 AUPSRVE, la décision judiciaire rendue sur le fond est susceptible d'appel dans les quinze jours de sa signification. L'appel n'est recevable que si le montant de la somme contestée est supérieur au taux des décisions judiciaires rendues en dernier ressort.

---

[304]Les deniers provenant de la réalisation des immeubles sont distribués ainsi :
1° aux créanciers bénéficiant du privilège prévu par les articles 5-11, 11-1 et 33-1 ; 2°aux créanciers des frais de justice engagés pour parvenir à la réalisation du bien vendu et à la distribution elle-même du prix ; 3° aux créanciers de salaires super privilégiés en proportion de la valeur de l'immeuble par rapport à l'ensemble de l'actif ; 4° aux créanciers titulaires d'une hypothèque conventionnelle et aux créanciers séparatistes inscrits dans le délai légal, chacun selon le rang de son inscription au livre foncier ; 5° aux créanciers de la masse tels que définis par l'article 117 ci-dessus ; 6° aux créanciers munis d'un privilège général selon l'ordre établi par l'Acte uniforme portant organisation des sûretés, à savoir, aux créanciers munis d'un privilège général soumis à publicité, chacun selon le rang de son inscription au Registre de commerce et du crédit mobilier, et aux créanciers munis d'un privilège général non soumis à publicité selon l'ordre établi par l'article 180 de cet Acte uniforme ; 7° aux créanciers chirographaires munis d'un titre exécutoire ; 8° aux créanciers chirographaire non munis d'un titre exécutoire.
En cas d'insuffisance des deniers pour désintéresser totalement les créanciers de l'une des catégories désignées aux 1°, 2°, 3°, 5°, 6°, 7° et 8° du présent article venant à rang égal, ceux-ci concourent aux répartitions dans la proportion de leurs créances totales, au marc le franc.

§2. La répartition du prix de vente

293. La répartition du prix entre les divers créanciers est précédée de la production de leurs créances afin d'être colloqué selon leur rang. Les créanciers produisent leurs créances (A). La répartition est faite selon l'ordre de distribution (B).

A. La production des créances

294. Après avoir été sommés, les créanciers sont tenus de produire leur déclaration de créance au greffe. En effet, aux termes des dispositions de l'article 330, dans les vingt jours de la sommation, les créanciers effectuent leur production au greffe de la juridiction compétente. L'expiration de ce délai emporte de plein droit déchéance contre les créanciers non produisants. Il en résulte que le créancier qui n'a pas produit sa déclaration de créances ou qui l'a effectué tardivement est déchu de plein droit[305]. Ce faisant, il perd tout privilège ou tout droit de préférence par rapport aux créanciers produisants[306] et ne pourra plus faire valoir ses privilèges afin qu'il soit colloqué par préférence.

De ce fait, lorsque le produit de la vente est suffisant pour désintéresser les créanciers produisants, la totalité de la somme leur sera versée alors qu'autrement, une distribution au marc le franc serait envisagée, en tenant compte du rang et des privilèges des créanciers.

295. Précisons toutefois que cette déchéance n'est attachée qu'au bénéfice de la sûreté dans le cadre de la distribution du prix. La conséquence est que le créancier perd son rang dans la hiérarchie de créanciers à désintéresser en priorité. C'est dire que même déchu pour production tardive, celui qui a omis de produire peut se prévaloir, à l'encontre des créanciers chirographaires de son hypothèque, et se faire payer avant eux sur le reliquat restant à repartir, la déchéance ne pouvant purger sa créance. Ainsi lorsqu'il n'y a pas de solde restant,

---

[305] CA Dakar, arrêt n°77 du 08 février 2001, La SGBS C/ La SNR, www.ohada.com/jurisprudence/Ohadata J-06-62. Dans le meme sens TRHCDK, ordonnance de distribution du prix d'adjudication n°319 du 15 mars 2001, Société Général des Banque au Sénégal c/ S.N.R et Lobath FALL,www.ohada.com/jurisprudence/Ohadata J-03-266. précité

[306] F-J. PANSIER, « *Ordre judiciaire* », in S. GUINCHARD, T. MOUSSA (dir), *Droit et Pratique des voies d'exécution*, op. cit. p.1793

le créancier déchu peut utilement recourir à d'autres moyens pour recouvrer le paiement de sa créance[307].

B. L'ordre de la distribution

296. L'ordre de la distribution du prix de vente de l'immeuble est organisé par l'Acte uniforme portant organisation des sûretés.
Aux termes de l'article 225 de l'Acte dudit Acte uniforme « Les deniers provenant de la réalisation des immeubles sont distribués dans l'ordre suivant :

1) aux créanciers des frais de justice engagés pour parvenir à la réalisation du bien vendu et à la distribution elle-même du prix ;
2) aux créanciers de salaires super privilégiés ;
3) aux créanciers titulaires d'une hypothèque conventionnelle ou forcée et aux créanciers séparatistes inscrits dans le délai légal, chacun selon le rang de son inscription au registre de la publicité immobilière ;
4) aux créanciers munis d'un privilège général soumis à publicité, chacun selon le rang de son inscription au Registre du Commerce et du Crédit Mobilier ;
5) aux créanciers munis d'un privilège général non soumis à publicité selon l'ordre établi par l'article 180 du présent Acte uniforme ;
6) aux créanciers chirographaires munis d'un titre exécutoire lorsqu'ils sont intervenus par voie de saisie ou d'opposition à la procédure.

En cas d'insuffisance de deniers pour désintéresser les créanciers désignés aux 1), 2), 5) et 6) du présent article venant à rang égal, ceux-ci concourent à la distribution dans la proportion de leurs créances totales, au marc le franc.

---

[307] En droit français, l'article 113 du décret du 27 juillet 2006 indique à propos que « Nonobstant la déchéance qu'ils encourent dans la procédure de distribution en application de l'article 2215 du code civil, les créanciers sommés de déclarer leur créance et qui ont omis de le faire peuvent y procéder dans les formes prévues par l'alinéa ci-dessus aux fins de se voir répartir le solde éventuel»

Enfin, si l'adjudication ou folle enchère intervient au cours de la procédure ou même après le règlement définitif, la juridiction compétente modifie l'état de collocation suivant les résultats de l'adjudication (art.335).

Chapitre 4. Les voies de recours

297. Les décisions rendues en matière de saisie immobilière peuvent faire l'objet des voies de recours. Il est de principe que les décisions de justice peuvent être entachées d'erreur ou d'injustice, il est donc nécessaire de donner aux plaideurs une garantie contre ce risque, en leur permettant de provoquer un nouvel examen du procès[308], en mettant les moyens procéduraux à la disposition des plaideurs ou des tiers pour obtenir un examen nouveau de leur affaire[309].

Cet objectif louable s'est transformé en une source d'enlisement de la procédure, permettant au plaideur qui entend gagner du temps, de faire du dilatoire[310]. En matière de saisie immobilière, l'exercice des voies de recours obéit à des conditions particulières inhérentes à la nature de la décision critiquée. Dans nombre des procédures, le disant va contester la régularité de la procédure en invoquant telle disposition ou la déchéance sur le fondement de telle autre disposition alors qu'il s'agissait d'appliquer tel article. Le juge doit donc faire application de l'article 142 CPCCAF pour restituer aux faits leur véritable qualification juridique[311], article 12 du Code malien de procédure

[308] (J.) VINCENT, (S.)GUINCHARD, *Procédure civile*, op. cit. p.963
[309] *ibidem*
[310] C. MAGENDIE, *Célérité et qualité de la justice, la Gestion du temps dans le procès*, Rapport au Garde des Sceaux, ministre de la justice, 15 juin 2004, p.217. Selon l'auteur, un procès qui se prolonge a tendance à se compliquer. Ainsi, les voies de recours sont des sources des lenteurs des procédures. En instance d'appel, la source principale de la lenteur provient de l'admission de l'évolution de la matière litigieuse. Le litige risque de s'étendre, de se complexifier et la procédure de ralentir autant.
[311] Le tribunal est tenu de statuer dans la limite de la saisine, saisi afin d'enjoindre une partie à prendre connaissance du cahier des charges dépose par le créancier poursuivant afin qu'il y insère ses dires et observation, le tribunal ne peut ordonner la radiation du commandement (CCJA 27 mars 2008).

civile, commerciale et sociale[312] Le jugement rendu en cette matière peut faire l'objet d'appel (section 1) ou de pourvoi en cassation (section 2).

Section 1 : Le contentieux de la saisie immobilière en appel

298. La technicité du contentieux de la saisie immobilière peut induire en erreur les magistrats même les plus aguerris. La saisie immobilière étant une procédure peu familière dans tous les tribunaux, le contentieux y relatif est souvent concentré dans les grandes métropoles urbaines, généralement devant le juge des criées. Il n'est pas exclu, au gré des promotions et avec les aléas de la gestion des carrières des magistrats, qu'un conseiller à la Cour d'appel nanti d'une longue expérience professionnelle, n'ait pas été véritablement confronté à la complexité de la saisie immobilière en première instance.

Il faut distinguer les voies de recours ordinaires (appel, opposition) des voies de recours extraordinaires (tiers opposition, pourvoi en cassation, recours en révision). Cependant, d'un point de vue pratique, l'appel constitue la première et la plus importante des voies de recours[313]. Il constitue une voie de recours ordinaire en permettant d'assurer un double degré de juridiction en autorisant le plaideur à attaquer le jugement rendu en première instance et de soumettre au juge d'appel l'intégralité du litige soumis au premier juge, afin qu'il fasse l'objet d'un second examen complet devant les seconds juges. Comme en première instance, le juge d'appel examine avec une délicatesse toute procédure de saisie immobilière en s'intéressant

---

[312] Issu du décret n°99-254 du 15 septembre 1999, modifié par le décret n°09-220/P-RM du 11 mai 2009 (JO 2009-23). Aux termes de ce texte, le juge tranche le litige conformément aux règles de droit qui lui sont applicables. Il doit donner ou restituer leur exacte qualification aux faits et actes litigieux sans s'arrêter à la dénomination que les parties en auraient proposée. Il peut relever d'office les moyens de pur droit quel que soit le fondement juridique invoqué par les parties.
Toutefois, il ne peut changer la dénomination sur le fondement juridique lorsque les parties, en vertu d'un accord express et pour les droits dont elles ont la libre disposition, l'ont lié par les qualifications et points de droit auxquels elles entendent limiter le débat. Le litige né, les parties peuvent aussi, dans les mêmes matières et sous la même condition, conférer au juge la mission de statuer comme amiable compositeur, sous réserve d'appel si elles n'y ont pas spécialement renoncé.

[313] J. HERON, Th. LE BARS, *Droit judiciaire privé,* op. cit. n°718

particulièrement aux conditions de recevabilité de l'appel (§1) et l'effet dévolutif limité de cette voie de recours (§ 2).

§1. La recevabilité de l'appel

299. La recevabilité de l'appel est examinée à l'aune de trois prismes complémentaires, notamment au délai d'appel (A), à la rédaction de l'acte d'appel (B) et aux jugements pouvant être déférés en appel (C).

A. Le délai d'appel

300. Dans une procédure ordinaire, le délai pour interjeter appel est régi au Congo, par les dispositions du code de procédure civile. Au Congo, la matière fait l'objet des articles 66 et suivants du CPCCAF. Aux termes de l'article 66 suscité, l'appel du jugement est formé dans le délai d'un mois par les parties au procès[314]et le Ministère public. Le délai court selon l'article 67, pour les parties présentes ou représentées, au prononcé du jugement, à compter du jour du jugement ; pour les parties non-présentes ou non représentées à compter de la notification.

La CCJA considère qu'en application de l'article 336 AUPSRVE, lequel abroge toutes les dispositions relatives aux matières qu'il concerne dans les États parties, le délai d'appel contre les décisions rendues en audience éventuelle est régi par les articles 300 et 49 AUPSRVE et non par l'article 403 du code ivoirien de procédure civile[315]. Le Professeur Joseph ISSA SAYEGH a fait observer à ce sujet que l'expression « droit commun » utilisée dans l'article 49 AUPSRVE renvoi non pas au droit national, auquel cas les rédacteurs

---

[314] Ce délai est également d'un mois en droit malien : Le délai de recours par une voie ordinaire est d'un mois en matière contentieuse. Il est de quinze jours en matière gracieuse (Article554 Code malien de procédure civile, commerciale et sociale). Le délai d'appel pour les jugements contradictoires court à compter de la notification du jugement dont appel, pour les jugements par défaut du jour où l'opposition n'est plus recevable (Art.556-1 du même code) En droit Gabonais, le délai d'appel est de un mois et court en matière contentieuse dans les conditions prévues aux articles 451 à 460. En matière gracieuse, il court à compter de la décision (article 487 de l'ordonnance n°1/77/pr du 2 février 1977 Portant adoption du Code de procédure civile).

[315] CCJA, arrêt n°13/2002 du 18 avril 2002, BICICI c/ Dioum M'BANDY et Boucherie moderne de Cote d'Ivoire, Le Juris Ohada, n°3/2002 ; juillet-septembre 2002, p. 3, note-Recueil de jurisprudence de la CCJA, n° spécial, janvier 2003, p.58, www.ohada.com/jurisprudence/Ohadata J-02-66.

de l'article 49 AUPSRVE n'auraient pas manqué d'utiliser la formule « droit national » ou « législation nationale » des États parties, mais un renvoi aux règles générales de l'Acte uniforme posant les principes généraux des voies d'exécution figurant dans le titre I du livre II aux articles 28 et suivants[316].

301. Généralement, les arrêts de la Cour d'appel contiennent une formule assez originale résumant la recevabilité de l'appel par un considérant souvent libellé de la sorte : *considérant que l'appel interjeté par Dame X... a été formé dans les formes et délais requis ; Qu'il échet de le recevoir ; ou encore* Considérant que l'appel interjeté par *Y* en date du.... contre le jugement du tribunal de grande instance de... répertoire numéro...du... a été formé dans les formes et délais requis ; Qu'il échet de le recevoir. En matière de saisie immobilière, cette démarche est proscrite du fait que les conditions de recevabilité sont régies par l'AUPSRVE.

En effet, selon l'article 300 AUPSRVE les décisions judiciaires rendues en matière de saisie immobilière ne sont pas susceptibles d'opposition. Elles ne peuvent être frappées d'appel que lorsqu'elles statuent sur le principe même de la créance ou sur des moyens de fond tirés de l'incapacité d'une des parties, de la propriété, de l'insaisissabilité ou de l'inaliénabilité des biens saisis. Les décisions de la juridiction d'appel ne sont pas susceptibles d'opposition. Les voies de recours sont exercées dans les conditions de droit commun.

L'article 301 du même Acte uniforme ajoute que L'appel est notifié à toutes les parties en cause à leur domicile réel ou élu. L'acte est également notifié, dans le délai d'appel, au greffier de la juridiction compétente, visé et mentionné par lui au cahier des charges. L'acte d'appel contient l'exposé des moyens de l'appelant à peine de nullité. La juridiction d'appel statue dans la quinzaine de l'acte d'appel.

302. Pendant longtemps, les conditions de droit commun indiquées par l'article 300 AUPSRVE étaient diversement interprétées par les Cours d'appel. Certaines considéraient que les conditions de droit

---

[316] J. ISSA-SAYEGH, Observations sous CCJA, CCJA, arrêt n°13/2002 du 18 avril 2002, BICICI c/ Dioum M'BANDY et Boucherie moderne de Cote d'Ivoire, Le Juris Ohada, n°3/2002 ; juillet-septembre 2002, p. 3, note-Recueil de jurisprudence de la CCJA, n° spécial, janvier 2003, p.58, www.ohada.com/jurisprudence/Ohadata J-02-66.

commun dont s'agit renvoyaient aux conditions d'exercice d'appel régies par le droit national de chaque État partie au traité OHADA tandis que d'autres estimaient qu'il s'agissait d'un renvoi à l'AUPSRVE. Pour soutenir la première démarche, elles considéraient que le législateur communautaire n'ayant pas prévu de délai d'appel contre les décisions rendues en matière de saisie immobilière, c'est le délai de droit commun prévu par le législateur national qui devait être appliqué[317]. A contrario, une cour d'appel avait jugé qu'il résultait de la combinaison des articles 300 et 313 de l'AUPSRVE que le délai de droit commun pour interjeter appel en matière de saisie immobilière est de quinze (15) jours à compter du prononcé de la décision[318].

303. Il a fallu l'intervention de la CCJA pour préciser que l'article 300 al. 2 qui prescrit que les décisions rendues en matière de saisie immobilière ne peuvent être frappées d'appel que dans certains cas ne précise pas le délai d'appel ni son point de départ, indiquant simplement que les voies d'appel sont exercées dans les conditions de droit commun, qu'en l'absence de dispositions particulières, le délai d'appel pour tout litige relatif à une mesure d'exécution est celui prévu à l'article 49 des dispositions générales de l'Acte uniforme suscité qui précise que la décision rendue par la juridiction compétente pour statuer sur tout litige relatif à une mesure d'exécution est susceptible d'appel dans un délai de quinze jours à compter de son prononcé[319]. Les conditions de droit commun auxquelles renvoie l'article 300 al. 2 de l'AUPSRVE pour l'appel des décisions rendues en matière de saisie immobilière sont celles de l'article 49 du même texte et non celles du droit national[320]. Le délai pour interjeter appel s'exerce dans les conditions de droit commun, ce qui renvoie à l'application de l'article 49 du même acte uniforme,

---

[317] CA Littoral, arrêt n°019/C du 18 avril 2008, Aff. La Société NGUESSI Avenue Hôtel Sarl c/ BICEC SA, www.ohada.com/jurisprudence/Ohadata J-10-266.

[318] CA Abidjan, 1ère chambre, arrêt N°205 du 06 février 2004, Aff. Mme A EPSE B c/ SGBCI, le Juris Ohada 2 :2005, p.35, Ohadata J-05-365

[319]CCJA, arrêt n°13/2002 du 18 avril 2002, Aff. Banque Internationale pour le Commerce et l'Industrie de Cote d'Ivoire dite BICICI c / Dioum Mbandy et Boucherie Moderne de Cote d'Ivoire dite Boucherie Dioum Mbandy et Fils. Rec. CCJA, n° Spécial, janvier 2003, p.58, Juriscop.org, Ohada.com/Ohadata J-02-06, Obs. Issa-Sayegh ; voir aussi CCJA, 2ème chambre, arrêt n°6 du 02 février 2012, Aff. Société SSI c/ SANY, Juris Ohada, n°4, Octobre-décembre P.25, www.ohada.com/jurisprudence/Ohadata J-13-60.

[320] CCJA, 2e ch. arrêt n°O2/2018 du 11 janvier 2018 ;

lequel prévoit le délai de 15 jours à compter du prononcé du jugement[321].

304. Pour la CCJA, la Cour d'appel qui déclare irrecevable contre un jugement rendu à l'audience éventuelle validant le commandement tendant à la saisie immobilière et fixant la date d'adjudication, sur le fondement de l'article 313 AUPSRVE lequel se rapporte à la demande d'annulation de la décision judiciaire (ou procès-verbal) d'adjudication fait une fausse application de la loi. L'appel interjeté est irrecevable mais sur le fondement de l'article 300 al. 2 s'agissant d'un jugement ayant statué hors de cas où l'appel est prévu[322].

305. Il faut insister sur le fait que les conditions de droit commun indiquées à l'article 300 al. 4 ne renvoient nullement aux conditions de droit interne de chaque État partie. Le juge congolais ne peut se référer aux articles 66 et suivants du CPCCAF pour examiner la recevabilité de l'appel d'un jugement statuant sur un contentieux de saisie immobilière. Le délai d'appel étant de 15 jours, l'appel interjeté en méconnaissance dudit délai doit être déclaré irrecevable comme ayant été interjeté hors délai. L'erreur parfois commise par le juge d'appel, consiste à examiner le délai de recevabilité de l'appel à l'aune des dispositions du droit national alors que seuls les articles 300 et 49 AUPSRVE ont vocation à s'appliquer en la matière. La cour d'appel doit statuer dans un délai de 15 jours, délai difficilement tenable. L'objectif de célérité visé par le législateur OHADA n'a pas était atteint. L'acte uniforme n'a pas prévu de sanction lorsque la Cour d'appel saisie ne statue pas dans le délai de quinze jours à elle imparti[323]. L'appel obéit aux conditions de forme et des délais conformément à l'article 301 AUPSRVE.

[321] CCJA, 3eme ch. Arr. n°059/2012, du 07 juin 2012, aff. Société civile immobilière Milade et Joséphine dite SCIM et J C/ Maitre KOUAME Bi Irritié 2/ Société Nationale de Recouvrement de Cote d'ivoire dite SONARECI).

[322] CCJA, arrêt n° 2021/ 2012 du 15 mars 2012, Aff. TRAZIE Zamblé Roger c/ Banque internationale de l'Afrique de l'Ouest dite BIAO-CI, www.ohada.com/jurisprudence/Ohadata J-14-152.

[323] CA Abidjan, arrêt n°653 du 26 mai 2000, O.K.F c/ BICICI et autres, Le Juris Ohada, n°4/2002, octobre-décembre 2002, p. 62, note anonyme, www.ohada.com/jurisprudence/Ohadata J-03-71.

B. La rédaction de l'acte d'appel

306. Aux termes de l'article 301 al.3 AUPSRVE, l'acte d'appel contient l'exposé des moyens de l'appelant à peine de nullité. Il s'induit que l'appelant est tenu d'exposer ses moyens dans l'acte d'appel à peine de nullité de l'appel. En cette matière, l'acte d'appel vaut conclusions d'appel. Le fait pour l'appelant de ne pas avoir exposé ses moyens dans l'acte d'appel est sanctionné par la nullité dudit acte[324]. L'acte d'appel qui ne contient pas l'exposé des motifs de l'appelant, se contentant d'indiquer que les moyens seront développés ultérieurement, doit être déclaré irrecevable[325]. Sur le fondement de l'article 301 AUPSRVE a été déclaré nul l'acte d'appel contre une décision rendue en matière de saisie immobilière qui ne contenait pas les moyens exposés par l'appelante[326]. Doit être rejetée, l'exception de nullité de l'acte contenant les moyens de l'appelant[327]

307. La nullité prévue par l'article 301 AUPSRVE est une nullité automatique qui ne requiert pas la preuve d'un préjudice pour être prononcée. Au stade de la recevabilité de l'appel, l'arrêt doit indiquer en quoi le jugement attaqué a statué sur une question ouvrant à l'appel de la décision avant d'aborder le fond de l'affaire en se livrant, le cas échéant à une requalification des faits pour déterminer, si les moyens invoqués intègrent le domaine de l'appel[328]. Le juge d'appel doit exercer un contrôle méticuleux sur la recevabilité de l'appel sur le fondement de l'article 300 AUPSRVE, au risque de faire bénéficier indûment, à l'appelant le bénéfice du double degré de juridiction sur les questions purement formelles[329]

308. Il s'agit ici d'une particularité de la procédure de la saisie. Il ne suffit pas de relever appel de la décision en faisant une déclaration y relative au greffe du tribunal. En cette matière, l'avocat est tenu de faire l'exposé des moyens de l'appelant dans l'acte d'appel, la régularité de l'appel étant tributaire de l'exposé des moyens invoqués

---

[324] CA BOBO-DIOULASSO, Chambre Civile, arrêt n°053/08 du 21 Juillet 2008, BALIMA Lamoussa c/ BOA, www.ohada.com/jurisprudence/Ohadata J-10-122.

[325] CCJA, 1ere ch. arrêt n°O53/2016 du 21 avril 2016

[326]CA Lomé, ch.com n°2 /2020 du 15 janvier 2020.

[327] CA Dakar, Arrêt N°50 du 23 janv.2003, Aff. Paul FAYE et Véronique SARR C / BICIS, www.ohada.com/jurisprudence/Ohadata J-05-32.

[328] S. I. SOW, op.cit. p. 163

[329]S.I. SOW, op. cit. p. 163

au soutien de l'appel. L'appelant doit particulièrement mettre l'accent sur les conditions de recevabilité de son appel, en articulant les griefs formulés à l'endroit du jugement dont appel, tout en précisant que ledit jugement a statué sur l'un des cas d'ouverture indiqué à l'article 300 al. 2 AUPSRVE. Par ailleurs, l'intimé qui constate que l'appelant n'a pas observé les prescriptions de l'article 301 AUPSRVE doit soulever la nullité de l'acte d'appel dès lors que, comme cela est souvent le cas, l'appelant n'a pas exposé ses moyens dans ledit acte.

309. Conformément aux dispositions de l'article 301 AUPSRVE, l'appel est notifié à toutes les parties en cause à leur domicile réel ou élu y compris à l'adjudicataire, celui-ci est particulièrement intéressé par un appel dont l'issue peut remettre en cause son droit de propriété, de sorte que les conséquences tirées d'un appel qui ne lui a pas été notifié conformément à l'article 301 ne peuvent lui être opposables[330]. L'acte est également notifié, dans le délai d'appel, au greffier en chef du Tribunal de grande instance, visé et mentionné par lui au cahier des charges.

§2. Le jugement susceptible d'appel

310. Franchi l'obstacle de délais d'appel, pour être recevable, le jugement doit être appelable. L'appel autorisé par l'article 300 al. 2 ne peut porter que sur les questions de fond (A) à l'exclusion des contestations relatives aux questions de pure forme. Les applications pratiques des moyens visés à l'article 300 AUPSRVE (B) appellent quelques observations.

A. L'exclusion de l'appel aux contestations formelles

311. L'article 300 al. 2 AUPSRVE qui fixe les conditions dans lesquelles un jugement peut faire l'objet d'appel précise que les décisions judiciaires rendues en matière de saisie immobilière ne peuvent être frappées d'appel que lorsqu'elles statuent sur le principe même de la créance[331]ou sur des moyens de fond tirés de l'incapacité

[330] CA OUAGADOUGOU, arrêt n°61 du 07 juin 2002, Société TAMOIL BURKINA c/ Société de Pétrole TAGUI SA

[331] Si le législateur OHADA n'a pas définit ce qu'il entendait par principe même de la créance, la CCJA a ébauché une définition est retenant que le jugement qui constate la nullité de la convention d'ouverture de compte courant avec affectation hypothécaire, remet en cause

d'une des parties, de la propriété, de l'insaisissabilité ou de l'inaliénabilité des biens saisis.

Ce texte exclut le bénéfice de l'appel à la plupart des jugements rendus en matière de saisie immobilière ou, à tout le moins, le réduit à sa portion congrue en n'autorisant le recours à l'appel que dans les conditions limitativement énumérées. Le plaideur qui interjette appel d'un jugement n'ayant pas statué sur l'un des cas d'ouverture limitativement énuméré sera déclaré irrecevable. La prohibition d'appel ne souffre aucune exception dès lors que le jugement ne statue sur un moyen tiré du fond du droit[332].

Lorsque le tribunal a statué sur l'un des cas d'ouverture à l'appel énuméré à l'article 300 al. 2 AUPSRVE, le jugement rendu à l'audience éventuelle est susceptible d'appel. L'appel est recevable même si le jugement d'incident est improprement qualifié du jugement rendu en dernier ressort[333]. La qualification inexacte étant sans effet sur le droit d'exercer le recours et l'appel sera recevable[334].

Dans l'affaire ayant donné lieu à l'arrêt n° 2 du 09 mars 2006[335], pour rejeter le pourvoi, au visa de l'article 300 al. 2 AUPSRVE, la CCJA a retenu que le *« jugement attaqué rendu en matière de saisie immobilière, lequel ne statue ni sur le principe même de la créance, ni sur des moyens de fonds tirés de l'incapacité d'une des parties, ni sur la propriété ou l'insaisissabilité ou l'aliénabilité des biens saisis, n'est pas susceptible d'appel »*. Doit être déclaré irrecevable l'appel interjeté contre un jugement rendu à l'audience éventuelle au cours de laquelle le juge n'a statué ni sur le principe de la créance, ni sur aucun moyen visé à l'article 300 de l'AUPSRVE[336]. On considère, plus généralement, lorsque le tribunal n'a statué que sur l'annulation des actes de procédure, l'appel régularisé contre un tel jugement est

la validité du titre exécutoire et partant, le principe même de la créance, il devrait donc faire l'objet d'un appel avant d'être frappé d'un pourvoi(CCJA, 2e ch. arrêt n°35 du O3 juillet 2008, Aff. Standard Chartered Bank Cameroon S A, C/ 1° Société Industrielle des Tabacs du Cameroun S A dite SITABAC, 2° Société Azur Finances dite AZUR FINANCES S.A, Le Juris Ohada n°4/2008, p. 24, www.ohada.com/jurisprudence/Ohadata J-9-74 précité.

[332] A. LEBORGNE, *« jugement sur incident »*, in S. GUINCHARD, T. MOUSSA (dir), *Droit et Pratique des Voies d'exécution*, Op.cit, p.1426

[333] A. LEBORGNE, *ibidem*

[334] CA Paris, 10 juillet 1989. D. 1990, 158, note Prévault, cité par A. LEBORGNE, « jugement sur incident », *ibidem*

[335] CCJA, 2ème chambre, arrêt n°2 du 9 mars 2006, Aff. Monsieur L.E. Société Camerounaise de transformation dite SOCATRAF c/ Caisse Commune d'Epargne et d'Investissement, dite CCEI-Bank S.A. devenue Afriland First Bank S.A, précité

[336] CA Dakar, audience du 17 juillet 2003, arrêt n°394, Aff. Abdoul Alassane SECK et El Hadji Malick DIA c/ S.G.B.S, www.ohada.com/jurisprudence/Ohadata J-05-37.

irrecevable[337]. Cette jurisprudence joue également lorsque les griefs contre les jugements ne portent que sur la régularité formelle de la procédure, l'appel interjeté contre un tel jugement doit être déclaré irrecevable[338].

Par ailleurs, a été déclaré irrecevable, l'appel interjeté par l'une des parties postérieurement à l'audience éventuelle au cours de laquelle aucun dire ni contestation n'a été tranché[339]. Doit être déclaré irrecevable, l'appel dirigé contre la décision par laquelle le juge des criées, en audience éventuelle, a statué sur le moyen tiré de la nullité du commandement pour défaut du visa du gouverneur et de la sommation de prendre communication du cahier des charges[340]. Le juge d'appel se montre méticuleux pour déterminer si au regard des débats, le premier juge s'est prononcé sur le principe de la créance, l'existence d'une quelconque somme d'argent due au poursuivant, la contestation sur le quantum de la créance, son exigibilité ou liquidité ne peuvent être considérée comme une contestation portant sur le principe de la créance[341].

312. Le juge d'appel devra s'assurer que les conditions d'ouverture de cette voie de recours sont remplies par l'appelant. À l'issue de ce contrôle, lorsque le juge d'appel constate que le jugement dont appel n'a pas statué sur l'un des moyens d'ouverture indiqué à l'article 300 al. 2 AUPSRVE, l'appel est déclaré irrecevable. L'appel contre une décision rendue en matière de saisie immobilière n'étant pas possible si aucun élément cité par l'article 300 al. 2 de L'AUPSRVE n'avait été abordé par le premier juge[342]. Le juge d'appel qui déclare recevable l'appel formé contre un jugement rendu en matière de saisie

---

[337] Dakar, 10 juillet 2003, arrêt N°373, Aff. Alassane SECK c/ Thiédjiguène MBAYE épouse SOW, Yaha GUEYE, Ousseynou GUEYE, Abdoulaye GUEYE c/ La C.B.A.O, www.ohada.com/jurisprudence/Ohadata J-05-36.

[338] CA Dakar, arrêt n°374, du 28 juillet 2000, Cheikh Tidiane MBOUP c/ Compagnie bancaire de l'Afrique occidentale, www.ohada.com/jurisprudence/Ohadata J-03-162.

[339] CA Dakar, Arrêt N°50 du 23 janv.2003, Paul FAYE et Véronique SARR C / BICIS, précité

[340] CA Dakar, ch. &com. 1arrêt n°496, du 28 nov. 2000, Ibrahim Khalil Gueye c/ Abdourahmane Diop, Observations par Ndiaw DIOUF www.ohada.com/jurisprudence/Ohadata J-03-01.

[341] S. I. SOW, *Le traitement judiciaire des incidents de la saisie immobilière*, op.cit. p. 157 citant CA Dakar, arrêt n°05 du 2 février 2011, la BITS Sénégal devenue WTC et Ousmane WADE c/ Attijariwafa Bank,

[342] CCJA, 3e ch. N°282/2020 du 30 juillet 2020, Aff. SGI Holding FZE et du pool bancaire représenté par ECOBANK TCHAD SA C/ Salim capital FZE.

immobilière expose sa décision à la cassation lorsque l'appel en question ne porte pas sur l'un des éléments prévu à l'article 300 de l'AUPSRVE[343]. Il arrive que le jugement est susceptible à la fois d'appel et d'un pourvoi en cassation lorsque le juge a statué à la fois sur les moyens de forme et les moyens de fond[344].

B. L'application pratique des moyens visés à l'article 300 de l'Acte uniforme

313. Pour déterminer si les jugements contestés sont susceptibles d'appel, le juge d'appel s'assure si le jugement a statué sur le moyen tiré du principe même de la créance, celui tiré de l'incapacité d'une des parties, de la propriété de l'immeuble objet des poursuites ou encore le moyen tiré de l'insaisissabilité ou de l'inaliénabilité de l'immeuble. Il appartient au juge d'appel d'apprécier souverainement les faits pour en déterminer le caractère peu sérieux ou simplement dilatoire des arguments développés par les appelants à l'appui de leur appel, pour se prononcer la recevabilité de l'appel[345].

1) Le principe même de la créance

314. Le fait pour un jugement de statuer sur un moyen touchant au principe même de la créance a pour conséquence de rendre le jugement « appelable[346] ». Le législateur n'ayant défini ce qu'il entendait par principe de la créance, il revient au juge de préciser le contenu de cette notion. Pour ce faire, le juge saisi d'une telle contestation devra déterminer et caractériser, si au regard des éléments de fait et de droit, ceux-ci portent sur le principe même de la créance.

Nombreuses sont des hypothèses où un plaideur peut soulever des contestations considérées comme portant sur le principe même de la

---

343 CCJA, 1ère ch, n°008/2015 du 30 mars 2015 ;

344 CCJA, 2ème ch., arrêt n°2 du 9 mars 2006, Aff. Monsieur L.E. Société Camerounaise de transformation dite SOCATRAF c/ Caisse Commune d'Epargne et d'Investissement, dite CCEI-Bank S.A. devenue Afriland First Bank S.A., Le Juris-ohada n°3/2006, P.5. recueil de jurisprudence CCJA, n°7 p.20, précité ; www.ohada.com/jurisprudence/Ohadata J-07-09.

345 CCJA, Ass. Plén. Arrêt n°118/2014 du 04 novembre 2014, MFONFEU OSMANOU, Dame MFONFEU née NFOUDIKOU SALAMATOU c/Banque Internationale pour le Crédit et l'Epargne du Cameroun dite BICEC, www.ohada.com/jurisprudence/Ohadata J-15-209.

346 LEBORGNE, *« jugement sur incident »*, in S. GUINCHARD, T. MOUSSA (dir), *Droit et Pratique des Voies d'exécution*, op.cit, p.1422

créance. Le débiteur peut contester le principe même de la créance en invoquant la nullité de la convention d'ouverture de crédit à la base de la saisie ainsi que le défaut du titre exécutoire. L'appel interjeté contre le jugement statuant sur ces contestations est recevable[347].

Quand la saisie est dirigée contre la caution hypothécaire, la caution propriétaire de l'immeuble objet des poursuites peut soulever des contestations pour faire échec à la saisie en invoquant notamment l'extinction de la garantie tirée de l'extinction de l'hypothèque pour non-renouvellement de l'inscription hypothécaire[348]sur le fondement de l'article 196 AUS.

315. En droit français, les restrictions au droit d'appel en matière d'incident de la saisie immobilière édictées par l'article 731 du Code de procédure civile issu du décret-loi du 17 juin 1938 ne sont pas applicables aux contestations portant sur le fond même du droit. Est susceptible d'appel, comme statuant au fond et non sur un incident de saisie immobilière, le jugement qui se prononce sur l'action du saisi tendant à faire déclarer éteinte la créance du poursuivant[349]. Le juge ne se prive pas de la possibilité de le relever en cas de contestations de l'existence de la créance par le saisi soutenant qu'en application d'une convention d'assurance de groupe, l'assureur devait se substituer à lui[350] Il a été retenu qu'en statuant sur la mainlevée de l'hypothèque inscrite par la douane pour absence de créance de celle-ci contre les saisis, seuls propriétaires du titre foncier, le premier juge a bien statué sur un moyen de fond rendant l'appel du créancier recevable pour que soit réglée une telle question[351].

---

[347] CA Littoral, arrêt n°019/C du 18 avril 2008, Aff. La Société NGUESSI Avenue Hôtel Sarl c/ BICEC SA, www.ohada.com/jurisprudence/Ohadata J-10-266, précité.

[348] E. MANDESSI BELL, La caducité d'une hypothèque pour non renouvellement de l'inscription hypothécaire, peut-elle être invoquée dans tous les pays de la zone OHADA pour faire échec à une procédure de saisie immobilière, www.ohada.com/Doctrine/Ohadata D-09-52.

[349] Civ. 2e, 21 mai 1954, D. 1954.590.

[350] Civ. 2e, 25 févr. 1998, Bull. civ. II n°63.

[351] CA Dakar, arrêt n°298 du 23 juin 2000, Direction générale des Douanes c/ SARL SETTI, www.ohada.com/jurisprudence/Ohadata J-06-61, J.ISSA –SAYEGH, Répertoire quinquennal OHADA, 2006-2010, Tome.II, p.686. Dans cette espèce, l'administration des Douanes avait vendu aux enchères publiques des immeubles saisis à des débiteurs sur la base des procès-verbaux de transaction. Sur saisine des débiteurs, le tribunal annule la procédure de vent, en ayant relevé que les procès-verbaux de transaction le non revêtus de la formule exécutoire, ne peuvent fonder une exécution forcée, sans ordonner la mainlevée des hypothèques inscrits sur les immeubles. L'administration des Douanes a relevé appel du jugement.

On notera que le jugement qui constate la nullité de la convention notariée d'ouverture de compte courant avec affectation hypothécaire remet en cause la validité du titre exécutoire et partant, le principe même de la créance ; il devra faire l'objet d'un appel, le pourvoi ne pouvait être formé que contre l'arrêt rendu sur ladite contestation qui touche au fond du droit[352].

316. Pour justifier l'appel, la question de la créance doit avoir été débattue devant le premier juge. C'est ainsi qu'a été déclaré irrecevable, l'appel interjeté pour discuter le principe de la créance, lorsque celui-ci n'a pas été discuté devant le premier juge et que le jugement attaqué n'y a pas statué. L'exception d'inexécution n'est pas en elle-même une contestation de la créance puisque son fondement n'est pas nécessairement l'absence de créance[353].

La CCJA considère que même lorsque la discussion a porté sur la créance devant les premiers juges, la décision n'est pas susceptible d'appel si le tribunal a statué sur le quantum de la créance et non sur le principe de celle-ci. Viole l'article 300 AUPSRVE l'arrêt qui déclare recevable l'appel alors que seul le montant de la créance est discutable et non le principe même de la créance[354]. L'appel contre une décision rendue en matière de saisie immobilière ne saurait prospérer s'il s'avère qu'il n'avait pas été statué sur le principe de la créance, mais plutôt sur son montant. La contestation du montant de la créance n'affecte pas son principe, elle ne saurait justifier un appel en matière de saisie immobilière, car n'étant pas une exception ouvrant la voie à l'appel au sens de l'article 300 AUPSRVE.

2) Le moyen tiré de l'incapacité d'une des parties

317. L'incapacité est un état d'une partie privée par la loi de la jouissance et/ou de l'exercice de certains droits. S'agissant d'une personne physique, l'altération de la volonté est une cause naturelle

---

[352]CCJA, 2e ch. arrêt n°35 du 03 juillet 2008, Aff. Standard Chartered Bank Cameroon S A, C/ 1° Société Industrielle des Tabacs du Cameroun S A dite SITABAC, 2° Société Azur Finances dite AZUR FINANCES S.A, Le Juris Ohada n°4/2008, p. 24, www.ohada.com/jurisprudence/Ohadata J-9-74 précité.

[353] CA Dakar, ch.& com. arrêt du 06 février 2003, Société DABEL SARL c/ CBAO, Cheikh Tidiane DIOP et Marième KONE, www.ohada.com/jurisprudence/Ohadata J-03-142, J.ISSA –SAYEGH, Répertoire quinquennal OHADA, 2000-2005, p.530.

[354]CCJA, ASS. Plén. n°102 /2014 du 04 novembre 2014

d'incapacité d'exercice[355]. Pour protéger ces personnes contre cette défaillance de leurs facultés intellectuelles et corporelles, le Code congolais de la famille, consacre en ses articles 419 et suivants, un régime spécial aux majeurs protégés par la loi. Sur le terrain du commerce juridique, certains individus sont, en raison de leur âge-mineurs non émancipés- ou de l'altération de leurs facultés-majeurs protégés-, frappés d'une incapacité qui les prive de la possibilité de contracter eux-mêmes ou de contracter seuls[356]. L'incapacité ne peut être confondue à la qualité à agir. Si l'incapacité s'entend de l'état d'une personne privée par la loi de la jouissance ou de l'exercice de certains droits, au contraire la notion de qualité à agir retenue à tort par une cour d'appel, s'entend du pouvoir d'agir en justice, que la loi nationale a attribué à certaines personnes. C'est donc en violation de l'article 300 AUPSRVE qu'une cour d'appel a assimilé le défaut de qualité à agir à une incapacité au sens de l'article 300 précité pour déclarer l'appel recevable, exposant ainsi son arrêt à la cassation[357].

318. Les contestations sur l'incapacité d'une partie portent généralement sur la capacité d'une personne à représenter une partie ou encore la capacité à consentir une hypothèque sur l'immeuble objet des poursuites. Dans une procédure où les parties contestaient le jugement ayant ordonné la continuation des poursuites alors que les appelants invoquaient la nullité de l'hypothèque consentie par le père en raison de l'incapacité des enfants à se porter caution hypothécaire. Après avoir déclaré l'appel recevable, le juge d'appel s'est prononcé sur le fond touchant à la capacité d'une partie à hypothéquer l'immeuble appartenant à ses enfants dont certains étaient mineurs au moment de la constitution de la sûreté[358].

319. S'agissant de l'incapacité visée à l'article 300 AUPSRVE, le juge d'appel de Dakar a considéré que la notion d'incapacité a une

---

[355]F. TERRE, D. FENOUILLET, *Droit civil, les personnes, la famille, les incapacités*, Paris, Dalloz, 7e éd. 2005, n°1201, p.1382.

[356] F.TERRE, Ph. SIMLER, Y. LEQUETTE, *Droit civil, les obligations*, Paris, Dalloz 10e éd. 2009, n°97, p.1542.

[357]CCJA, Ass. Plén. Arrêt n°051/2015 du 27 avril 2015, Aff. AMSATOU GUEYE c/ Société Nationale de Recouvrement dite SNR, www.ohada.com/jurisprudence/Ohadata J-16-51.

[358] CA du Littoral, arrêt n°086/CC du 7 juillet 2008, TSEDI NENGOUE et autres c/ AFRILAND FIRST BANK SA, Obs. Yvette Rachel KALIEU ELONGO, www.ohada.com/jurisprudence/Ohadata J-10-260; J.ISSA –SAYEGH, Répertoire quinquennal OHADA, 2006-2010.

signification juridique bien précise ne pouvant souffrir d'aucune forme d'interprétation circonstanciée ; elle s'entend de l'état d'un « litigant » privé par la loi de la jouissance ou de l'exercice de certains droits[359]. L'incapacité est dite d'exercice lorsque la personne qui en est frappée est inapte à mettre en œuvre elle-même ou à exercer seule certains droits dont elle demeure titulaire[360]. L'incapacité est remédiée par le pouvoir de représentation. L'incapacité faisant surgir le pouvoir qui est destiné à la compenser[361]. Les contestations portées devant le juge d'appel se rapportant aux questions de l'incapacité se focalisent sur l'incapacité juridique du poursuivant à initier les poursuites[362].

3) Le moyen tiré de la propriété

320. Le moyen tiré de la propriété de l'immeuble est souvent soulevé pour fonder une demande en distraction sur le fondement de l'article 308 AUPSRVE, lorsque l'immeuble vendu appartient à un débiteur marié. Les contestations peuvent être soulevées sur l'assiette de la saisie : le conjoint non tenu de la dette, propriétaire indivis de l'immeuble sollicite la distraction du bien.

Généralement, la demande est introduite par un dire pour être tranchée à l'audience éventuelle. Le jugement statuant sur cette question de la propriété de l'immeuble est susceptible d'appel conformément à l'article 300 AUPSRVE. La demande en distraction peut être introduite avant l'audience d'adjudication sur le fondement de l'article 299 al. 2, lequel autorise de poursuivre la distraction de tout ou partie des biens saisis jusqu'au huitième jour avant l'adjudication. La question se pose de savoir si le jugement statuant sur la contestation et procédant à l'adjudication de l'immeuble est susceptible d'appel. Le plaideur débouté de sa demande en distraction doit-il contester ce jugement en introduisant un recours en annulation

---

359 CA Dakar, arrêt n°394 du 8 septembre 2000, Issa SALL c/ SGBS, www.ohada.com/jurisprudence/Ohadata J-03-168.

360 GUINCHARD (S), DEBARD (Th), *Lexique des termes juridiques*, op. cit

361 J. HERON, Th. LE BARS, Droit judiciaire privé, p. précité n°196, p.116 ces auteurs estiment que l'incapacité d'exercice qui atteint une personne physique se transformerait en incapacité de jouissance si la loi ne venait pas conférer à une autre personne le pouvoir d'accomplir l'acte à la place de l'incapable ou, au moins, celui de l'assister dans la passation de l'acte.

362 S. I. SOW, *Le traitement judiciaire des incidents de la saisie immobilière*, op. cit. P.159 citant CA Dakar, arrêt n°538 du 18 avril 2012, Aff. Alliance Technologie informatique, dite ATI et Moustapha NDOYE c/ CBAO Groupe Attijariwafa Bank, Bulletin des arrêts rendus par la Cour d'appel de Dakar en matière civile et commerciale, 2013, vol. 1, p. 218

sur le fondement des articles 293 et 313 AUPSRVE. Les avis divergent et la jurisprudence est des plus contradictoires (nous y reviendrons.)

4) Le moyen tiré de l'insaisissabilité ou de l'inaliénabilité de l'immeuble

321. L'insaisissabilité s'entend de la caractéristique juridique d'un bien ou d'un droit qui ne peut faire l'objet d'une transmission d'une personne à une autre. L'inaliénabilité procède, généralement d'une interdiction légale[363]. Dans l'affaire Issa SALL contre SGBS, la Cour d'appel de Dakar définissait l'insaisissabilité s'entend des biens que la loi fait échapper totalement ou partiellement à la saisie dans le but de protéger un intérêt individuel ou collectif[364].

L'on constate un flottement dans l'argumentaire des plaideurs au sujet de l'insaisissabilité. Lorsque les contestations trouvent leur justification du moyen tiré de l'insaisissabilité de l'immeuble, les plaideurs invoquent souvent le caractère indivis de l'immeuble[365], ce qui dénote une certaine confusion. Le caractère indivis d'un immeuble ne pouvant entraîner son insaisissabilité. La Cour d'appel de Dakar retenant que l'appel qui porte sur un jugement qui a statué sur la saisissabilité et l'inaliénabilité du titre foncier est parfaitement recevable conformément à l'article 300 de l'AUPSRVE[366]. L'insaisissabilité est souvent attachée aux biens d'une personne publique bénéficiant de l'immunité d'exécution[367]. Lorsque les poursuites sont initiées sur les immeubles, ces personnes bénéficiant de l'immunité d'exécution, pour faire échec à la procédure, elles opposent au poursuivant l'insaisissabilité de leurs biens[368].

---

[363]GUINCHARD(S), DEBARD(Th), *Lexique des termes juridiques*, op. cit

[364] CA Dakar, arrêt n°394 du 8 septembre 2000, Issa SALL c/ SGBS, www.ohada.com/jurisprudence/Ohadata J-03-168, précité

[365] CCJA, arrêt n°25/2008 du 30 avril 2008, Aff. SGBCI c/ Madame KONAN Marie Aimée, KONAN KOUADIO Camille, Actualités juridiques, note anonyme, www.ohada.com/jurisprudence/Ohadata J-09-317 précité ; CA Abidjan, Arrêt n°402 du 13 avril 2001, Dame AIZAN N'SALE Marie Mouchia épouse Porquet c/ PORQUET Severin, BICICI, www.ohada.com/jurisprudence/Ohadata J-04-92.

[366] CA Dakar, ch. civ et com., arrêt du 2 janvier 2003, Papa Aly GUEYE c/ Aladji FALL, www.ohada.com/jurisprudence/OhadataJ-03-148, précité

[367] G.S. TSETSA, *Pratique des saisies mobilières en droit OHADA*, op. p. 86

[368] F. M. SAWADOGO, la question de la saisissabilité ou de l'insaisissabilité des biens des entreprises publiques en droit OHADA. A propos de l'arrêt de la CCJA du 7 juillet 2005,

L'immunité d'exécution est une mesure assez énergique. Elle ressemble à un bouclier qui permet à la personne morale débitrice, même de mauvaise foi, de se soustraire à ses engagements en ayant la certitude que son cocontractant ne dispose d'aucun moyen pour le contraindre à payer sa dette[369]. Elle constitue en fait un obstacle procédural d'ordre personnel qui empêche le créancier d'atteindre le patrimoine de sa débitrice, personne publique[370].

§3. Le recours contre les jugements rendus à l'audience éventuelle et d'adjudication

322. Dans certains cas, le jugement rendu à l'audience éventuelle ne peut être contesté au moyen d'une demande en nullité (A). Le recours contre le jugement d'adjudication est également une action en nullité, ce jugement ne peut faire l'objet d'appel (B).

A. L'ouverture d'une action en nullité contre le jugement rendu à l'audience éventuelle

323. La question se pose de savoir par quel moyen, le débiteur doit contester le jugement rendu à l'audience éventuelle statuant sur un acte de procédure vicié par l'inobservation d'une formalité substantielle, ou la violation d'un délai prescrit à peine de déchéance. Ce jugement n'ayant pas statué sur l'un des cas d'ouverture de l'appel prévus à l'article 300 alinéa 2, il ne peut faire l'objet d'appel. En application de l'article 299 al. 2 AUPSRVE, le plaideur débouté devra saisir le tribunal d'une action en nullité dudit jugement, tirée de la nullité de tout ou partie de la procédure suivie à l'audience éventuelle. Cette demande est introduite, à peine de déchéance, jusqu'au huitième jour avant l'adjudication.

324. Le législateur ayant estimé que, pour les malfaçons mineures qui peuvent affecter les jugements, il était préférable de permettre au juge

---

affaire Aziablévi Yovo et autres c/ Société TOGO Télécom » ; www.ohada.com/Doctrine/Ohadata D-07-16.

[369] M. SOH, Insaisissabilités et immunités d'exécution dans la législation OHADA ou le passe-droit de ne pas payer ses dettes, in Juridis N°51, p.89, www.ohada.com/Doctrine/Ohadata D-08-27

[370]U. ARMEL IBONO L'immunité d'exécution des personnes morales de droit public à l'épreuve de la pratique en droit OHADA, Revue de l'ERSUMA, n°3, septembre 2013, p.80

qui a déjà statué de revenir sur sa décision[371]. Pour statuer sur les contestations invoquées par le débiteur et visant le jugement rendu à l'audience éventuelle, non-susceptible d'appel, le tribunal devra se livrer à un nouvel examen précis de l'affaire sur les griefs articulés. Ce peut être les contestations tirées de l'incompétence du tribunal saisi, celles relatives au commandement aux fins de saisie immobilière, à la rédaction du cahier des charges, la communication de prendre communication dudit cahier ou toute autre contestation.

C'est le sens de cette jurisprudence de la CCJA qui retient que la contestation tendant à obtenir la nullité du jugement rendu à l'audience éventuelle, en raison de l'incompétence du tribunal saisi, doit être portée devant le tribunal dans les formes et délais prévus aux article 298 et 299 AUPSRVE, c'est à tort que la voie de l'appel a été utilisée dès lors que le jugement dont appel n'a pas statué dans l'un des cas spécifiés à l'article 300 al. 2. La cour d'appel qui a déclaré l'appel irrecevable sur le fondement erroné de l'article 313 AUPSRVE qui se rapporte à la demande d'annulation de la décision judiciaire d'adjudication, a fait une fausse application de la loi[372].

B. L'exclusion d'interjeter appel contre le jugement d'adjudication

325. Qualifié de contrat judiciaire[373], le jugement d'adjudication n'a pas en principe de caractère contentieux. N'ayant pas pour objet de statuer sur un contentieux, la nature juridique de l'acte d'adjudication n'autorise guère de le ranger au nombre des décisions contentieuses[374].

Parfois, à l'audience d'adjudication, le tribunal peut statuer sur les contestations soulevées, avant de procéder à l'adjudication de l'immeuble. En cette occurrence, on sera en présence d'une véritable décision contentieuse avec les conséquences attachées à cette qualification, notamment, la possibilité des voies de recours[375]. Dans

---

[371] J. HERON, Th. *LE BARS, Droit judiciaire privé*, op. cit, n°380, p.220

[372] CCJA, arrêt n° 2021/ 2012 du 15 mars 2012, Aff. TRAZIE Zamblé Roger c/ Banque internationale de l'Afrique de l'Ouest dite BIAO-CI, www.ohada.com/jurisprudence/Ohadata J-14-152. précité

[373] G. COUCHEZ, *Voies d'exécution*, Op. cit, p.254

[374] G.S. TSETSA, La problématique de la nature juridique de l'acte d'adjudication en droit OHADA, Revue de l'ERSUMA, n°7, décembre 2017, pp 106-119 *http:// revue. ersuma.org.*

[375] G. COUCHEZ, *ibidem*

ces conditions, quel est le moyen procédural permettant à la partie déboutée de contester un tel jugement.

326. En dépit des divergences constatées tant devant certains juges d'appel admettant l'ouverture d'appel contre les jugements d'adjudication[376] que devant l'imprécision de certains arrêts de la CCJA, laissant penser que le jugement d'adjudication pouvait faire l'objet d'appel[377], ce jugement d'adjudication même s'il statue sur le fond, ne peut faire l'objet d'appel. Le fait pour le tribunal, de statuer, dans le jugement d'adjudication, sur un moyen de fond visé à l'article 300 AUPSRVE, ne rend pas ledit jugement susceptible d'appel.

327. Le seul recours possible contre un jugement d'adjudication est l'action en annulation. Le jugement d'adjudication ne peut faire donc l'objet d'un appel ni d'un recours en cassation. De la combinaison des articles 293 et 313 AUPSRVE, il en ressort que le seul recours contre un jugement d'adjudication rendu par un tribunal est l'action en annulation dans les quinze jours suivant la vente aux enchères. Le pourvoi en cassation formé contre une telle décision est irrecevable[378]. On précisera qu'est irrecevable également, le pourvoi formé contre l'arrêt qui a déclaré l'appel interjeté contre un jugement d'adjudication[379].

---

[376] CA Ouagadougou, arrêt n°97 du 7décembre 2001, TAGUI c/ OUEDRAOGO Salif Déré, www.ohada.com/jurisprudence/Ohadata J-09-05. Dans cette espèce, pour recevoir à tort, l'appel interjeté la cour a considéré que les appelants ayant soulevé les questions relatives au principe de la créance et à la propriété des biens saisis, toutes choses rentrant dans les champs d'application des articles 300 et 301 AUPSRVE ; CA Ouagadougou, arrêt n°61 du 7 juin 2002, Société TAMOIL Burkina S A c/ Société de Pétrole TAGUI SA, www.ohada.com/jurisprudence/Ohadata J-04-17. Dans le même sens, CA Dakar, arrêt n°552 du 23 juillet 2010, Crédit du Sénégal c/ GTO, Bulletin des arrêts rendus par la Cour d'appel de Dakar en matière civile et commerciale, 2011, vol. 1, p.366, cité par Seydina Issa SOW, Le traitement judiciaire des incidents de la saisie immobilière, op.cit. p. 169

[377] CCJA, arrêt n°25/2008 du 30 avril 2008, Aff. SGBCI c/ Madame KONAN Marie Aimée, KONAN KOUADIO Camille, Actualités juridiques, note anonyme, www.ohada.com/jurisprudence/Ohadata J-09-317 précité.

[378] CCJA, CCJA, 2ème ch, n°29/2014 du 03 avril 2014, Aff. Souleymane et Abdou Diop c/ SCP Hassan HACHEM et Fils, www.ohada.com/jurisprudence/Ohadata J-15-120.

[379] CCJA, 2ème ch, Arrêt n°016/2015 du 02 avril 2015, Aff. Cheikhou BADIO et Hélène VARLET, épouse BADIO c/ CITI BANK COTE D'IVOIRE, www.ohada.com/jurisprudence/Ohadata J-16-16.

La CCJA considère que le juge d'appel qui a fait une distinction entre les décisions rendues en audience éventuelle et d'adjudication et celles rendues en annulation, relativement à l'application de l'article 300 AUPSRVE, a ajouté à celle-ci, une condition qu'il ne contient, s'exposant ainsi à la cassation. Il est en ainsi lorsque le juge a retenu que « ... *les dispositions de l'article 300 précité concernent les décisions rendues en audience en matière immobilière, soit à l'audience éventuelle soit à l'audience d'adjudication alors que le présent appel est interjeté contre le jugement rendu à la suite d'une action principale engagée sur le fondement de l'article 313 de l'Acte uniforme, qu'il est manifeste que ces deux actions sont distinctes, l'une concernant les incidents de la saisie immobilière, l'autre la demande en annulation*[380] »

§4. Les effets de l'appel

328. L'exercice de l'appel contre le jugement rendu à l'audience éventuelle produit deux effets : l'effet suspensif (A) et l'effet dévolutif. Contrairement à l'exercice de cette voie de recours dans les procédures ordinaires, en matière de saisie immobilière, l'appel produit un effet dévolutif limité (B).

A. L'effet suspensif

329. L'appel interjeté, même dilatoire, doit conduire le tribunal à surseoir à l'adjudication. Cette position de principe ne peut occulter les imprécisions de la loi en cette matière. On notera que l'article 300 al.4 AUPSRVE indique que les voies de recours sont exercées dans les conditions de droit commun. Selon une jurisprudence constante les conditions de droit commun indiquées à l'article 300 al. 4 renvoie à l'article 49 du même Acte uniforme. Il convient de souligner que l'article 49 al. 3 dispose que le délai d'appel, comme l'exercice de cette voie de recours n'ont pas un caractère suspensif, sauf décision contraire spécialement motivée du président de la juridiction. Au regard de cette dispositions, il n'est pas excessif de penser que le tribunal peut procéder à l'adjudication de l'immeuble nonobstant l'appel interjeter contre le jugement rendu à

---

[380] CCJA, 2ème chambre, arrêt n°004/2016 du 21 janvier 2016, Aff. CBAO-Groupe Attijariwafa Bank c/ Fallou MBODJL, www.ohada.com/jurisprudence/Ohadata J-16-213.

l'audience éventuelle. La complexité de la saisie immobilière et la prudence qu'exige cette matière ont conduit le juge à faire application des dispositions nationales pour surseoir à l'adjudication en cas s'appel.

330. On considère que même si la décision frappée d'appel ne fait pas partie de celles visées à l'article 300 AUPSRVE, il n'appartient pas au juge des criées saisi d'une demande de sursis de se prononcer sur la recevabilité de l'appel[381]. Le tribunal ne peut, se substituer à la Cour d'appel déjà saisie pour statuer sur la recevabilité et le bien-fondé dudit appel[382], n'étant pas juge de la recevabilité de l'appel, le sursis à l'adjudication sera ordonné[383]même d'office par le tribunal dans l'exercice de son pouvoir de contrôle sur la régularité de la procédure. Le même tribunal avait jugé qu'aucune disposition de l'AUPSRVE n'ayant prévu une dérogation au caractère suspensif de l'appel prévu par l'article 300 dudit Acte, en cas d'appel, le juge de l'adjudication doit surseoir à statuer, jusqu'à l'intervention de l'arrêt de la cour d'appel[384].

Cela n'a pas échappé aux débiteurs retors qui interjettent systématiquement appel contre les jugements rendus à l'audience éventuelle. Cette manœuvre apparaissant comme la voie la plus assurée pour paralyser la procédure de saisie au stade de l'adjudication[385]. Techniquement, et conformément à l'article 299 AUPSRVE, le débiteur qui a interjeté appel contre le jugement rendu à l'audience éventuelle, dépose des dires aux fins de sursis à l'adjudication, dans un délai de huit jours avant l'audience

[381] TRHC Dakar, jugement du 09 mars 1999, EGBEP, Cheikh Tidiane NIANG c/ Abdoulye NIANG ; J. ISSA-SAYEGH, Répertoire quinquennal OHADA 2000-2005, op.cit. p364, www.ohada.com/jurisprudence/Ohadata J-03-06.

[382] TRHC Dakar, audience d'adjudication, jugement du 11 août 2000, ISSA SALL c/ SGBS, www.ohada.com/jurisprudence/Ohadata J-03-328.

[383]TRHC Dakar, jugement du 13 juin 2000, Pape Ndiongou Fall C/ Citibank, www.ohada.com/jurisprudence/Ohadata J-04-21.précité. Dans le meme sens, TRHC Dakar, jugement du 24 septembre 2002, Aff. Consorts Sada SOUARE, Adja Tiranke SOUARE et autres c/ Massata MBAYE, www.ohada.com/jurisprudence/Ohadata J-03-51 précité ; TRHC Dakar, jugement du 11 avril 2000, Saliou Mbengue dit Gaston et Marieme Wade C/ Crédit Sénégalais, www.ohada.com/jurisprudence/Ohadata J-03-327 Précité.

[384]TRHC Dakar, jugement n°311 du 13 juillet, Société Nationale de Recouvrement dite SNR c/ Adama THIAM ; J. ISSA-SAYEGH, *Répertoire quinquennal OHADA 2000-2005*, op.cit. p365, www.ohada.com/jurisprudence/Ohadata J-04-347 ; dans le même sens TRHC Dakar, jugement n°359 du 08 février 2000, Entreprise Générale du Cap Vert dite EGCAP c/ EGBEP, www.ohada.com/jurisprudence/Ohadata J-04-345 ;

[385]S. I. SOW, *Le traitement judiciaire des incidents de la saisie immobilière*, op. cit p. 98

d'adjudication. L'acte d'appel est versé au dossier l'appel sous bordereaux.

331. Par ailleurs, lorsque le poursuivant n'a pas formulé des dires aux fins de sursis à l'adjudication, il suffit de produire l'acte d'appel à l'audience d'adjudication avant l'ouverture des enchères pour mettre le tribunal dans une situation délicate et obtenir d'office, un sursis l'adjudication. Cette démarche cavalière, observée parfois en pratique, n'est pas exempte d'incertitude. Le risque est que si l'avocat qui espérait déposer l'acte d'appel à l'audience, est empêché le jour de l'adjudication, le tribunal procède à l'adjudication de l'immeuble.

En outre, le tribunal qui reçoit copie de l'acte de l'appel au soutient d'une demande de sursis à l'adjudication formulée verbalement à l'audience d'adjudication peut, en application de l'article 299 al. 2 AUPSRVE, décider de l'écarter des débats en considérant le débiteur comme déchu de sa demande, en retenant que les demandes fondées sur un fait ou un acte survenu postérieurement à l'audience éventuelle doivent être présentées, à peine de déchéance, jusqu'au huitième jour avant l'adjudication. Le juge fait preuve de prudence et ordonne un sursis à l'adjudication même lorsque le disant est déchu de sa demande, le caractère d'ordre public des dispositions de l'AUPSRVE s'imposant au juge, indépendamment de l'existence ou non des dires[386].

Exécutée par un avocat, cette démarche sera perçue par son confrère comme un acte déloyal, aux antipodes des bonnes relations de la confraternité. L'avocat procède souvent par une diligence au greffe pour annexer l'acte d'appel au cahier des charges, pour demander oralement à l'audience le sursis de l'adjudication, en excipant au tribunal, la copie de l'acte d'appel annexée au cahier des charges ou versée au dossier.

B. L'effet dévolutif limité

332. L'article 301 AUPSRVE, l'appel est notifié à toutes les parties en cause à leur domicile réel ou élu. L'acte est également notifié, dans le délai d'appel, au greffier de la juridiction compétente, visé et mentionné par lui au cahier des charges. L'acte d'appel contient

---

386 TRHC Dakar, jugement du 11 février 2003, Merry GOMIS c/ SNR, www.ohada.com/jurisprudence/Ohadata J-03-98.précité

l'exposé des moyens de l'appelant à peine de nullité. La Cour d'appel statue sous quinzaine. Cette disposition qui vise la célérité est rattrapée par la réalité de la pratique judiciaire. Les décisions intervenues dans ce délai sont exceptionnelles. Les causes de cette lenteur judiciaire sont à rechercher dans le fonctionnement même de la justice et chaque acteur du procès y contribue à des degrés divers[387] en jouant sa partition.

333. L'appel du jugement produit un effet dévolutif qui permet aux plaideurs de demander à la cour d'appel, juridiction hiérarchiquement supérieure, d'examiner une seconde fois, le litige soumis aux juges du premier degré, dans sa totalité, c'est-à-dire en fait et en droit[388]. Par l'effet dévolutif de l'appel, la Cour d'appel se trouve saisie de l'entier litige, et exerce les pouvoirs qui étaient dévolus au juge d'instance. L'effet dévolutif de l'appel se concrétise par le pouvoir d'évocation reconnu au juge d'appel par la loi nationale.

Aux termes de l'article 83 du CPCCAF aux termes duquel, si le jugement déféré est annulé, la juridiction d'appel doit statuer sur le fond du litige sans pouvoir renvoyer l'affaire devant le premier juge. L'effet dévolutif de l'appel n'autorise pas le juge d'appel de procéder à l'adjudication de l'immeuble. L'audience d'adjudication est une prérogative dévolue au seul Tribunal ayant plénitude de juridiction. Lorsque la Cour d'appel considère qu'il a été bien jugé et mal appelé, il confirme, le jugement rendu en toutes ses dispositions, puis ordonne la continuation des poursuites et renvoie le dossier devant les premiers juges. Il est conseillé au créancier de solliciter dans ses conclusions d'appel, le renvoi de la procédure devant les premiers juges, afin qu'il soit procédé à l'adjudication de l'immeuble. Même si cette demande n'est pas formulée, le juge d'appel devra ordonner le renvoi de l'affaire devant les premiers juges pour la continuation des poursuites.

334. La difficulté surgit lorsque le tribunal saisit des contestations a annulé la procédure sur la base d'un ou deux moyens sans examiner les autres moyens soulevés. La cour d'appel qui infirme le jugement ne pourra, cependant se prononcer sur les autres moyens non examinés par le tribunal, quoique occultés par le premier juge. Ce procédé dit, d'économie des moyens peut porter un préjudice aux

---

[387] J.C. MAGENDIE, Célérité et qualité de la justice, la Gestion du temps dans le procès, Rapport au Garde des Sceaux, ministre de la justice, op. cit
[388] J. HERON, Th. LE BARS, *Droit judiciaire privé*, o p. cit. n°740, p. 412

intérêts de la partie qui est privée de la possibilité de voir examiner ses moyens par le second juge. Il est donc conseiller au juge des criées d'examiner à l'audience éventuelle tous les moyens soulevés par les parties pour ne pas compromettre les droits de celle-ci d'exercer des voies de recours appropriées[389].

335. Le débiteur retors mise sur l'effet suspensif de l'appel en multipliant les manœuvres dilatoires pour faire échec à la vente de l'immeuble. En dépit de l'interdiction faite à l'appelant de former en appel des demandes nouvelles par l'article 80 du CPCCAF, il arrive que l'appelant introduise des demandes nouvelles non discutées devant le juge d'instance[390]. Conscient du fait que la Cour d'appel ne peut vider son délibéré que plusieurs mois après sa saisine, l'appel peut être motivé par le dessein de retarder le dénouement de la procédure. Il est d'ailleurs connu des praticiens que la procédure de la saisie immobilière s'enlise lorsque le débiteur interjette appel de la décision vidant les contestations à l'audience éventuelle.

La question se pose parfois de savoir si le débiteur défaillant devant le juge de première instance peut relever appel de la décision rendue par les premiers juges. La recevabilité de l'appel n'étant pas subordonnée à la non-défaillance du débiteur, l'appel sera donc reçu dès lors que les conditions de recevabilité sont remplies. Il appartient à l'intimé de souligner le caractère manifestement dilatoire de l'appel en soulignant qu'il n'est pas fondé. L'intimé ne peut s'attarder sur la défaillance de l'appelant devant le premier juge pour espérer obtenir, devant le second juge, l'irrecevabilité de l'appel.

336. L'attitude du créancier est parfois confortée par la défaillance du débiteur qui n'a ni comparu à l'audience éventuelle, ni déposé des dires et observations, se bornant à interjeter appel. Le créancier peut estimer qu'il s'agit des manœuvres dilatoires venant d'un créancier défaillant et retors. Le juge d'instance ne peut, au risque de violer le principe de double degré de juridiction, dire que la décision rendue à l'audience éventuelle n'est pas susceptible d'appel ou ne peut être infirmée, cette appréciation relevant exclusivement de la cour

---

[389] S. I. SOW, *Le traitement judiciaire des incidents de la saisie immobilière*, op. cit. p. 200
[390] CA Dakar, ch.& com. arrêt du 06 février 2003, Société DABEL SARL c/ CBAO, Cheikh Tidiane DIOP et Marième KONE, www.ohada.com/jurisprudence/Ohadata J-03-142, précité..

d'appel[391]. À ce propos, le Professeur Jacques PREVAULT soutient que « l'effet suspensif se produit même si l'acte d'appel en nul en la forme, si l'appel est tardif ou mal fondé, tant que la cour ne l'a pas déclaré. Le tribunal de grande instance n'a pas qualité pour apprécier la validité, la recevabilité ou le fondement de l'appel, aussi établis que puissent être invoqués les moyens, et pour décider qu'il sera passé outre à l'adjudication malgré l'appel interjeté (cass. civ. 7 janvier 1818)[392].

Section 2. La cassation

337. Les décisions rendues en matière de saisie immobilière font l'objet d'un recours en cassation devant la CCJA. Le pourvoi en cassation peut être dirigé contre un arrêt de la cour d'appel (§1). Le recours peut également être dirigé contre les jugements susceptibles d'appel (§2).

§1. Le pourvoi contre un arrêt statuant sur les incidents

Les arrêts rendus en matière de saisie immobilière font l'objet d'un pourvoi en cassation devant la CCJA. La compétence de la CCJA trouve son fondement sur les dispositions de l'article 14 al.3 du traité OHADA aux termes duquel, saisie par la voie du recours en cassation, la CCJA se prononce sur les décisions rendues par les juridictions d'Appel des Etats parties dans toutes les affaires soulevant les questions relatives à l'application des Actes uniformes à l'exception des décisions appliquant les sanctions pénales[393].

---

[391] C. T. LAM, « regard sur quelques jugements rendus à l'audience éventuelle », www.ohada.com/Doctrine/Ohadata D-05-13.

[392] Cité par Cheikh Tidiane LAM, regard sur quelques jugements rendus à l'audience éventuelle, précité

[393] Cette disposition engendre des difficultés consécutives à la question de répartition de compétence entre la CCJA et les Cours suprêmes nationales, difficulté amplifiées par le contentieux des pourvois mixtes. cf. S. I. SOW, *Le traitement judiciaire des incidents de la saisie immobilière*, op. cit.p.202 et suiv ; voir également, I. FEVILEYE, « le dessaisissement d'une Cour suprême au profit de la Cour commune de justice et d'arbitrage, note sous CCJA n°004/2007 du 1er février 2007, Affaire MAMBO Serge c/ Société SAGA CI, www.ohada.com/Doctrine/Ohadata/D-10-10,; F.D. DECKON, « Conflits de compétences », www.ohada.com/Doctrine/Ohadata/D-11-69, F. ANOUKAHA, « la délimitation de compétence entre la Cour commune de justice et d'arbitrage OHADA et les Cours suprêmes nationales en matière de recouvrement des créances » à propos de l'arrêt Pamol www.ohada.com/Doctrine/Ohadata/D-02-26,,

Le recours en cassation devant la CCJA est exercé dans un délai de deux mois à compter de la signification ou de la notification de la décision attaquée par l'avocat du requérant dans les conditions fixées par l'article 28 nouveau du règlement de procédure de la CCJA n° 01/2014/CM/OHADA modifiant et complétant le règlement de procédure de la CCJA du 18 avril 1996. Pour le calcul de délai de deux mois pour exercer un recours en cassation prévu par cette disposition, il doit être tenu compte de la date de la signification effective de la décision attaquée et non de celle de son prononcé.

Précisons que le fait que la cour d'appel de se prononcer sur une décision touchant à la saisie immobilière n'implique pas automatiquement pour l'autre partie de se pourvoir en cassation devant la CCJA. Cette juridiction ne peut retenir sa compétence que si d'une part, les conditions de sa compétence telles que prescrites par l'article 14 du traité suscité sont réunies, et d'autre part, si le litige appelle réellement l'application des dispositions communautaires. La simple invocation d'une méconnaissance par le pourvoi de l'AUPSRVE n'est pas suffisante pour que la CCJA retienne sa compétence[394].

§2. Le pourvoi contre le jugement non-susceptible d'appel

338. Par jugement non-susceptible d'appel, il faut entendre le jugement rendu lors de l'audience éventuelle et qui ne peut faire l'objet d'appel. Ces jugements font l'objet d'un pourvoi en cassation (A). Il faut insister sur le fait que les jugements d'adjudication quoique insusceptibles d'appel ne peuvent faire l'objet d'un pourvoi en cassation (B).

---

[394] S. I. SOW, *Le traitement judiciaire des incidents de la saisie immobilière*, op.cit. p.235, citant CCJA, arrêt n°010/2009 du 19 juin 2009, Héritiers de feu Ibrahima Baba DIENG c/SNR, Recueil de jurisprudence de la CCJA, n°13 janvier-juin 2009, p.28. Dans cette décision la CCJA s'est déclaré incompétent pour connaître un pourvoi dirigé contre un jugement d'adjudication aux motifs qu'il n'était reproché au jugement attaqué la violation de l'AUPSVRE du fait que les requérants s'étaient bornés à déplorer la déloyauté de l'huissier instrumentaire à leur égard dans la signification des actes préparatoire ayant abouti audit l'adjudication pour relever subséquemment la nullité de celui-ci sur le fondement de l'article 199 du code de procédure civile sénégalais.

A. Le pourvoi contre le jugement

339. La restriction du droit d'appel a eu pour conséquence majeure d'ouvrir la voie de la cassation devant la CCJA aux plaideurs qui n'ont pas pu contester le jugement devant la Cour d'appel lorsque ce jugement est insusceptible d'appel.

Il arrive fréquemment que le pourvoi en cassation comprenne un ou plusieurs moyens de procédure et un ou plusieurs moyens de droit substantiel. Toutes les questions naissant lors de litiges ne portant pas exclusivement sur le droit Ohada. En cette occurrence, la CCJA admet que lorsqu'il y a débat de fond sur la propriété des biens saisis, le jugement rendu est susceptible d'appel et le pourvoi introduit contre ledit jugement doit être déclaré irrecevable.

Pour ce type de contentieux, il n'est pas permis au plaideur débouté par le tribunal de se pourvoir directement en cassation, sans au préalable relever appel du jugement, le pourvoi n'étant ouvert que contre l'arrêt statuant sur l'appel. La partie qui saisit directement la CCJA en cassation d'une décision rendue en matière de saisie immobilière alors que le principe de la créance a été contesté, verra son recours déclaré irrecevable, car la décision en l'espèce est susceptible d'appel.

Si le tribunal a statué sur l'un des cas d'ouverture d'appel énumérés à l'article 300 al. 2 AUPSRVE, le jugement étant susceptible d'appel, il ne peut faire l'objet d'un pourvoi en cassation. La voie de pourvoi n'est pas ouverte lorsque que le jugement contesté est insusceptible d'appel[395], même si le jugement est improprement qualifié du jugement rendu en dernier ressort. La qualification inexacte étant sans effet sur le droit d'exercer le recours et l'appel sera recevable. La CCJA considérant que sa saisine n'est pas justifiée dès lors que le jugement attaqué est susceptible d'appel, le tribunal s'étant prononcé

[395] CCJA, 1ère chambre, arrêt n°OO4 du 28 février 2008, Aff. Compagnie Bancaire de l'Atlantique Cote d'ivoire dite COBACI c/ 1)-Epoux A, 2)- Epoux M, Le Juris-Ohada n°2 Avril-Mai-juin 2008, p.6, Le Recueil de Jurisprudence de la CCJA N°11, Janvier-Juin 2008 P.82 ; www.ohada.com/jurisprudence/Ohadata J-09-27 à propos du pourvoi dirigé contre le jugement n°2436/civ/ du 26 juillet 2004 du TPI d'Abidjan Plateau. Dans le même sens CCJA, 2e ch, Arrêt n°113/2013 du 30 décembre 2013, Aff. Société Nigérienne de Bank dite SONIBANK c/ Société internationale de transport et de commerce(SITCO), 2 Sidi Ahmed Omar, 3) BADI Mohamed, Recueil de jurisprudence n°20, Vol. 2, jan-déc. 2013, p.76-78, www.ohada.com/jurisprudence/Ohadata J-15-86 précité.

sur la propriété de l'immeuble objet des poursuites[396]. La solution sera la même lorsque le jugement attaqué a statué sur l'existence de la créance, sur des moyens de fond tirés de l'incapacité d'une des parties, ou sur l'existence de la personne débitrice[397], de l'insaisissabilité ou de l'inaliénabilité des biens saisis.

Lorsque le jugement fait l'objet d'un pourvoi en cassation, le défendeur au pourvoi soulève généralement l'irrecevabilité dudit pourvoi pour violation de l'article 14 du traité instituant l'OHADA. Il fait valoir qu'en application de l'article 14 suscité, le pourvoi en cassation devant la CCJA n'est ouvert que contre les décisions rendues par les cours d'appel soulevant des questions relatives à l'application des actes uniformes. Le jugement n'étant pas une décision rendue par une juridiction d'appel, il ne peut faire l'objet d'un pourvoi en cassation devant la CCJA. Ce moyen est régulièrement rejeté puisqu'il découle d'une lecture biaisée de l'article 14 du traité. L'article 14 al.4 dispose que « elle (CCJA) se prononce dans les mêmes conditions sur les décisions non-susceptibles d'appel rendues par toute juridiction des Etats Parties dans les mêmes contentieux. » Or, en cette matière, les jugements rendus par les tribunaux et qui ne remplissent pas les conditions d'ouvertures d'appel édictées à l'article 300 al. 2 AUPSRVE sont non susceptibles d'appel. De ce fait, ils peuvent faire l'objet d'un pourvoi en cassation devant la CCJA.

B. L'exclusion de pourvoi contre le jugement d'adjudication

340. Le pourvoi en cassation n'est pas ouvert contre un jugement d'adjudication. Ce jugement ne donne lieu qu'à une action en nullité. Est irrecevable, le pourvoi formé contre un arrêt ayant déclaré irrecevable, l'appel interjeté contre un jugement d'adjudication[398]. Les recours contre ce jugement sont réglementés par les articles 293 et 313 de l'AUPSRVE.

---

[396]CCJA, 2ème chambre, arrêt n°6 du 02 février 2012, Aff. Société SSI c/ SANY, www.ohada.com/jurisprudence/Ohadata J-13-60. précité.

[397] Civ. 1re, 12 juin 2001, n°99-13.316, Bull. civ. I, n°173 ; Procédures 2001, n°233, obs. Junillon

[398] CCJA, 2ème ch, Arrêt n°016/2015 du 02 avril 2015, Aff. Cheikhou BADIO et Hélène VARLET, épouse BADIO c/ CITI BANK COTE D'IVOIRE, www.ohada.com/jurisprudence/Ohadata J-16-16 précité.

Il ressort de la combinaison de ces deux dispositions que le seul recours possible contre un jugement d'adjudication rendu par un tribunal est l'action en annulation dans les quinze jours suivant la vente aux enchères. Le pourvoi en cassation formé contre une telle décision est irrecevable[399].

[399] CCJA, CCJA, 2ème ch, n°29/2014 du 03 avril 2014, Aff. Souleymane et Abdou Diop c/ SCP Hassan HACHEM et Fils, www.ohada.com/jurisprudence/Ohadata J-15-120 précité

CONCLUSION

341. La saisie immobilière est une matière assez technique au contentieux dynamique ou le droit se mêle à la passion du droit devant le prétoire, dans toute sa subtilité et sa noblesse.

Le juge, régulateur de la procédure, est tenu de faire preuve de vigilance, rigueur et souplesse. Certaines irrégularités seront sans incidence sur la validité de la procédure alors que d'autres l'affecteront gravement.

Le législateur OHADA accorde une importance particulière au respect du formalisme dans la mise en œuvre de la saisie immobilière. Ce formalise se décline sous deux angles : l'observation des mentions prescrites à peine de nullité et le respect de délai assorti de déchéance dans l'accomplissement des actes.

Pour mener à bien une saisie immobilière, il est impérieux de maîtriser les subtilités de la procédure, de faire preuve d'une dextérité remarquable dans l'accomplissement des actes. Cette exigence s'estompe lorsqu'un plaideur poursuit la déchéance d'un acte pour inobservation de délai, la déchéance étant acquise de plein droit à l'expiration du délai fixé sans que le plaideur qui l'invoque ne puisse justifier l'existence d'un préjudice.

342. La saisie immobilière exige une attention soutenue, la moindre inattention peut ruiner toute la procédure et avec elle, parfois, l'espoir de recouvrer une créance si essentielle pour l'entreprise. En dépit de la volonté affichée par le législateur communautaire de limiter les manœuvres dilatoires, l'accélération du temps du procès de la saisie immobilière, en vue de favoriser la célérité de l'instance judiciaire[400]se fait toujours attendre. Le contentieux de la saisie immobilière n'a pas échappé à la lenteur de la justice.

Le législateur OHADA devra profiter du chantier de la réforme de l'Acte uniforme portant organisation des procédures simplifiées de

---

[400] P. A. TOURE, le nouveau visage de l'action en résiliation du bail à usage professionnel dans l'acte uniforme portant sur le droit commercial général adopté le 15 décembre 2010, in revue de l'ERSUMA N°1, Juin 2012 p.357

recouvrement et des voies d'exécution pour reformer en profondeur la procédure de la saisie immobilière en tenant compte des difficultés liées à la pratique et contribuer, à l'efficacité de cette mesure d'exécution si indispensable pour la sécurisation de l'investissement.

INDEX ALPHABÉTIQUE

(*Les chiffres renvoient aux numéros des paragraphes*)

TABLE DES MATIÈRES

Structures éditoriales du groupe L'Harmattan

L'Harmattan Italie
Via degli Artisti, 15
10124 Torino
harmattan.italia@gmail.com

L'Harmattan Hongrie
Kossuth l. u. 14-16.
1053 Budapest
harmattan@harmattan.hu

L'Harmattan Sénégal
10 VDN en face Mermoz
BP 45034 Dakar-Fann
senharmattan@gmail.com

L'Harmattan Cameroun
TSINGA/FECAFOOT
BP 11486 Yaoundé
inkoukam@gmail.com

L'Harmattan Burkina Faso
Achille Somé – tengnule@hotmail.fr

L'Harmattan Guinée
Almamya, rue KA 028 OKB Agency
BP 3470 Conakry
harmattanguinee@yahoo.fr

L'Harmattan RDC
185, avenue Nyangwe
Commune de Lingwala – Kinshasa
matangilamusadila@yahoo.fr

L'Harmattan Congo
219, avenue Nelson Mandela
BP 2874 Brazzaville
harmattan.congo@yahoo.fr

L'Harmattan Mali
ACI 2000 - Immeuble Mgr Jean Marie Cisse
Bureau 10
BP 145 Bamako-Mali
mali@harmattan.fr

L'Harmattan Togo
Djidjole – Lomé
Maison Amela
face EPP BATOME
ddamela@aol.com

L'Harmattan Côte d'Ivoire
Résidence Karl – Cité des Arts
Abidjan-Cocody
03 BP 1588 Abidjan
espace_harmattan.ci@hotmail.fr

Nos librairies en France

Librairie internationale
16, rue des Écoles
75005 Paris
librairie.internationale@harmattan.fr
01 40 46 79 11
www.librairieharmattan.com

Librairie des savoirs
21, rue des Écoles
75005 Paris
librairie.sh@harmattan.fr
01 46 34 13 71
www.librairieharmattansh.com

Librairie Le Lucernaire
53, rue Notre-Dame-des-Champs
75006 Paris
librairie@lucernaire.fr
01 42 22 67 13